LA IZQUIERDA ETERNA

Ensayos sobre la libertad

DIEGO TRINIDAD

A la memoria de mi abuelo Adelardo García, quien me enseñó a pensar.

A la memoria también de mis padres Estela García y Diego Trinidad, quienes me dieron una buena vida y me indicaron el camino.

A mi esposa Cristina Ojeda, quien me acompaña desde 1984 y es mi mejor amiga y apoyo.

Indice

Introducción...4

La izquierda eterna y la derecha que nunca existió.....................9

La falacia del estado benévolo..............................24

La teología de la liberación y el papa peronista.......................48

El fracaso de la democracia liberal y su única alternativa...........61

El derecho a sobrevivir...............................78

Inmigración y energía: tres décadas de políticas dementes y destructivas...105

Irán, israel y la bomba nuclear................................115

Negociando con diablos en irán, rusia y cuba 128

El acuerdo con irán: explicación y crítica................................159

Santiago carrillo: la sangre, la mentira, la historia...................178

El concepto de rule of law...190

Civilización y barbarie: la libertad frente al terrorismo 202

El derecho de propiedad y su papel en el futuro de cuba..........213

El dia que stalin perdio la casa blanca.....................233

Internacionalismo, terrorismo y libertad personal: los límites del intervencionismo y el final de los policías mundiales.................248

Lecciones de un libro olvidado...............................271

Oso de cartón: la próxima implosión de rusia..........................277

Destrucción total: 295

El legado fatal de la izquierda eterna...295

INTRODUCCIÓN

Esta colección de algunos de mis ensayos escritos desde mediados de la década de los años 2000 lleva mucho tiempo en gestación. Fue propuesta primero por mi gran amigo el Doctor Pepito Sánchez Boudy, fallecido el pasado año. Pepito además contribuyó indirectamente al título del libro, que es también el título del primer ensayo en la colección y mi favorito: La Izquierda Eterna y la Derecha que Nunca Existió. Muchos amigos me animaron a publicar mis artículos y ensayos, que son más de 200 en los últimos 15 años. Pero son muchos y el trabajo de edición era muy complicado.

En fin, no fue hasta hace poco que mi buen amigo y colega en el Instituto 1776, el abogado y escritor argentino José Benegas, editó un breve, pero importante compendio de mis escritos que mejor reflejan mi razón de ser: la defensa de la libertad individual contra las depredaciones del Estado represor y corrupto, el representante por antonomasia de lo que describo como la Izquierda Eterna.. De manera que mi gran agradecimiento es a José Benegas por armar esta colección de ensayos para producir mi segundo libro. El primero fue una colaboración con Efrén Córdova, Juan Benemelis y Miguel Castillo titulado El Ocaso del Régimen que Destruyó a Cuba, publicado en el 2012 y disponible a la venta en Amazon.com. Quiero agradecer especialmente a Matilde Alvarez por su ayuda revisando y corrigiendo trabajos que tenían hasta diez años de escritos y a Eugenio Yañez, quien publica todo lo que escribo hace tiempo en su excelente website Cubanalisis.com.

Siempre pensé titular cualquier colección de mis artículos y ensayos "Contra la Corriente: Una Vida en la Oposición", porque desde que tengo 12 años he sido un rebelde contra la autoridad, la arbitrariedad y todo gobierno bajo el que me ha tocado vivir. Pero hay tiempo para publicar otra colección. Después de todo me quedan aún más de 150, que aunque se han publicado en diferentes websites y publicaciones como La Ilustración Liberal de Madrid, Sinalefa de New York y el periódico La Información publicado en Houston por mi buen amigo Emilio Martinez Paula, Presidente Emeritus de la Academia de Historia de Cuba en el Exilio, nunca han sido agrupados y publicados en forma de libro.

Empezando por el largo ensayo que le da el título a esta colección, hay varios, quizás la mayoría, que se pueden considerar de carácter político-filosófico. Otros son meramente históricos, porque esa es mi profesión, historiador. Pero mi pasión es la política, de manera que todos los escritos tienen una gran base histórica y todos y cada uno, incluyendo los que son nada más históricos, tienen un denominador común: la defensa de la libertad.

Pero antes de terminar esta corta introducción, es necesario explicar por qué mantengo que hay algo—lo cual para mi es autoevidente—que describo como la Izquierda Eterna y por qué no hay, ni nunca ha habido, nada que se le pueda llamar Derecha, especialmente cuando la Izquierda Eterna comparte una serie de atributos únicos los cuales de ninguna manera están presente en ninguna putativa Derecha. ¿Cuáles son? No necesariamente en orden de importancia: la supresión de la libertad individual y la supremacía de la Sociedad sobre el Individuo; un gobierno controlado por una élite de "expertos"; el establecimiento del Bien Común y la Justicia Social en un Paraíso Terrenal; una economía centralizada, planeada y controlada por el gobierno; el terror como instrumento para mantener el poder; el establecimiento de una sola clase social, la de los trabajadores (o "proletarios" en terminología marxista), con la consecuente eliminación de todas las demás clases sociales; la igualdad social y económica; la supresión de las religiones organizadas y la secularización de toda la sociedad; y finalmente, la Razón (como de usó en la Declaración de los Derechos Universales redactada durante la Revolución Francesa) como el instrumento primordial para el avance, el progreso y el beneficio de la Humanidad. ¿Cual es el denominador común? La supresión de la libertad individual.

Es por esto que ha sido mi misión en la vida oponerme en todo momento y combatir con todas mis fuerzas, a la Izquierda Eterna. Ese fue también el objetivo del Instituto 1776 cuando lo fundamos el año pasado José Azel, José Benegas y yo aquí en Miami. No solo defender la libertad personal, sino diseminar, sobre todo a los jóvenes hispanoamericanos, las ideas de la Declaración de Independencia y la Constitución de Estados Unidos de América, las grandes ideas de la libertad que crearon esta única nación y que cambiaron la historia del mundo. Si en alguna manera esta colección de ensayos puede contribuir a que una sola persona se convierta en ferviente defensora de la libertad individual, habré conseguido mi cometido.

Nota: Muchos de estos ensayos, incluyendo el que le da el título, fueron escritos antes de la elección presidencial del 2012 en EEUU. Como los que leen mis escritos desde hace años saben bien, en esa elección sufrí una gran decepción y predije—durante todo la campaña electoral y hasta desde principios del 2011—la aplastante derrota del Presidente en su re-elección. Me equivoqué, muy lamentablemente. Claro que me acompañaron en mi tremenda equivocación y en mi predicción de la victoria del candidato republicano Mitt Romney, prácticamente todos los mejores expertos y analistas políticos americanos. Pero esto no es consuelo, sobre todo para el pueblo americano que en su ignorancia y estupidez incomparable votó DOS veces, por el candidato de la Izquierda más radical en la historia de este país. Sin embargo, a pesar que estuve tentado a por lo menos agregar un par de párrafos explicatorios, preferí hacerlo en esta introducción. Además, mis predicciones erróneas no alteran en nada el análisis y la síntesis histórica de cada ensayo. Estoy seguro que a pesar de mi error de cálculo, disfrutarán lo demás.

Adicionalmente deberíamos reflexionar un poco sobre las dos últimas elecciones presidenciales y el proceso hasta ahora seguido en esta campaña electoral del 2016, no importa quién gane. Los votantes, máximos representantes de la Democracia, bajo cualquier medida, se equivocaron. Igualmente se han equivocado seleccionando al candidato republicano. Un hombre sin preparación alguna para ser presidente, ni tampoco con el temperamento indicado para ocupar tal posición. Mientras que los candidatos del otro partido son una desacreditada mentirosa congénita (en la famosa descripción de William Safire en 1996) y corrupta y un anciano socialista el cual ni sabe que es el socialismo. Eso dice mucho—o muy poco—del juicio de los votantes y sugiere que la Democracia, aunque puede ser el menos malo de los sistemas políticos, aquí en Estados Unidos ya no funciona. No que los fundadores de esta nación siquiera describieran el sistema de gobierno que inventaron como democracia (la palabra no se menciona ni en la Declaración de Independencia ni en la Constitución). Al contrario, todos y cada uno detestaban ese sistema de gobierno.

Quizás entonces debíamos recordar las proféticas palabras del gran Alexis de Tocqueville escritas en 1832: "Una democracia no puede existir como una forma permanente de gobierno. Solo puede existir hasta que los votantes descubran que se pueden votar donativos a si mismos del tesoro público. Desde ese momento, la mayoría siempre votará por el candidato que les prometa los mayores beneficios del tesoro público con el resultado que la democracia siempre colapsa por políticas fiscales irresponsables, siempre seguida por una dictadura."

Yo sugiero que a eso ya hemos llegado y lo peor no se vislumbra.

Por eso se publica esta colección de ensayos en defensa de la libertad. Solo podemos mantener la esperanza que no sea demasiado tarde, que todavía sea posible informar y educar al electorado para que en el futuro reaccione de manera que contradiga las sabias palabras de Tocqueville.

Se dice que el gran Benjamin Franklin al salir de la Convención que redactó la Constitución de Estados Unidos en Filadelfia el 25 de septiembre de 1787, fue confrontado por una señora que le preguntó: "Bueno Doctor Franklin ¿que nos han dado, una república o una monarquía? Franklin le contestó: Una república . . . si la pueden conservar". ¿Podremos conservarla?

LA IZQUIERDA ETERNA Y LA DERECHA QUE NUNCA EXISTIÓ

Desde que el comunismo internacional y su "madre patria", la mal llamada Unión de Repúblicas Socialistas Soviéticas (siempre fue la Rusia Imperial de los zares, ahora colectivista y totalitaria) desaparecieron entre 1989 y 1991, muchos decidieron que las insidiosas doctrinas socialistas-comunistas habían muerto para siempre. Entre esos, quizás la gran mayoría (uno esperaría) consideró esa "muerte" con regocijo, aunque desafortunadamente otros la lamentaron. Un escritor —Francis Fukuyama--hasta se hizo famoso al publicar un libro titulado "El Fín de la Historia" (¡la pretensión!), en el cual proclamaba el gran triunfo de lo que llamó la "Democracia Liberal" por los siglos de los siglos por venir (pero un tiempo después aclaró que por "Democracia Liberal" no quería decir el modelo americano de una república federal creado en EU con la Constitución de 1789, sino la "social-democracia" de la Unión Europea, mas conocida como . . . ¡el socialismo!). Pero todos los que celebraron o lamentaron la "muerte" de esas malvadas y dañinas doctrinas de lo que yo desde ahora llamaré la Izquierda Eterna (tomando prestado parte de la Cuba Eterna de mi buen amigo Pepito Sánchez Boudy), lamentablemente se equivocaron. La **idea** del socialismo es inmortal, es el vampiro Drácula verdadero. Peor, porque el legendario Drácula podía ser liquidado clavándole una estaca en el corazón, pero el socialismo-comunismo no puede ser destruido de ninguna manera, puesto que una idea, por mala que sea, mientras haya quien crea en ella, nunca muere. Pero ¿y la Derecha, esa gran enemiga de todos los "progresistas del mundo? Bien, gracias, ya que no existe ahora, ni nunca antes existió en la historia. Veamos.

Como el cuento del huevo y la gallina ¿quién nació primero, la izquierda o el socialismo? Fácil, la **idea** del socialismo surgió mucho antes que el concepto de la izquierda. La idea socialista es tan vieja casi como la humanidad, pero más concretamente se puede encontrar en la Grecia Antigua con filósofos como Zenón y los Estoicos, y más especícamente, en "La República" de Platón. Siglos después se encuentra presente en parte de las doctrinas cristianas y algunas enseñanzas de Jesús según ciertos evangelios, así como también en el cristianismo comunitario primitivo de aquellos tiempos. Mas adelante, en el siglo 16, surgen los primeros movimientos utópicos (recuérdese bien que **todas** las doctrinas socialistas son utópicas), que culminan con los libros de Thomas More "Utopía" (1515) y "Nueva Atlántida" de Francis Bacon (1627). Pero es en el fatídico siglo 18 en que las ideas socialistas se encuentran con el concepto de la izquierda en la Revolución Francesa, aunque tienen sus orígenes comunes un poco antes con ese gran farsante y destructivo escritor suizo Jean Jacques Rousseau, el padre de todos los totalitarismos colectivistas. Rousseau popularizó lo que el llamó—sin entenderlo, como no lo entiende nadie pues es inteligible—Voluntad General, la cual contrapuso a los intereses particulares en la glorificación de la igualdad entre los seres humanos, que según el demente suizo todos nacían en la nobleza del salvajismo hasta que conocían la civilización, la cual los convertía en "malos" y en individuos (sarta de mentiras: al individuo lo crea Dios y naturalmente, precede a la sociedad, que se forma de individuos libremente unidos en beneficio común), a los cuales había que "socializar" para lograr ese tan alabado concepto (todavía y siempre) del Bien Común (según la filósofa política Ayn Rand, el concepto "tribal" del Bien Común ha servido como la justificación moral de casi todas las tiranías de la historia).

Estas ideas expresadas por Rousseau en sus varios libros fueron las precursoras de esa gigantesca calamidad que fue la Revolución Francesa, dónde y cuando nace precisamente el concepto de la izquierda. A propósito de Rousseau--quien además de ser un demente y un depravado sexual era, como casi todos los "intelectuales socialistas", un parásito social que nunca trabajó y vivió de mujeres y amigos toda su vida--en una ocasión, después de publicar su libro "El Contrato Social", por el que recibió un prestigioso premio--le envió una copia del libro a Voltaire, quien después de leerlo, le contestó: *"Monsieur,* he recibido su nuevo libro contra la raza humana y le doy las gracias. Nunca tanta habilidad se utilizó para hacernos lucir tan estúpidos. Uno anhela, después de leer su libro, poder caminar en cuatro patas. Pero como olvidé ese hábito hace mas de 60 años, tristemente creo que es una imposibilidad poder hacerlo de nuevo". Me parece que esta famosa carta describe bien al "Genio de Ginebra". Lamentablemente el daño que ha hecho en la historia no se puede borrar ridiculizándolo con la mejor sátira del mundo, ni aún escrita por el maestro Voltaire.

Durante las primeras deliberaciones de la Asamblea Nacional en París, Francia, en 1789, al principio de la Revolución Francesa, los delegados representando a la iglesia, la nobleza y el comercio, quienes apoyaban a la monarquía, fueron fortuitamente sentados a la derecha del presidente de la Asamblea, mientras aquellos que apoyaban a la Revolución, se sentaron a la izquierda del presidente. De ahí surge el concepto de la izquierda. Claro, cuando comenzaron los excesos del Terror con los Jacobinos y Danton, Marat y Robespierre llevaron a la guillotina a miles de inocentes, la izquierda, identificada con los elementos más "progresistas" de la sociedad, quedó también para siempre marcada por métodos terroristas para lograr y mantener el poder. La izquierda tuvo hasta la mala suerte de ser identificada, desde tiempos bíblicos, con el infierno y el diablo. En un evangelio de Mateo (25:31-46), se dice esto de la izquierda: "Entonces él [Jesús] les dirá también a los de su **izquierda** [énfasis mío]: apartaos de mí, malditos, al fuego eterno preparado para el diablo y sus ángeles". Pero lejos de sucumbir, sucedió todo lo contrario: la izquierda se fortaleció más y más hasta que en el siglo 19 se apareció Karl Marx. Pero antes de Marx, durante la Revolución Francesa surgieron especialmente dos figuras que ligaron a la izquierda con el socialismo desde entonces. Primero, Francois Noel Babeuf, un propagandista y panfletero semi-profesional quien durante la Revolución estuvo muy involucrado con la llamada "Conspiración de los Iguales", la cual trató de derrocar al gobierno del Directorio en 1796. Babeuf fue arrestado y ejecutado después de un breve juicio en agosto de 1796. Pero algunas de las ideas que promulgó quedaron tan vivas en la memoria de la izquierda contemporánea que pocos años después, un "socialista" inglés llamado Goodwin Barmby, a quien se le atribuye haber inventado el término "comunista", se identificó como "discípulo de Babeuf". Babeuf fue unos de los primeros en predicar la redistribución de la riqueza y mas importante, de proponer y promulgar (lo cual le costó la vida mas que sus otras actividades sediciosas en 1796), el uso del terror como elemento de control político. Según Babeuf, mucha sangre tenía que ser derramada para que la "revolución" triunfara. En el "Manifiesto de los Iguales", escrito por otro de los miembros de la conspiración, Sylvain Marechal, Babeuf predijo que la Revolución Francesa había sido una precursora de otra revolución por venir que sería mucho mas grande y solemne, y sería la última revolución. Una buena profecía de la Revolución Bolchevique 120 años mas tarde.

Claude-Henri de Rouvroy, Conde de Saint-Simon, llegó a la Revolución Francesa un poco tarde, después de pelear con distinción en la Revolución Americana. Durante el Terror, en 1793-94, fue arrestado por ser noble y escasamente escapó de la guillotina. Quedó impresionado por sus experiencias y siempre se opuso a la violencia de que fue testigo y casi le cuesta la vida. En 1802, comenzó a escribir una serie de libros en los que delineó una filosofía claramente identificada con los principios socialistas mas conocidos desde entonces, tales como la prédica de una sociedad sin clases gobernada por una elite de tecnócratas guiada por principios científicos que proveería trabajo justo para todos y ofrecería recompensas basadas en méritos. Se le considera el primer propulsor de la economía planificada y después de su muerte, sus discípulos juntaron sus ideas en la llamada "Doctrina de Saint-Simon", precursora del estado de bienestar y considerada la primera exposición sistemática del socialismo industrial. Como se puede ver claramente, muchas de éstas ideas fueron adoptadas por Marx años después en el Manifiesto Comunista. Pero los principios no violentos de Saint-Simon dieron también lugar al movimiento social-demócrata (léase socialismo europeo moderno) y a reformas sociales de la iglesia católica. En realidad, se puede resumir su influencia como pionera de los movimientos conocidos en conjunto como socialismo utópico, en los cuales fueron también muy importantes el filósofo francés Charles Fourier, y sobre todo, el escocés Robert Owen, quien después de ganar una fortuna en sus plantas textileras de Escocia, se trasladó a EU, y en el nuevo estado de Indiana, fundó la primera comunidad "perfecta", llamada Nueva Armonía. Después de pocos años, fracasó como todas las demás que la siguieron, incluyendo la comunidad comunista La Reunión, fundada por Fourier cerca de Dallas, Texas.

Desde el fin de las guerras napoleónicas y durante el resto del siglo 18, los movimientos socialistas fueron creciendo y fortaleciéndose. Durante el "año revolucionario" de 1848, cuando coincidentemente se publicó el Manifiesto Comunista por Marx y Engels, se produjeron varias revoluciones en Europa que tuvieron raíces socialistas, pero todas fueron aplastadas. Y varios filósofos alemanes románticos del siglo 19, además de Kant y sobre todo Hegel, fueron muy influyentes en el desarrollo de las ideas y doctrinas finalmente promulgadas por Marx. Las diversas corrientes del movimiento anarquista (Kropotkin, Proudhon, Bakunin) también pertenecen enteramente a la Izquierda Eterna, a pesar de su total oposición al estado en cualquier forma. Fueron importantes y numerosas en las dos últimas décadas del siglo 19 y las dos primeras del siglo 20 y causaron estragos con su terrorismo de la "propaganda por el acto". Pero se eclipsaron rápidamente, principalmente cuando sus líderes se dieron cuenta que la naturaleza del movimiento en si, nunca les permitiría alcanzar el poder (además, negaban siquiera **querer** conquistar el poder). Más como esto no es un estudio del socialismo, sino de lo que yo he llamado la Izquierda Eterna, que incluye a **todos** los movimientos socialistas, solo mencionaremos brevemente otro episodio más antes de llegar a Marx y Engels y pasar a la mal llamada Derecha. Me refiero a la Comuna de París, la primera vez que un movimiento de izquierda logró brevemente tomar y mantener el poder en París, aunque nunca se extendió al resto de Francia. La Comuna surgió después del sitio de París al final de la guerra franco-prusiana de 1870 y duró malamente dos meses, de marzo a mayo de 1871. Las medidas adoptadas por el gobierno de la Comuna son una amalgama de radicalismo anticlerical, progresivismo-socialismo y nostalgia por la Revolución Francesa. Se adoptó el calendario de la Revolución y la bandera roja del socialismo, y se promulgó la separación de la iglesia y el estado, la remisión de rentas (quizás la medida mas radical y significativa, además de la mas popular), la abolición del trabajo de noche en las panaderías de París, se pospusieron las deudas comerciales, se obligó a las casas de empeño a devolver herramientas y utensilios caseros valuados en menos de 20 francos a los trabajadores, y se otorgó el derecho a los trabajadores de posesionarse de empresas abandonadas por el dueño, pero se reconoció el derecho de compensación al dueño legal. Nada del otro mundo, pero solo estuvieron dos meses en el poder. Sus dos errores colosales fueron no atacar y destruir las fuerzas de la oposición, concentradas en Versalles, a poco más de 20 millas de París cuando estaban desorganizadas y mal dirigidas, y no se apoderaron del oro del Banco Nacional. Además, cuando se vieron perdidos, sus dirigentes ordenaron quemar a París. Típico de las izquierdas: cuando no pueden ganar o no se pueden mantener en el poder, su tendencia es destruirlo todo. Por eso, en gran parte, el final de la Comuna fue sangrienta. Entre 20,000 y 40,000 comuneros fueron ejecutados en los meses después de su derrota. Pero hizo famoso a Karl Marx, hasta entonces un imperceptible zángano refugiado en los salones de lectura del Museo Británico. Marx escribió un panfleto titulado "La Guerra Civil en Francia", que se considera tan influyente como el mismo Manifiesto Comunista, y desde la publicación del panfleto, Marx se convirtió de momento en el "Doctor Rojo del Terrorismo". Creó la leyenda heroica de los mártires del socialismo, y a pesar de que su nueva influencia causó divisiones en la primera Internacional Socialista, el número de sucursales de la Internacional aumentaron a través de Europa.

El conquistador de la Comuna, Adolph Thiers, proclamó anticipada y tontamente que "hemos salvado a Francia del anarquismo y nos hemos deshecho del socialismo". No pudo equivocarse más. Marx mientras tanto predijo, con mas certitud, que "los trabajadores de París y la Comuna serán para siempre alabados como los heraldos de una nueva sociedad". De cumplir esa predicción se ocupó un ruso nacido en Siberia un año antes de la Comuna. Su nombre: Vladimir Ilich Ulianov, mas conocido por Lenin. Pero vamos ahora a Marx y al movimiento socialista internacional. Sin describir en detalle su desenvolvimiento, hay que destacar que aunque el Manifiesto Comunista no se hizo famoso en su tiempo (ni tampoco Marx), y aunque en verdad fue principalmente escrito por Friedrich Engels, el mas íntimo colaborador y sustento económico de Marx casi toda su vida, el Manifiesto fue la Biblia de la nueva religión atea del comunismo, de la cual Marx fue su profeta. Como tracto político y panfleto propagandístico, el Manifiesto fue extraordinariamente efectivo. Sus frases y consignas sirvieron para inspirar a miles de "camaradas" en años por venir. Pero es todo una gran farsa y su contenido es una grotesca estupidez que puede ser destruido fácilmente usando la lógica del método socrático. Pero ¿quien fue Marx? Fue un judío renegado y un fracasado toda su vida. Un hombre que casi nunca trabajó (solo brevemente de corresponsal del

New York Tribune en 1851, en la única profesión que sirvió para algo), un verdadero parásito social que se dedicó a leer y a escribir—bastante mal, por cierto—una buena parte de su vida, que vivió siempre de su familia y de los favores de Engels. Un hombre lleno de un odio feroz hacia todos sus prójimos, un abusador de mujeres y de sus hijas, un racista abyecto, no solo hacia los negros (especialmente su yerno Pablo Lafargue—cubano—a quien llamaba a sus espaldas, "el negro de mierda") sino hacia los judíos—sus ancestros. Un hombre moralmente reprensible, extraordinariamente sucio, un pésimo analista, plagiador y falsificador de la misma evidencia histórica que pasó la vida estudiando. Y finalmente, un equivocado y un farsante. Todas y cada una de sus predicciones, su gran estafa de teoría "científica"--el mayor atractivo que siempre tuvo la doctrina comunista--y su vida entera, fueron un fracaso absoluto. Ni siquiera terminó de escribir su *Magnum Opus*, "El Capital", un trabajo tan denso y sin sentido, que casi nadie ha leído en la historia. Ni el mismo, pues solo terminó la mitad del primer tomo, o sea, nunca se leyó la obra completa. Pero esa maldita doctrina, cuando fue llevada a la práctica por Lenin en Rusia, terminó costando mas de 100 millones de muertos a la humanidad. Y después de Mahoma, otro demente depravado, ninguna doctrina ha tenido más seguidores en la historia, ni ha causado tanto daño a la humanidad.

Lenin estudió muy bien el panfleto de Marx "La Guerra Civil en Francia". Se lo sabía de memoria, adoraba a sus "mártires" y su heroísmo, analizó sus éxitos y criticó sus errores, los cuales comparó con los errores de la revolución abortada de 1905 en Rusia. Pero se aprendió sus lecciones. Muy bien. En un artículo escrito en 1908, escribió" "El proletariado se quedó a la mitad; en lugar de expropiar a los expropiadores, se dejaron llevar por sueños de establecer la justicia suprema en el país . . . instituciones como el Banco no fueron incautadas . . . El segundo error fue su magnanimidad; en lugar de aniquilar a sus enemigos, trataron de influenciarlos moralmente . . ." Lenin no repitió esos errores en 1917. Todo lo contrario, ya que lo primero que hizo al tomar el poder fue establecer la Checa al mando del sanguinario y fanático polaco Feliks Dzerzhinsky y comenzar un reino de terror en Rusia que duró 74 años. Y por supuesto, se apoderó de toda la propiedad privada en el país lo antes que pudo. (El Manifiesto Comunista, dice que lo primero que el gobierno debe hacer después de tomar el poder, es abolir la propiedad privada). De manera que el hombre que puso en práctica las doctrinas de Marx supo bien como implementar los principios básicos de todos los movimientos socialistas, los denominadores comunes de la Izquierda Eterna. ¿Cuales son esos principios en común? La supresión de las libertades individuales. La supremacía de la sociedad sobre el individuo. Un gobierno controlado por una élite de "expertos". El establecimiento del Bien Común y la Justicia Social (un paraíso terrenal). Una economía centralizada, planeada y controlada por el gobierno. El terror como instrumento para mantener el poder. El establecimiento de una sola clase social, la de los trabajadores, con la consecuente eliminación de todas las demás clases. La igualdad social y económica. La eliminación de la religión organizada y la secularización total de la sociedad. La razón como instrumento para el avance, el progreso y el beneficio de la humanidad. Dudo que nadie que se considere de la izquierda tenga ninguna objeción a estos principios enumerados y comunes de la Izquierda Eterna. Excepto uno. Objetarán violentamente contra el uso del terror como arma de control social. Sobre todo los que se consideran como "social-demócratas (léase socialistas). Pero la razón por qué los "social-demócratas" objetan con ser identificados como defensores del terror político es simplemente que no han alcanzado ese poder. Las limitaciones que la "democracia" electiva en países europeos, sobre todo en los países escandinavos, donde la "social-democracia" es más antigua, no permite a los socialistas alcanzar el poder absoluto para establecer el terror y afianzarse permanentemente en el poder. Si lograran ese poder absoluto, entonces veríamos muy claro como lo primero que harían sería crear el terror y reprimir a la oposición. En todos los países donde esto ha sucedido, todos y cada uno deesos gobiernos "absolutos", han creado aparatos de control terrorista para conservar el poder. Véanse los casos del gobierno del Frente Popular en España en 1936, de Portugal después del derrocamiento de la dictadura Salazar-Caetano en 1974, y mas recientemente, por supuesto, los casos de Venezuela, Bolivia, Nicaragua y Ecuador, donde en mayores o menores categorías y aunque todos todavía están en transición, impera, o al menos está presente, el terror como medida de control social. No importa cuanto lo nieguen, en resumidas cuentas lo anhelan, pues para la Izquierda Eterna, el fin justifica los medios. Y saben muy bien que únicamente por la fuerza pueden lograr imponer el "paraíso terrenal" que desean sobre sus conciudadanos. Recuerden bien que ellos saben que es lo mejor para todos nosotros. Aunque eso "mejor" signifique destruir a los que preferimos la libertad por sobre ese falso paraíso.

Ahora vamos a la Derecha Que Nunca Exitió. Durante y después de la Revolución Francesa, la Derecha fue identificada con la monarquía. Al final de las guerras napoleónicas, a pesar de la restitución de algunas monarquías, se unió a esa identificación con la Derecha, a la aristocracia. A los que deseaban regresar al pasado les llamaron "reaccionarios", pero esa "Reacción" no era mas que la oposición a la Izquierda Eterna. Mas adelante, como resultado de la Revolución Industrial en Gran Bretaña, los empresarios industriales y comerciales británicos y luego europeos, fueron incorporados a la Derecha. Finalmente, después del Manifiesto Comunista, ese término inventado por Marx para descalificar al sistema de empresa privada que según su arbitraria, pero "científica" doctrina estaba condenado al "basurero de la historia", el Capitalismo, se convirtió en el mayor exponente y representante de la Derecha. Pero ¿que características compartidas tienen todas estas "Derechas" mencionadas? Absolutamente ningunas. ¿Tiene ideología la "Derecha", aún si incluimos al "Capitalismo"? Claro que no. El Liberalismo Clásico y el movimiento conservador moderno, sobre todo en EU, SI tienen ideologías muy bien definidas. Pero la Izquierda Eterna raramente ha considerado a los liberales clásicos como miembros de la Derecha, mucho menos como enemigos de la Izquierda Eterna, aunque de hecho lo fueron por largo tiempo. Los conservadores son otro tema, pero como este es un movimiento mas reciente y mas localizado— principalmente en EU--solo en el último medio siglo ha sido identificado como Derecha. El Liberalismo Clásico, lamentablemente, ha ido perdiendo su fortaleza. Y por una buena razón. Siempre los liberales clásicos han tenido una ambivalencia en su contexto filosófico: ¿como lograr el balance entre la libertad individual y el Bien Común? En las últimas décadas, la inclinación hacia el Bien Común ha diezmado a los liberales clásicos, y por eso no solo han perdido fuerza política, sino también se les ha dislocado el compás moral. **Nunca** debe haber duda sobre cual de esos dos principios es el más importante. La libertad **siempre** debe anteponerse a todo lo demás, unida a su compañera inseparable, la justicia.

Lo que la Derecha **si es**, y siempre ha sido, aunque no se puede caracterizar como un movimiento definido como la Izquierda Eterna, es la enemiga de la Izquierda, la oposición. Es decir, todos los que se oponen a la Izquierda Eterna y sus políticas colectivistas y totalitarias, son entonces agrupados como la "Derecha" por el simple hecho que significan la oposición a la Izquierda Eterna. Pero eso de ninguna manera define a una Derecha de la manera que la Izquierda Eterna puede ser definida. Mas hubo un momento histórico en que **si** se identificó muy definitivamente a la Derecha como enemiga mortal de las "izquierdas progresivas" (cuando aquello, la Internacional Comunista había adoptado las políticas del llamado "Camino de Yenán", las cuales unían a todas las izquierdas mundiales en Frentes Populares, para conseguir el poder mediante elecciones). Durante los años 1930s surgieron dos movimientos en Europa que hostigaron a las izquierdas y pusieron en peligro hasta a la misma "Madre Patria" comunista en Rusia. Me refiero al Fascismo de Benito Mussolini en Italia y al

Nazismo de Adolph Hitler en Alemania. La feroz oposición a estos dos movimientos fue no solo como el comunismo internacional y todos los movimientos izquierdistas del mundo lograron sobrevivir, sino que florecieron. Solo hay un problema. Ni el Fascismo ni el Nazismo pueden remotamente ser considerados ni descritos como movimientos de derecha. De oposición al comunismo internacional, por supuesto. De enemigos mortales de Rusia comunista, también. Pero de Derechas, nunca. ¿Por qué no? El Fascismo de Mussolini fue un movimiento totalmente de izquierda; mas todavía, fue un movimiento socialista en toda la extensión de la palabra. El hecho que Mussolini por un corto tiempo haya hecho a los trenes italianos puntuales nada tiene que ver con "derechas", pero si mucho con eficiencia autoritaria. Mussolini, en si, comenzó su carrera como un marxista convencido (quizás nunca lo dejó de ser). Su padre fue primero un herrero anarquista y luego un socialista revolucionario, y su hijo aprendió bien esas enseñanzas. Durante un corto exilio en Suiza para evitar el servicio militar obligatorio en Italia, Mussolini conoció a Lenin y compartió con conocidos marxistas como Angelica Balabanoff, y a su regreso a Italia, se unió al incipiente partido socialista italiano y publicó por un tiempo un periódico socialista en Trento, entonces parte del imperio austrohúngaro. Después de cumplir cinco meses de prisión por actividades sediciosas en 1911, fue aclamado como *Il Duce* (El Líder) del ala extrema de los socialistas italianos (después, claro, se convirtió en *Il Duce* del partido fascista italiano). Al comenzar la Primera Guerra Mundial, primero se opuso a ella, pero por oportunismo mas tarde apoyó la entrada de Italia en la guerra y por eso fue expulsado del partido socialista. Pero nunca dejó de serlo, y las políticas de su partido fascista simplemente adoptaron algunas modificaciones de principios socialistas básicos, tales como el corporatismo y el nacionalismo. Todos los principios que identifico arriba como comunes de la Izquierda Eterna, estaban presentes en el Movimiento Fascista. Menos uno: la enemistad hacia el comunismo. Pero eso fue temporal y estrictamente táctico. Para consolidar su régimen, necesitaba controlar o acabar con los socialistas, porque en ese caso, eran sus enemigos. Pero nunca por estar opuesto a su ideología. Cuando fue expulsado del partido socialista en 1912, lo último que escribió al renunciar como editor del periódico *Avanti!* fue: Soy y siempre seré un socialista. Llevo el socialismo en la sangre y mis convicciones nunca cambiarán".

Para los que no recuerdan, el nombre del partido Nazi era Partido Nacional **Socialista** de Alemania. ¿Hace falta decir más? El principio básico del partido Nazi, co-escrito por Hitler y Antón Drexler en 1920, declara que "el bien común tiene que ser puesto antes que el interés particular". Y el ideólogo Nazi Gregor Strasser lo puso muy claro: "Somos socialistas. Somos enemigos mortales del sistema económico capitalista". Hitler nunca lo contradijo y el programa económico Nazi expuesto en *Main Kampf* es definitivamente socialista, como quiera que se analice. De manera que todos los principios de la Izquierda Eterna estaban presentes en la Alemania Nazi. Si, es verdad que permitió algunas empresas privadas. También las permitió Lenin cuando en 1921 se vio obligado a adoptar la Nueva Política Económica para supervivencia del régimen bolchevique. Hitler permitió algunas empresas privadas, igualmente por conveniencia y porque colaboraron con su régimen. Eran "socios" en la economía, la cual de todos modos estaba centralizada (recuérdense los planes de cinco años de Goering) pero nunca fueron socios en el poder. El gran economista liberal clásico y ganador del premio Nóbel en economía de 1974, Friedrich von Hayek, tiene un capítulo en su gran libro "El Camino Hacia la Esclavitud" titulado "Las raíces socialistas del Nazismo", donde escribe "[El Nazismo] es simplemente el colectivismo liberado de toda traza de individualismo tradicional". Hayek también señala la enorme influencia de muchos filósofos alemanes y de otras nacionalidades en la ideología Nazi, todos y cada uno de los cuales odiaban el individualismo intensamente. Elementos nacionalistas y racistas del Nazismo, aunque no son usualmente parte de la Izquierda, tampoco están reñidos con ella.

Finalmente, Hitler mismo estuvo muy influenciado por la "economía de guerra" implantada en Alemania al final de la Primera Guerra Mundial por el dictador militar General Erich Ludendorff, en lo que fue el primer sistema socialista totalitario de la historia (anterior al régimen bolchevique en Rusia). Y hasta su odio a los comunistas tiene raizes en su racismo y anti-semitismo, pues consideraba a los comunistas como parte de la conspiración judía para dominar el mundo. Pero siempre admiró las tácticas terroristas y el totalitarismo de Stalin. De manera que en esto no hay muchas dudas. Y de la misma manera, tampoco hay muchas dudas de que la Derecha, como percibida por dos siglos, nunca existió. Ahora se le puede llamar Derecha a la oposición de medidas colectivistas de cualquier gobierno, incluyendo lamentablemente el presente de EU, pero en realidad, más que derecha, esa oposición es la defensa de la libertad y la justicia. Si eso es ser Derecha, entonces bienvenido sea el término. De todas maneras seguimos envueltos en un combate hasta la muerte entre dos cosmovisiones totalmente opuestas. La libertad del individuo contra la opresión del grupo social. Estamos viendo con nuestros propios ojos como la agonía final del socialismo se despliega en Europa. Hoy en Grecia, mañana probablemente en España, Portugal e Italia. El socialismo, bajo cualquier adjetivo calificativo—y la "democracia social" europea era la "corona magna" del socialismo mundial, de la Izquierda Eterna—ha fracasado siempre en todo lugar donde se ha implementado. Ahora esa otrora exitosa y alabada democracia social europea se derrumba también, después de años de permanencia "artificial" en el poder. (Gracias, principalmente, a la protección militar de EU, que salvó a Europa de ser conquistada por el Comunismo y eso permitió a los gobiernos europeos gastar la enormidad de su producto nacional en establecer el "estado de bienestar"). Aquí en EU, le queda poco al presente régimen "inepto-colectivista" que nos mal gobierna. En noviembre, 2010, se acaba la fiesta y reconquistamos la libertad. Pero que nadie se engañe: el vampiro que es la Izquierda Eterna, nunca muere. Siempre los que defendemos la libertad y la justicia estaremos en guerra contra esas ideas básicamente anti-humanas. La Izquierda Eterna representa ideas no solo anti-humanas, sino que como pretende establecer el Paraíso Terrenal en nuestro mundo, es una Utopía, y por consiguiente, una Eterna Herejía también. Como todas las doctrinas utópicas, está siempre condenada al fracaso, por la sencilla razón que són una ofensa contra Dios. Pero como nunca mueren, por ser ideas y tampoco se pueden destruir, hay que estar en guardia permanente contra ellas. Mas al final, algún día, la libertad y la justicia triunfarán para siempre sobre esa Izquierda Eterna, tal como el Infierno está condenado a nunca prevalecer ante las puertas del Cielo. Pero mientras ese feliz final llegue, la Izquierda Eterna es—y ha sido desde que nació--como dijo el presidente Ronald Reagan de la desaparecida Unión Soviética: el foco del Mal en el mundo.

Uno de los mejores epitafios sobre la Comuna de París fue escrito por el gran pintor francés Auguste Renoir, quien escapó con su vida milagrosamente de los comuneros. Pero a la vez, ilustra la inmortalidad de la idea socialista. Escribió Renoir: "Estaban todos locos [los comuneros]; pero tenían en ellos esa pequeña llama que nunca muere". Exactamente. Finalmente, algunas definiciones útiles del socialismo. El conocido escritor cubano-argentino Armando Ribas lo define así: "El socialismo se forja en la envidia, se administra con hipocresía, genera la pobreza y destruye la riqueza". El gran estadista inglés Sir Winston Churchill, lo describe así: "El socialismo es la filosofía del fracaso, el credo de la ignorancia, y la prédica a la envidia. Su defecto inherente es la distribución igualitaria de la miseria". Y yo lo defino así: "El socialismo es la búsqueda y mantenimiento del poder por cualquier medio para establecer un paraíso terrenal sin Dios, donde reina la igualdad y la conformidad y se vive feliz eternamente sin libertad, bajo el yugo de un despotismo ejercido por una élite ilustrada que sabe lo que es mejor para todos".

LA FALACIA DEL ESTADO BENÉVOLO

Uno se cansa de oír constantemente las alabanzas al Estado y todo lo bueno que hace por los ciudadanos. La presencia y prevalencia de los Estados de Bienestar, que son ubicuos en una buena parte del mundo, contribuye en gran parte a esta percepción que a veces parece universal. Cuando estas opiniones de la bondad del Estado son compartidas por personas inteligentes y preparadas, sobre todo cuando son amigos, es intolerable. Es hora entonces de desmentir de una vez por todas esta gran falacia de la benevolencia del Estado.

Pero antes de comenzar, es necesario definir qué es el Estado. Hay muchas definiciones, pero ninguna aceptada generalmente. La más corta quizás sea la del diccionario en inglés americano Merrian-Webster: "Una organización política de personas que ocupa un territorio definido". La de la Real Academia Española es más larga: "Concepto político referente a una organización social, económica, política, soberana y coercitiva con el poder de regular la vida comunitaria en un determinado territorio". La del sociólogo alemán Max Weber es mucho más inclusiva y detallada: "Una organización política compulsoria con un gobierno centralizado que mantiene un monopolio del uso legítimo de la fuerza dentro de un territorio definido". Pero ninguna se me hace satisfactoria. De manera que usaré una mía: "Una organización creada para controlar a la mayor cantidad de personas por el uso de la fuerza ejercida originalmente por un solo hombre rodeado por un pequeño grupo de colaboradores". En realidad no importa tanto cuál definición se use mientras que se use consistentemente. En este ensayo usaré la mía.

Los orígenes del Estado

Ahora entonces es necesario ir a los comienzos del Estado, cualquier estado. Para eso hay que remontarse a la antigüedad: Egipto, Mesopotamia, China, India, el Imperio Inca. Pero dos condiciones básicas eran necesarias para el establecimiento de los primeros estados: la agricultura y la escritura. La agricultura, porque permitió que surgiera una pequeña clase de gente que no tenía que estar casi todo el tiempo buscando el sustento. La escritura, porque hizo posible la centralización de información vital.

¿Como empezó todo entonces? En cuanto un grupo de personas se estableció en algún lugar para cultivar la tierra, surgió un líder. Ese fue el primer "estado". Claro que llamarle "estado" a esta tan rudimentaria organización social puede parecer ridículo, pero ese líder desde el principio tiene que haber ejercido ciertos niveles de fuerza para establecer su autoridad ante el grupo, y este autoritarismo fue de entrada algo esencial en el Estado que surgió más adelante. Mientras seguía creciendo el grupo y más compleja se tornaba la sociedad, especialmente con el surgimiento de centros urbanos, el líder asumía funciones colectivas. Siempre existía el líder principal, pero cada vez con más colaboradores que eran necesarios para "gobernar" (en realidad controlar y reprimir) la sociedad. Ese fue el nacimiento de la Burocracia.

En realidad, el mundo vivió toda prehistoria, y gran parte de la historia hasta el siglo 14, en sociedades casi sin estados. No era necesaria tal organización todavía, aunque se puede decir correctamente que en la Grecia Antigua el precursor al estado moderno apareció en las ciudades-estados griegas. Especialmente en Esparta, que legó a la historia el primer estado totalitario. Además, surgió lo que puede considerarse como el primer "estado de bienestar". De la misma forma, ese estado espartano que alimentaba y albergaba a sus ciudadanos -y que dependía en gran parte de la esclavitud- también los oprimía y los privaba de casi todas las libertades individuales, ya que el individuo estaba totalmente supeditado al grupo, es decir, al Estado. Pero en otras ciudades-estados griegas existían ya los mecanismos de gobierno que ahora se reconocen como funciones del estado moderno.

Es en Roma, tanto bajo la República como el Imperio (especialmente en el Imperio), donde ya se ven claramente los rasgos de un estado moderno. Se notaban también en Egipto, Persia y China, pero en Roma, por su tamaño en extensión territorial y en población, es que el Estado Romano ya reprime y oprime a sus ciudadanos, aunque les daba a la vez pan y circo. Pero no se puede llamar al Estado romano uno de "Bienestar" como al espartano. El despotismo de los estados orientales (Persia y China mayormente) no prevaleció ni en Roma ni en el resto de Europa después de la disolución del Imperio Romano, en la conocida como la Edad Media, pero el creciente autoritarismo del Estado moderno SÍ estaba presente.

El Estado moderno absolutista, el cual sigue la marcha hacia la centralización social, económica y política, y la opresión de sus pueblos que caracteriza al Estado que conocemos, surge en el siglo 15 con los reyes y monarcas que supuestamente reciben el "derecho" a gobernar (léase a oprimir) directamente de Dios. Coincidentemente, en Europa sobre todo, la Iglesia Católica desde el principio, desde que la religión fue adoptada por el Emperador Constantino (del Imperio oriental basado en Constantinopla) en 313 DC (Edicto de Milán), se convirtió en socia del Estado. Esta sociedad no solo permitió a la Iglesia compartir el poder político (a veces SER el poder político) sino también le trajo la participación en el botín económico del Estado, adquirido en las conquistas y "guerras santas" durante la Edad Media (generalmente desde el comienzo de la desintegración del Imperio Romano occidental en 313 DC hasta aproximadamente el siglo 15, pero realmente más bien entre los siglos 5 y 15 DC.

El Estado absolutista en Europa también se identifica con el surgimiento de los estados-nación y con el Derecho Divino de los Reyes. Una vez más, esto coincide con la centralización del poder político y socio-económico y con la mayor opresión de todos los ciudadanos. Desde entonces, la élite gobernante, el Estado, se mantiene en la cúspide, mientras el resto del pueblo languidece en la más abyecta pobreza. No es que casi todos los habitantes del Estado fueran "pobres", que en verdad ha sido el caso en la historia hasta el siglo 17, sino que las élites gobernantes oprimían, explotaban y hasta esclavizaban a la enorme mayoría del pueblo en beneficio propio, además de mantener al mundo en guerra casi continuamente. No existía todavía (faltaban como 300 años) el Estado de Bienestar.

Claramente, a nadie se le ocurriría en aquellos tiempos a pensar que el Estado era benévolo y que otorgaba ningún beneficio a sus poblaciones. Sí, la teoría, sobre todo bajo el sistema feudal, proclamaba que el Estado y sus colaboradores "protegían" a sus pueblos. Pero en realidad era todo una justificación para aplastar a las poblaciones por la fuerza y extraer hasta la última gota de recursos (casi siempre la gran parte de las cosechas, ya que el dinero era muy escaso) por medio de impuestos exorbitantes. Estos impuestos mayormente pagaban por las interminables guerras, especialmente en Europa. Según un libro recién publicado de Philip T. Hoffman (*Why did Europe Conquer the World* - 2015), en los dos siglos antes de 1750, entre el 40% y el 80% de los presupuestos de los Estados Absolutos europeos estaban destinados a sus aparatos militares. Entre el 1550 y el 1600, los principales Estados europeos se mantuvieron en guerra un 71% del tiempo; del 1600 al

1650, el 66% del tiempo.

Pero precisamente esa continua opresión y la necesidad de imponer cada vez más y mayores impuestos sobre la población, incluyendo a los grandes señores o barones feudales para las guerras que no tenían fin, produjo los primeros cambios, los primeros resquebrajamientos del Estado Absoluto medieval. En Inglaterra, bajo el rey John (Juan Sin Tierra), con motivo de las pérdidas del territorio francés controlado por los ingleses por medio siglo (Normandía, Bretaña), los abusos de John finalmente provocaron a los barones ingleses de tal manera que el resultado fue una rebelión contra el rey. Para mantenerse en el poder, John fue obligado a firmar el famoso documento conocido como Carta Magna en 1215, el primer límite del Estado Absoluto. Pero por corto tiempo. Demostrando otra vez la complicidad y la sociedad del Estado con la Iglesia, el Papa Inocente III anuló Carta Magna unos meses después.

En realidad, esto fue el principio del fin del Estado Absoluto, al menos en el mal llamado mundo anglo-sajón (los anglo-sajones ya habían desaparecido del mapa poco después de la conquista Normanda de Inglaterra en 1066, a pesar de la ignorante costumbre de llamar a los anglo parlantes de esa arcaica manera: hace casi 1000 años que no hay un solo anglo-sajón en la Tierra). En el resto de Europa, especialmente en Francia, el absolutismo de los reyes duró tres siglos más, hasta su apogeo bajo el "Rey Sol", Luis XIV, quien famosamente declaró que L'Etat, c'est moi (El Estado soy Yo). Menos de 100 años después, su nieto Luis XVI perdió la cabeza (literalmente) en la Revolución Francesa, y el Estado Absoluto bajo el rey desapareció brevemente, solo para resucitar con el Terror de la Revolución y luego el Imperio de Napoleón y su nuevo absolutismo y despotismo moderno.

En España el poder absoluto del rey tuvo quizás su apogeo bajo Felipe II en el siglo 16, cuando también la Iglesia implantó la Inquisición (una vez más de socia con el Estado). Pero el absolutismo en España perduró hasta el siglo 19, con una mínima pausa bajo la efímera Primera República en 1873-74. La monarquía fue restaurada, pero el absolutismo de Fernando VII quedó diluido en cierto sentido. La Segunda República en 1931 también duró poco y terminó con la Guerra Civil Española, cuando un Estado gobernado por el régimen de extrema izquierda del Frente Popular, aplastó a media España y provocó la muerte de cientos de miles de españoles. Un nuevo Estado dictatorial bajo el triunfador, Generalísimo Franco, trajo orden y eventual prosperidad a España, pero a cambio de una brutal supresión de la libertad.

El hecho, sin embargo, es que los impuestos excesivos y los abusos del Estado Absoluto crearon un círculo vicioso de violencia casi interminable y produjeron rebeliones casi continuas a su vez contra ese poder absoluto (el Estado), hasta la Revolución Gloriosa en Inglaterra en 1688, la cual limitó permanentemente el poder absoluto de los reyes y trajo lentamente un aumento en las libertades individuales de los habitantes del reino inglés, incluyendo las colonias en Norte América. Pero mucho antes, durante el turbulento siglo 15, toda Europa fue devastada por las guerras religiosas causadas por la Reforma Protestante de Martín Lutero, y los Estados se mantuvieron ocupados matándose mutuamente.

Esta fue una nueva manifestación del Estado Absoluto: el involucramiento con la religión. La opresión a los pueblos aumentó considerablemente. No solo los impuestos para guerrear entre Estados, sino el reclutamiento forzoso de cientos de miles de "soldados" para pelear en esas guerras religiosas; y esto duró dos siglos y costó millones de vidas. Inglaterra se libró relativamente de esas guerras religiosas hasta que en el siglo siguiente, el Rey Enrique VIII y sus divorcios provocaron el rompimiento con la Iglesia Católica.

Desde entonces, durante buena parte del siglo 16 y el 17, los conflictos religiosos hicieron que el Estado volviera al absolutismo que comenzó con la invasión normanda en 1066 y duró más de tres siglos. El conflicto entre los reyes y el Parlamento (que tenía que aprobar los constantes impuestos para la guerra) finalmente culminó en las guerras que le costaron la vida al Rey Charles I, a la abolición de la monarquía, y a la elevación de Oliver Cromwell como Lord Protector de la religión protestante, pero en verdad como dictador absoluto. (Fueron en realidad tres guerras civiles, desde 1642 hasta 1688).

En definitiva, se terminó con un Estado aún más centralizado y opresor. Pero las guerras continuaron hasta que Cromwell murió en 1658. La monarquía fue restaurada bajo el Rey Charles II (hijo del ejecutado Charles I) en 1660. Sin embargo, los conflictos religiosos y la pugna con el Parlamento que trataba por todos los medios de limitar el poder absoluto de los reyes continuaron por varios años más, culminando en la Revolución Gloriosa de 1688.

Un año después, en 1669, el Parlamento adoptó, y el nuevo Rey holandés William of Orange aceptó, la única parte escrita de la "Constitución" británica (que es mayormente formada por tradiciones, el Derecho Común y leyes aprobadas por el Parlamento): la Declaración de Derechos, que limita finalmente la autoridad del rey, asegura al Parlamento la supremacía política en el reino, y garantiza ciertos derechos individuales a los ciudadanos británicos, y más tarde a los colonos de Norte América. Algunas décadas antes, en 1610, el gran jurista inglés Lord Edward Coke, en una decisión histórica que se considera el nacimiento del Estado de Derecho, decidió que el Rey no está sobre la Ley. El Estado Absoluto en Inglaterra se acercaba a su final, dando lugar eventualmente a una monarquía constitucional a principios del siglo 18 bajo el Rey George I, el primero de la dinastía Hanoveriana.

Pero enfáticamente NO en el resto del mundo, muy especialmente en China, Japón, India y el Imperio conquistado por la religión islámica entre los siglos 7 y 15. En todo el mundo oriental el Estado Absoluto fue mucho peor, más opresivo y abusador, y debido al despotismo que siempre predominó, el concepto de la libertad individual ni siquiera existía. En China y Japón los Estados Absolutos fueron aún más dañinos cuando sus gobernantes decretaron cerrar esas sociedades a todo contacto con el exterior en el siglo 15. El resultado fue un tremendo estancamiento en todo sentido, y un consiguiente atraso de tres siglos en comparación con Occidente. En el mundo islámico, la retrógrada religión y la Sharia (ley islámica) simplemente impidieron que la tecnología producida por los adelantos científicos llegara a sus sociedades, después de haber sido por siglos precursores en campos como la matemática, la astronomía y la medicina. En 1515, el Sultán Selim I hasta emitió un decreto condenando a muerte a quien se atreviera a usar una imprenta para producir libros.

El Estado en Occidente y en Oriente

Es más, hay una divergencia enorme entre Occidente y Oriente que comienza dramáticamente a partir del siglo 15. El gran historiador inglés Niall Ferguson señala en su libro del 2011 Civilization: The West and the Rest, seis condiciones que causaron esto: 1. La Competencia (entre naciones, buscando un pasaje marítimo hacia las Islas de Especias); 2. La Ciencia y el desarrollo de la revolución tecnológica en Occidente; 3. Los Derechos de Propiedad, que crearon estados de derecho bajo la ley; 4. La Medicina y sus adelantos, que permitieron una vida mejor y más larga; 5. La Sociedad Consumista, que aceleró la productividad y prosperidad de Occidente; y 6. La Ética del Trabajo que permitió todo lo demás. Como Ferguson les llama, adoptando terminología de la actualidad, estas "aplicaciones asesinas" (killer applications) fueron responsables de esa gran divergencia entre Occidente y el resto del mundo, al igual que hicieron a los Estados occidentales, por absolutistas que fueran por un tiempo, mucho menos centralizados y opresivos en comparación con los despotismos orientales.

Esa también es la razón principal porque este trabajo se ha concentrado en Occidente. Debe ser muy obvio que a mayor libertad, tanto a nivel personal como empresarial, y a menor intervención del Estado, mayor prosperidad para las sociedades occidentales. Tal como lo identificó el Barón de Montesquieu escribiendo a mediados del siglo 18 (1740s), las razones primordiales del relativo decline del Imperio Chino en los últimos tres siglos en comparación con el avance de Europa (se debe entender por Europa, por supuesto, Occidente, incluyendo ya entonces las colonias inglesas en Norte América) se debió más que nada a que en China prevalecía la tiranía, mientras que en Europa la libertad iba en ascenso. Pero aún así, eventualmente, la conversión en Occidente de los Estados Absolutos en Estados de Bienestar, y la adopción en el Oriente de las "aplicaciones asesinas" que lo diferenciaron de Occidente, de nuevo han convertido a todos los Estados en el mundo en lo que por naturaleza son: opresivos, depredadores, abusadores y expoliadores; y más que nada, en enemigos de todos los individuos y de la Libertad.

Al principio de fundadas las colonias inglesas en Norte América, sobre todo las dos primeras en Jamestown (Virginia, 1609) y Plymouth (Massachusetts, 1620), casi se puede decir que NO existía el Estado; los colonos se gobernaban por sí mismos, y por varios años fue así, aunque siempre hubo gobernadores nombrados por Londres. Es más, el mismo Lord Coke escribió el documento fundador de la Colonia de Virginia en 1606, introduciendo en las colonias todas las libertades y derechos ingleses que la Carta Magna representaba, especialmente para Lord Coke, su mayor impulsor en Inglaterra.

Sin embargo, en una de las grandes ironías de la historia, los separatistas religiosos que escaparon de Inglaterra en busca de libertad religiosa, terminaron estableciendo una teocracia absoluta en las colonias de Nueva Inglaterra, suprimiendo las libertades individuales de una manera mucho peor que en la misma Inglaterra. Eventualmente, los gobiernos extraordinariamente limitados de todas las colonias, no solo en Nueva Inglaterra, evolucionaron hacia la defensa de la libertad.

Pero eventualmente, también, el Estado británico trató de

imponerse en las colonias, sobre todo al finalizar la llamada Guerra de los Siete años en 1763, cuando Gran Bretaña se convirtió en la primera potencia en el mundo. (Esta fue en realidad la primera guerra mundial entre Gran Bretaña, Francia, España, Holanda, Prusia y varios princidados Alemanes, Suecia, Austria y Rusia; se libró en Norte América, el Caribe, Centro América, Europa, India, la Costa Oriental de Africa y el Pacífico Sureste. En EEUU se conoce como French and Indian War por la participación de varias tribus de indios de la Confederación Iroquí que apoyaron a los ingleses y a los franceses respectivamente). Para pagar los gastos exorbitantes de esa guerra, el gobierno del rey George III (y el Parlamento) por primera vez gravó impuestos directos sobre las colonias. Las colonias se rebelaron contra los impuestos y muchos otros abusos del Estado británico, y después de una cruenta guerra de independencia, esas colonias se convirtieron en la república federal de Estados Unidos de América luego de ser adoptada la Constitución en 1787.

El Estado en Estados Unidos

Nació entonces una esperanza, la posibilidad de un nuevo Estado gobernado por leyes, y no solo por hombres, un Estado con poderes estrictamente limitados, un Estado que bajo principios de libertad individual y justicia para todos estaba concebido para traer el mayor beneficio a su pueblo.

Así fue por el primer siglo, aunque las promesas nunca se cumplieron enteramente. En primer lugar, la independencia trajo menos libertad que la que gozaban las colonias antes de 1776. El establecimiento del orden en la sociedad era tan importante como la libertad misma. La población pagaba más impuestos y tenía menos libertades individuales, a pesar de las protecciones de la Constitución, y esa gran mancha que era la esclavitud duró hasta que una guerra civil que costó 600,000 muertos la terminó.

Pero el costo no solo fue en vidas, sino en menos libertad y en la transformación de la república idealmente creada en un Estado cada vez más represivo, tal como temían algunos fundadores como Jefferson, Mason y Madison. La visión de Alexander Hamilton de una república comercial cada vez más centralizada (apoyada por las decisiones del gran juez John Marshall de la Corte Suprema en defensa de la santidad de los contraltos) surgió definitivamente después de la Guerra Civil, en 1865.

La gran expansión industrial y comercial desde 1865 hasta la Primera Guerra Mundial convirtió a EEUU en la potencia económica predominante en el mundo, y creó más riqueza y mayores beneficios para toda la sociedad que nunca antes en la historia. Pero la entrada de EEUU en las dos Guerras Mundiales y el Estado gigantesco que resultó de esas intervenciones, preparó el camino para el Estado de Bienestar en EEUU. El sueño de 1787 terminó con la implantación de ese Estado de Bienestar desde 1965.

El Estado de Bienestar

¿Cuando entonces comienza el Estado de Bienestar, ese Estado Benevolente que tanta bondad supuestamente vierte sobre todos sus agradecidos ciudadanos? Generalmente se acepta que surgió en Alemania en los 1880s bajo el gobierno del Canciller Otto von Bismarck, quien había presidido la unificación de Alemania después de la guerra contra Francia en 1870. Bismarck era un político básicamente conservador, pero los socialistas habían hecho grandes avances electorales en el parlamento (Reichstag) alemán.

Por temor a que llegaran a ganar una mayoría parlamentaria y, con eso, el control del gobierno (y del estado alemán unificado), Bismarck comenzó a implementar una serie de medidas de asistencia social que, de hecho, supeditaron las aspiraciones de los socialistas. Varias de las leyes aprobadas incluyeron pensiones de retiro (social security), salario mínimo, seguro nacional de salud, vacaciones garantizadas y seguro de desempleo (unemployment insurance). Muchas de estas medidas, indudablemente, beneficiaron a la clase trabajadora, pero ese no fue el objetivo de Bismarck, quien honesta y cínicamente explicó que su idea fue "sobornar" a los trabajadores para que pensaran en el Estado como una institución social que existía para el beneficio de ellos y que estaba interesado en su bienestar. Esos votos de los trabajadores mantuvieron a Bismarck en el poder y excluyeron a los socialistas hasta 1919.

Sin embargo, otros perseguían objetivos muy distintos y veían en el nacimiento del Estado de Bienestar uno de los grandes ideales de la Izquierda Eterna: La oportunidad de lograr el "bien común y la justicia social" bajo un concepto de la libertad humana "más alto" y superior a la "mera" protección de los derechos individuales tradicionales a la vida, la libertad y la propiedad privada.

Esa fue la anhelada puerta que poco después de ser abierta en Alemania, pasó a Gran Bretaña a principios del nuevo siglo 20, donde bajo los gobiernos del Partido Liberal del Primer Ministro Herbert Asquith y David Lloyd George entre 1906 y 1914 se adoptaron también una serie de leyes de contenido "social", aunque menos ambiciosas que las de Bismarck: una ley de pensiones de retiro (1908), almuerzo gratis para los niños en escuelas públicas (1909) y una ley de beneficios a los desempleados y de salud (1911), fueron aprobadas por el Parlamento, y todo parecía solo el principio.

Hasta que estalló la Primera Guerra Mundial en 1914 y lo interrumpió todo. Irónicamente, casi todos los partidos socialistas de Europa apoyaron la entrada en la guerra, incluyendo los de Alemania, Gran Bretaña y Francia. Solo el minúsculo partido bolchevique de Lenin se opuso en Rusia, pero todos los demás partidos socialistas apoyaron al Zar. En definitiva, el nacionalismo fue más fuerte que la búsqueda de utopías sociales, y la destrucción que resultó de esa Gran Guerra no solo frenó y atrasó todos los adelantos sociales ya conseguidos, sino que trajo el fascismo, el nazismo y el comunismo a Europa en los años 1920 y 1930s que tomaron impulso con la Gran Depresión en 1929. La Segunda Guerra Mundial estalló solo diez años más tarde.

En Estados Unidos, tierra nunca fértil para el socialismo, el Estado de Bienestar se demoró varias décadas, y aún cuando se adoptaron algunas reformas bajo la administración del Presidente Franklin D Roosevelt y su New Deal durante la Gran Depresión, no fueron comparables con lo sucedido en Europa hasta la década de los 1960s con la administración del Presidente Lyndon Johnson y su Great Society. Es más, EEUU fue la única nación industrializada que entró en la Gran Depresión de los años 30 sin ningún programa de asistencia social.

Pero a finales del siglo 19, las ideas que crearon los Estados de Bienestar, comenzando en Alemania, SÍ llegaron y se propagaron muy rápidamente, sobre todo en varias universidades prominentes como Columbia y Wisconsin. En EEUU no existían programas de educación post graduada (doctorados) en aquel entonces, de manera que cientos de académicos, principalmente economistas, sociólogos, historiadores y educadores cruzaron el Atlántico y fueron a estudiar a Alemania. Cuando regresaron con sus flamantes títulos de prestigiosas universidades alemanas (Heidelberg fue prominente), formaron parte integral del incipiente movimiento progresista, que se puede decir comenzó durante la administración del Presidente Theodore Roosevelt después de su elección en 1904 (asumió la presidencia al morir asesinado el Presidente William McKinley en 1901).

Varios intelectuales de esa época fueron enormemente influyentes en las ideas de Theodore Roosevelt, quien era un reformista desde sus inicios como Comisionado de Policía en New York en los 1880s, pero no todavía un progresista. Hombres como los sociólogos Lester Ward (el padre del estado de bienestar moderno según el famoso historiador Henry Steele Commager) y T. H. Marshall, el economista de la

Universidad de Wisconsin Richard Ely, y los fundadores de la revista progresista The New Republic, Herbert Croly y Walter Lippmann, todos fueron preparando el terreno con sus ideas "racionales" (pensaban que la razón podía lograrlo TODO) hasta que el nefasto Woodrow Wilson ganó la presidencia en la disputada elección de 1912 (el Presidente William Howard Taft, escogido por Theodore Roosevelt en 1908, derrotó a Roosevelt como candidato del Partido Republicano, pero Roosevelt aspiró como candidato independiente, dividiendo el voto republicano y permitiendo que Wilson ganara con una minoría del voto - 41.8%).

Pero aunque Wilson tenía todas las intenciones de implementar las medidas que el Movimiento Progresista apoyaba, no pudo hacerlo por la sencilla razón de que su ideología y sus prejuicios lo condujeron a llevar a EEUU a la Primera Guerra Mundial. La decisión de declarar la guerra a Alemania en 1917, a pesar de contar con un gran apoyo del pueblo americano, y a pesar de que el Congreso aprobó la declaración de guerra casi unánimemente, fue algo completamente innecesario y prejudicial para la república americana.

Sí, EEUU terminó como la primera potencia económica del mundo, y sí, también quedó como la única nación solvente en el mundo, pues hasta los aliados ganadores le debían millones de dólares. Pero miles de americanos murieron sin motivo ni razón, y EEUU, después de evitar inmiscuirse por 130 años en los asuntos de Europa y en sus guerras, como George Washington recomendó no hacerlo en su discurso de despedida, fue introducido al internacionalismo de Wilson.

El precio que la gran república americana pagaría por este internacionalismo y por el idealismo equivocado de Wilson y su política externa basada en falsos conceptos "morales" que lo llevó a la guerra, sería muy caro en el futuro. Para el advenimiento del Estado de Bienestar en EEUU, fue un duro golpe que lo demoró por casi medio siglo.

Sin embargo, gracias a la terquedad y fanatismo de Wilson, quien trató por todos los medios de encajar a EEUU en la recién creada Liga de Naciones, y de esa manera institucionalizar su internacionalismo, el Senado terminó rechazando el Tratado de Versalles y la consiguiente entrada de EEUU en la Liga de Naciones (además de provocar la incapacidad permanente de Wilson cuando sufrió una embolia cerebral por sus incansables esfuerzos de promocionar la Liga).

La vertiginosa desmovilización militar y retiro de Europa de las tropas americanas también tuvo grandes consecuencias en la política doméstica. De entrada, el país cayó en una profunda depresión económica que, por otro lado, fue cortísima y se corrigió enteramente sin ayuda del gobierno federal que, bajo el nuevo Presidente Warren Harding, no intervino para nada. Entonces resultó el auge económico más grande en la historia de EEUU hasta ese momento, gracias a políticas que promovieron la libertad individual, el libre comercio y el fin de las regulaciones asfixiantes del régimen de Wilson.

El resultado también fue una reducción enorme del Estado gigantesco producido por la entrada en la guerra. Fue casi un renacimiento en todo sentido, el regreso a un Estado limitado, tal como se creó con la Constitución de 1787, pero que había cambiado mucho debido a las políticas del Movimiento Progresista. Desafortunadamente, esa "era dorada" de la década de los 1920s terminó con el derrumbe de la Bolsa en New York en octubre de 1929 y la Gran Depresión que trajo de nuevo un Estado centralizado y colosal con el New Deal del Presidente Franklin D Roosevelt.

Este brevísimo resumen histórico de como y cuando nació el Estado de Bienestar es suficiente, puesto que en definitiva este escrito es sobre la Falacia del Estado Benévolo -o como esperamos demostrar, en caso de que existiese tal cosa.

Anteriormente ya se ha descrito como, hasta que Bismarck inventó el Estado de Bienestar en Alemania a fines del siglo 19, el Estado, especialmente los estados absolutistas, autoritarios y despóticos que prevalecieron en TODO el mundo, excepto en EEUU, desde el siglo

15, de ninguna manera se puede decir que beneficiaron a nadie, menos todavía a los pobres y desvalidos que fueron las grandes víctimas de estos estados depredadores.

Al contrario, el Estado, junto con su socia la Iglesia (católica mayormente, pero protestante en Gran Bretaña) siempre estuvo en manos de los ricos y poderosos, que vivían para explotar y oprimir a la enorme mayoría del resto de las poblaciones. Sin embargo, después que el mundo quedó en ruinas -por segunda vez en menos de 30 años- al final de la Segunda Guerra Mundial, todo comenzó a cambiar.

Primero, con el triunfo del Partido Laborista en Gran Bretaña en 1945, su líder, el socialista Clement Atlee, implementó leyes nacionalizando la industria pesada (carbón, acero, ferrocarriles), servicios públicos (electricidad, gas, teléfonos) y especialmente creó el Sistema Nacional de Salud (medicina socializada).

Estos siempre fueron grandes ideales de los socialistas en el mundo. Ahora se vería como esas políticas benevolentes que favorecían a los trabajadores y a las clases más pobres en general, crearían por fin un paraíso terrenal en Gran Bretaña. Claro que ya se conocía muy bien que las políticas comunistas en la Unión Soviética NO habían creado el ansiado paraíso en esa infortunada nación. Pero los británicos, basados en las teorías del famoso economista John Maynard Keynes, creían completamente que ellos lo harían distinto y mejor que los rusos, y que en Gran Bretaña el socialismo SÍ funcionaría.

El resto de la devastada Europa estaba, mientras tanto, al borde del precipicio comunista, sobre todo Italia y Francia. Gracias a la masiva ayuda económica de EEUU mediante el así llamado Plan Marshall (por el apellido del Secretario de Estado americano), Europa Occidental no solo se salvó de caer en la órbita soviética junto con el resto de Europa Oriental, sino que se recuperó relativamente pronto, sobre todo Alemania Occidental (que quedó dividida en dos zonas al final de la Guerra). También Japón se libró del comunismo y floreció económicamente bajo la ocupación americana dirigida por el General

Douglas McArthur. No así China, que sucumbió a los comunistas liderados por Mao Zedong en 1949.

Europa Occidental, protegida por EEUU de la amenaza soviética, decidió casi colectivamente encaminarse hacia el Estado de Bienestar, sobre todo en los países escandinavos, donde los regímenes socialistas tuvieron cierto éxito hasta finales del siglo 20.

Otras naciones en el resto del mundo, prominentemente Nueva Zelanda, Uruguay, Costa Rica y Canadá adoptaron Estados de Bienestar en mayor o menor grado después de la Guerra. Pero no EEUU, donde las leyes aprobadas por el Congreso durante los años del New Deal de Franklin Roosevelt NO fueron en realidad el nacimiento del Estado de Bienestar, con la excepción del modestísimo programa de seguro social (social security), el cual al principio solo era un programa de retiro (no de beneficios de desempleo). El cheque recibido por la primera beneficiaria fue de $22.34, aunque, naturalmente, con el tiempo fue aumentando. Pero eso vino años después, ya terminada la Guerra.

Durante la administración del Presidente Lyndon Johnson entre 1965 y 1969 fue que el Estado de Bienestar se creó realmente en EEUU. Sobre todo los programas pioneros de Medicare y Medicaid, que al principio costarían pocos billones de dólares y en muy poco tiempo aumentarían casi geométricamente, y la mal llamada Guerra contra la Pobreza, que en medio siglo, y después de un gasto de tres trillones de dólares ($3'000,000'000.000) ha disminuido el nivel de pobreza en el país UN PUNTO PORCENTUAL (del 16% al 15%).

¿El Estado de Bienestar ha sido un Estado Benévolo?

Pero ahora toca regresar a la pregunta pertinente. ¿Ha sido este Estado de Bienestar, en EEUU o en la Unión Europea, en la Iberoamérica donde reina el Socialismo del Siglo 21, en China, en Japón, en algún lugar del mundo donde existe, un Estado Benévolo? La respuesta es un NO calificado, en el sentido de que si bien ciertos ciudadanos han recibido un trato benevolente, muchos otros no han sido tan agraciados. Pero aún así, si para una porción de la población el Estado ha sido bondadoso ¿no es esto causa para celebrar?

En realidad, NO. Porque el Estado, por su naturaleza, NO es esencialmente benévolo, sino todo lo contrario. Ahora, como siempre, el Estado básicamente continua oprimiendo a los pueblos, continua reprimiendo las libertades de la enorme mayoría de los individuos, engañosamente aparenta ser bondadoso hacia una parte de la población (para "comprar" votos y mantenerse en el poder, tal como lo admitió Bismarck), pero las bondades que otorga por un lado son negadas por las malas consecuencias que traen esas mismas bondades.

A pesar de la opresión del Estado a sus pueblos, por otro lado, gracias a la Revolución Industrial comenzada en Gran Bretaña a mediados del siglo 18, y del libre comercio (nunca en verdad ha existido un comercio enteramente libre en el mundo, pero a mayor libertad en el comercio, más prosperidad para los pueblos) cada vez más prevaleciente en el mundo occidental, el mundo entero se benefició y prosperó.

El Estado al principio no interfirió mucho con la libre empresa que trajo estos grandes beneficios a la humanidad. Es más, en muchos casos el Estado fue socio de los empresarios y esto resultó en grandes abusos, sobre todo a las clases trabajadoras. Pero era natural que sucediera, ya que el ser humano abusa de todo, inclusive de la libertad.

Presiones de movimientos sociales poco a poco fueron convirtiendo al Estado en adversario y hasta en enemigo de la libre empresa. Comenzaron las regulaciones del Estado, que en determinados casos fueron beneficiosas para aminorar muchos abusos, pero eventualmente causaron daños irreversibles y terminaron perjudicando precisamente a los grupos que supuestamente necesitaban ayuda.

Eventualmente, con el triunfo (temporal, como veremos) de los Estados de Bienestar en el mundo, todo parecía encaminado al establecimiento de esas utopías siempre añoradas por la Izquierda Eterna, la Madre del Estado de Bienestar. Hasta que llegó la hora de pagar las cuentas y la gran fiesta se acerca a su final. En las palabras inmortales de Margaret Thatcher, el problema con el socialismo es que eventualmente se acaba el dinero de otros y en la también inmortal frase de Ronald Reagan, el gobierno no es la solución, sino el problema.

En la Alemania autoritaria y expansionista de Bismarck y del Kaiser Guillermo II, el Estado de Bienestar terminó abruptamente con la Primera Guerra Mundial y no regresó hasta medio siglo después, al final de la Segunda Guerra Mundial. Pero en Gran Bretaña, aunque interrumpido por las dos guerras, en 1948 volvió a la carga y dominó la sociedad británica por los próximos 30 años. Hasta que Gran Bretaña estuvo al borde de la quiebra, una gran nación arruinada por el Estado de Bienestar, donde su pueblo sufría por las consecuencias inesperadas de las buenas intenciones del Estado de Bienestar.

Tomó la docena de años bajo las políticas conservadoras y fiscalmente responsables de Margaret Thatcher para "resucitar" a Gran Bretaña económica y socialmente. Casi al mismo tiempo en EEUU (al igual que de cierta manera en Alemania, y hasta en Argentina), con el triunfo del Presidente conservador Ronald Reagan, aunque solo se logró frenar un poco y por corto tiempo al Estado de Bienestar, la república americana también revivió, y una prosperidad nunca antes vista reinó desde mediados de los 1980s hasta la Gran Recesión del 2008.

El Estado de Bienestar en la actualidad

Ahora llegamos al final (¿o a un nuevo principio?), al mundo presente del nuevo Gran Arquitecto del Nuevo Orden Mundial que ocupa la Casa Blanca en Washington desde el 2009 y de su más reciente aliado, el Papa Peronista.

Llegamos al final del sueño dorado de la Unión Europea, que comenzando hace cinco años con las crisis económicas en España, Portugal, Irlanda, Italia y Grecia, la cual no parece tener fin, en este año 2015 envuelve a todo el mundo, incluyendo China, Rusia, Japón (en recesión continua por dos décadas) y como de costumbre, Iberoamérica.

¿Que hacer ahora que claramente se nota por todo quien quiere ver que el Emperador, el Estado de Bienestar, no tiene ropa, está desnudo en todo su evidente fracaso?

Las soluciones son muy conocidas, pero todavía no hay la voluntad de aceptarlas y menos de implementarlas. Aún sin mucha voluntad, la libre empresa en buena parte del mundo, sobre todo en África, Asia y algunas naciones Iberoamericanas, ha disminuido la pobreza del 50% al 20% desde 1980 (de acuerdo con cifras del Banco Mundial, basadas en una entrada per cápita de $1.25 diario).

Pero algo sí es obvio: no solo ha fracasado ese Estado de Bienestar que nunca fue benévolo y nunca cumplió sus promesas, sino que la presencia del Estado en sí, ya sea de Bienestar, autoritario o hasta el más ideal Estado creado en EEUU por la Constitución de 1787, una república federal basada en el control de los poderes del Estado y la mayor libertad individual para su pueblo, no parece ser necesario para la humanidad.

Como en definitiva el mundo ha vivido casi sin estados durante miles de años, sería mucho mejor y beneficioso tratar de limitar el Estado, reducirlo, eliminar una buena parte de la burocracia que vive para servirlo. En fin, poner al Estado en su lugar: que exista para servir a los ciudadanos y no para oprimirlos. Esto NO es una quimera. Si hay voluntad, se puede lograr eventualmente.

Claro que aquí en Estados Unidos el Estado de Bienestar nunca ha llegado a los extremos de Europa. Aquí todavía no hemos tocado fondo, aunque la deuda externa y las obligaciones fijas (Social Security, Medicare, Medicaid) son tan inconcebibles que quizás por eso los malvados políticos quieran seguir ignorando la debacle que nos espera.

Mientras que la productividad y el crecimiento de la economía americana aumentaba, en verdad se podía continuar viviendo en las nubes. Pero debido a las fatales políticas económicas de la presente administración que nos gobierna, ya eso terminó, y ya la economía no está ni siquiera en balance, sino que nos hundimos cada vez más, y no se vislumbran soluciones.

Al flautista siempre hay que pagarle, y la hora de pagar se nos acerca. Además, de todos modos aquí en EEUU el Estado tampoco ha sido benévolo, como no puede serlo por naturaleza, y aunque más del 50% de la población americana hoy en día recibe alguna ayuda, ya sea del gobierno federal, estatal o local, lo que el Estado da, igual lo quita.

En términos de pérdida de libertad personal, de cada vez menos privacidad, de regulaciones sofocantes, de una vida mucho más llena de presiones insoportables, el Estado Americano es visto por al menos la otra mitad de la población que tiene que pagar las cuentas, no como benefactor, sino como un verdadero enemigo.

El Estado "socialista" cubano

Sin embargo, de acuerdo con la propaganda y con el mito propagado por más de 50 años, supuestamente SÍ existe en el mundo un Estado Benévolo que ha funcionado y funciona. Estamos, por supuesto, hablando de Cuba y del Estado Benévolo Totalitario creado por Fidel Castro y su revolución en 1959.

La revolución prometió vivienda, educación y medicina gratis para todos los Hombres y Mujeres Nuevos de la nueva Cuba. Todo eso a cambio de un trato con el Diablo por el cual el precio fue la Libertad del pueblo cubano.

Fidel Castro preguntó a su delirante pueblo en 1959: ¿armas para qué, para pelear contra el pueblo? Y los cubanos respondieron NO. Poco después preguntó: ¿elecciones para qué, si el pueblo ahora está con nosotros, con la Revolución? Otra vez el pueblo contestó NO. Pasaron los años, pero el pueblo no tuvo la oportunidad de contestar la pregunta que Castro nunca hizo ¿libertad para qué? ¿Pero que importaba la libertad, si el Estado Benévolo Revolucionario le había dado TODO al pueblo?

Hay un problema grande, muchos problemas en verdad. Todo fue -y es- un mito creado y mantenido por un aparato propagandístico único en el mundo, aceptado con la cooperación y fe ciega de la Izquierda Eterna.

Las viviendas al principio fueron gratis. Naturalmente, eran las viviendas que el Estado Revolucionario le había robado a sus dueños legítimos. Pero no se construyeron suficientes nuevas viviendas, y no se cuidaron las antiguas. Ahora hay que compartirlas y están en ruinas.

La educación, parte de la cual antes de 1959 era gratis, siguió siendo gratis, pero mezclada con adoctrinamiento marxista y dispensada por el Estado de una manera arbitraria y solamente a los fieles seguidores. Con maestros que malamente sabían leer y escribir, y sin que los estudiantes pudieran siquiera elegir lo que querían, puesto que el Estado Benévolo Revolucionario lo hacía por ellos, el resultado no fue el mejor. Hoy hay millones de Nuevos cubanos mal educados, muchos de ellos médicos y dentistas dispersos por el mundo como una de las grandes fuentes de ingreso del Estado Benévolo Revolucionario. Esclavos del Estado Benévolo Revolucionario, en realidad.

La medicina, parte de la cual también era gratis, en cuanto se terminó el suministro de la que existía antes de 1959, desde el principio fue racionada, como la comida. La atención médica, la joya de la corona del Nuevo Estado Benévolo, es segregada hace mucho tiempo y los Nuevos cubanos tienen acceso a los peores hospitales: actualmente sucios, decrépitos, carentes de casi ningún equipo moderno. Excepto los que tienen dólares o euros con qué pagar la mejor atención médica disponible en hospitales exclusivos, usualmente reservados para la nomenklatura y para los extranjeros. Ahora no hay ni aspirina, y la poca comida disponible malamente alcanza para subsistir.

De Estado Benévolo Modelo, el estado revolucionario terminó en estado proxeneta y mendigo, dependiente de la prostitución de su bien educada juventud y de las remesas de sus exiliados políticos y emigrantes.

En fin, el Estado Benévolo Revolucionario es tan mítico como los legendarios unicornios. La Gran Estafa del Estado Benévolo Revolucionario, que hasta su máximo líder y creador, desde hace años senil, en uno de sus momentos de lucidez admitió que ni en Cuba ese modelo funcionaba. Requiescat in Pace.

Conclusión

El Estado, ahora como siempre, es el enemigo de esa misma humanidad que lleva siglos oprimiendo. Ya el socialismo, sistema fracasado en todo el mundo donde se ha implementado (a un costo de 200 millones de vidas bajo su primo hermano, el sistema comunista), no es una opción. Nada más ha traído sufrimiento y mayor pobreza a la humanidad a pesar de sus buenas intenciones.

Ahora se ve claramente que el Estado de Bienestar también ha fracasado, aún en los países escandinavos, donde sus defensores siempre señalaban que SÍ había funcionado.

En resumidas cuentas, el Estado NO puede ser benévolo. NO es su naturaleza. Al contrario, la naturaleza del Estado es predatoria, expoliadora y opresiva (en casos extremos como Alemania nazi y Rusia comunista, también son Estados asesinos). Su razón de ser es ganar y mantener el poder por la fuerza bruta.

Quizás sería útil recordar la fábula del escorpión y la rana: Un escorpión quería cruzar un río desbordado, pero no sabía nadar. Encontró una rana a la orilla y le pidió que lo llevara en su lomo a la otra orilla. La rana le contestó: ¿estás loco? Me picarás y moriré. Pero el escorpión le dijo: ¿como puedes pensar eso? Si te pico, yo también moriré ahogado. La rana lo pensó, se dio cuenta que tenía sentido y accedió a cruzarlo. En el medio del río, el escorpión la picó. La rana, muriendo, le dijo asombrada: ¿por qué me picaste? Ahora moriremos los dos. El escorpión le dijo finalmente: ya lo se, pero no pude hacer otra cosa. Es mi naturaleza.

Exactamente. Esa también es la naturaleza del Estado: NO PUEDE SER BENÉVOLO.

LA TEOLOGÍA DE LA LIBERACIÓN Y EL PAPA PERONISTA

¿Que es la Teología de la Liberación? En realidad, la pregunta debía ser ¿que fue la Teología de la Liberación?

Pero gracias al nuevo Papa peronista, esa insidiosa doctrina ha sido resucitada y está vigente de nuevo. Antes de proceder, debo prevenir a los lectores que entrar en temas de teología es algo confuso y hasta peligroso. Confuso porque, como he escrito en otras ocasiones, estas cuestiones ni me interesan mucho ni tengo los conocimientos necesarios para siquiera opinar sobre ellas. Peligroso porque, como muchos bien saben, la religión es un tema divisivo y como involucra la fe y las creencias, no se puede aplicar la razón y muchos reaccionan emocionalmente. Pero como mi explicación estará basada en la historia -y en eso si tengo competencia y conocimientos suficientes- trataré de explicar algo sobre esta doctrina que ahora otra vez surge para confundir y desinformar a los incautos.

Contrario a lo que escribe el ex-General Ion Pacepa, quien fuera jefe de los servicios de inteligencia rumanos, en su magnífico libro Disinformation (2013), la Teología de la Liberación (TL) NO fue inventada por la KGB, aunque SÍ fue penetrada, influenciada y utilizada no solo por la KGB, sino también por la DIE rumana y la DGI cubana, para sus fines malvados en Centro y Sur América.

El régimen castrista se benefició mucho gracias a esta falsa doctrina porque la utilizó hábilmente para subvertir no solo a miles de curas católicos y ministros protestantes en el mundo de habla española, sino a quizás millones de sinceros creyentes para confundirlos y malinformarlos.

La Teología de la Liberación tiene en realidad su origen en el Segundo Concilio Ecuménico Vaticano en 1962. El entonces nuevo Papa Juan XXIII abrió las puertas a estas ideas cuando el Concilio llamó a la Iglesia a involucrarse en las luchas de los pobres por la justicia social. Unos años después, durante la Segunda Conferencia del Consejo Episcopal Latinoamericano (CELAM) en Medellín, Colombia, en 1968, el cura dominico peruano Gustavo Gutiérrez (ahora profesor de teología en la Universidad de Notre Dame, Indiana, EEUU), instó a la Iglesia a enfatizar la lucha activa contra la pobreza en América Latina.

Tres años después, Gutiérrez escribió el libro La Teología de la Liberación, y es generalmente considerado como el padre de la doctrina. Pero las ideas vienen de mucho antes, con el desarrollo de la teología política de pensadores alemanes como Jurgen Moltmann, Johann Metz y Dorothee Solle en los 1950s, todos profundamente influenciados por el marxismo.

Gutiérrez además tuvo varios "colegas" desde el principio. Por ejemplo, el educador brasileño Paulo Freire, quien escribió Pedagogía de los Oprimidos en 1968, proponiendo la "concientización" de los pobres y predicando que los oprimidos deben liberarse por si mismos. Otros prominentes teólogos de la Liberación incluyen al jesuita uruguayo Juan Luis Segundo, el franciscano brasileño Leonardo Boff y el también jesuita salvadoreño de origen español Jon Sobrino. Los arzobispos católicos Hélder Cámara, de Recife, Brasil, y Oscar Romero, de San Salvador, fueron figuras importantes. Algunos prominentes protestantes como el argentino José Miguel Bonino (metodista) y el brasileño Rubem Alves (presbiteriano) también han contribuido a la Teología de la Liberación.

Pero ¿que es la Teología de la liberación? Recuerdo a los lectores que este ensayo es descriptivo, solamente una narrativa histórica extremadamente breve de lo escrito por Gustavo Gutiérrez y los demás. Pero de ninguna manera entraré en debates teológicos. Para repetirlo, no me interesan.

Gutiérrez, según mi entendimiento de su doctrina, propone que el desarrollo económico no ha funcionado para resolver las causas de la pobreza y sus raíces, porque ha dejado intactas las estructuras de la explotación. Gutiérrez entonces opta por el enfoque de la "liberación" que llama a un cambio estructural radical de la sociedad. Esto incluye el uso de la violencia para traer los cambios necesarios, ya que los conceptos de violencia "buenos" (ejercidos por los opresores) y los "malos (ejercidos por los oprimidos contra los opresores), deben ser rechazados.

Gutiérrez también propone la acción en lugar de la fe para poder eliminar la pobreza. Los fundamentos de toda su doctrina tienen un fondo admitidamente marxista, como también lo tienen las modificaciones de los varios autores y proponentes de la doctrina ya citados. Esto debería ser suficiente para explicar la TL de una manera muy básica, lo cual estoy seguro que será rechazado como demasiado "simplista" por los defensores de la doctrina, y quizás así sea. No soy experto ni me tomo atributos de serlo.

Ahora bien, tanto Gutiérrez como los demás proponentes de la doctrina de la Liberación han cambiado y variado sus prédicas en las últimas cuatro décadas. Es por esto que muchos defensores del Papa peronista insisten en que hay otras (y muchas) corrientes de la TL que son "democráticas". De cierta manera puede ser verdad. Pero ¿y que? El hecho sigue siendo que estas "corrientes" no marxistas de la doctrina son de la izquierda, casi siempre de la extrema izquierda.

Los que apoyan esas "corrientes" generalmente se auto-describen como "socialdemócratas". Es decir, son socialistas. En la práctica, es lo mismo. Mucho más importante, la TL ha sido enormemente dañina, sobre todo en Iberoamérica, y ha contribuido a causar miles de muertes innecesarias en todo el continente, mientras que difícilmente ha contribuido a levantar a un solo pobre de sus condiciones de miseria.

Ese es el problema con la insidiosa y falsa doctrina: el daño que ha hecho. Pero antes de continuar describiendo ese daño, que es lo importante de este ensayo, es necesario regresar a lo que sucedió después que Gutiérrez publicó su libro en 1971, especialmente cuál fue la reacción del Vaticano a la Teología de la Liberación.

Como era de esperar, la reacción del Vaticano no tardó. En 1972, después de la muerte de Juan XXIII, el nuevo Papa era Pablo VI y el nuevo presidente de CELAM era el Obispo de Puebla, México, Alfonso López Trujillo. Los dos trataron de frenar los avances de la TL en Iberoamérica, pero no fue hasta la tercera reunión de CELAM en Puebla, en 1979, que la posición oficial de la Iglesia cambió. Gustavo Gutiérrez NO fue invitado a Puebla.

Juan Pablo II y Benedicto XVI

El nuevo Papa, Juan Pablo II, quien presidió la conferencia, aunque expresó la preocupación de la Iglesia por la injusta condición de los pobres en Iberoamérica, también mostró su preocupación creciente (porque la TL nunca ha sido oficialmente condenada por la Iglesia, a pesar de las censuras personales de los Papas Juan Pablo II y Benedicto XVI) por el radicalismo de la TL, declarando que el concepto de Cristo como una figura política, un revolucionario, el subversivo de Nazaret, no concordaba con el catecismo de la Iglesia.

Pero un grupo de 80 teólogos seguidores de Gutiérrez, desde un seminario cercano, produjeron un documento de 20 páginas refutando al mismo Papa. Algunos críticos consideraron que quizás un 25% del contenido de la declaración final de CELAM III fue escrito por el grupo pro-Gutiérrez, endosando la idea de la preferencia de Dios por los pobres como parte de la búsqueda de la justicia, y criticando a las dictaduras de América Latina.

En los próximos años tanto el Papa Juan Pablo II como Benedicto XVI (cuando era el Cardenal Joseph Ratzinger), criticaron enérgicamente la TL y específicamente a algunos de sus más destacados patrocinadores, como el cura nicaragüense de la Orden Maryknoll Miguel d'Escoto. D'Escoto, nacido en EEUU, fue uno de los principales sandinistas (uno de los 12 comandantes originales) y llegó a ser Ministro de Relaciones Exteriores en el régimen de Daniel Ortega desde 1979 hasta 1990.

El Papa Juan Pablo II lo requirió repetidamente por sus actividades políticas, y en 1985 le ordenó, junto con los hermanos curas Ernesto y Fernando Cardenal, quienes también trabajaban para el régimen sandinista, que renunciaran a sus puestos. Cuando no obedecieron, fueron suspendidos por el Vaticano (no excomulgados).

Todavía en diciembre del 2009, ya siendo Papa, Benedicto XVI, en una visita a Brasil, hizo una de las críticas más severas a la TL, la cual siempre fue muy fuerte en ese gran país de Suramérica. Benedicto, además de enfatizar -una vez más- que algunos teólogos de la Liberación se basaban mucho en conceptos marxistas, también describió las ideas de la TL como "engañosas".

La posición oficial de la Iglesia hasta el 2013 fue de desaprobación a la TL, aunque nunca la condenó. Pero en ese año el nuevo Papa Francisco invitó a Gustavo Gutiérrez y a Miguel D'Escoto a Roma, y ambos fueron agasajados. D'Escoto fue reintegrado a la Iglesia y a sus funciones de sacerdote. Gutiérrez -y su TL- fueron celebrados por el periódico semioficial del Vaticano, L'Osservatore Romano. En un trabajo publicado tras la visita de Gutiérrez, el periódico señaló que después de la elección de un Papa de América Latina, la TL "no podía ya permanecer más en las sombras en las que había quedado relegada por muchos años". El Papa peronista había abrazado oficialmente la Teología de la Liberación.

Después de CELAM II en 1968, y especialmente después de la publicación del libro de Gutiérrez (y de otro similar escrito por Paulo Freire), la TL se extendió rápidamente por Centro y Suramérica.

Como había una escasez de curas en el interior de casi toda Iberoamérica, se crearon las llamadas Comunidades Eclesiásticas de Base (CEB), especialmente en Brasil, donde comenzaron desde los años 1950s. Las CEB son agrupaciones religiosas de barrios (en los pueblos) y de aldeas (en el campo) que usualmente se reúnen en casas particulares y son dirigidas por catequistas laicos. Se enfatiza la participación y la igualdad de todos los miembros. Se predican los "evangelios concientizadores", se instruye a la comunidad en cómo tomar el control de sus vidas y en resolver problemas locales. Se adoctrina a la comunidad con ideas de la izquierda más radical y extrema. Y se disemina la Teología de la Liberación.

Nada de esto en sí es particularmente peligroso o dañino. Es más, en aquellos años, los enormes abusos, injusticias, depredaciones y barbaries cometidas por muchos regímenes en Centro y Suramérica contra la población campesina eran atroces, e indudablemente se necesitaban reformas.

La "obra" de la Teología de la Liberación

Pero el "remedio" de la TL fue mucho peor que la enfermedad. Como señaló el renombrado filósofo católico americano Michael Novak en su libro Will It Liberate?, los proponentes de la Teología eran "notoriamente ambiguos en sus propuestas para políticas prácticas, las cuales, de ser adoptadas, llevarían las economías nacionales al suelo más rápido que Fidel Castro". El resultado de esta proletarización fue que en muy pocos años cientos de curas y catequistas laicos habían convertido a miles y miles de campesinos a la Teología de la

Liberación. La tierra había sido abonada para lo que se avecinaba.

Lo que se aproximaba eran dos décadas de lucha armada, guerrillas en los campos y selvas, terrorismo urbano en ciudades grandes y pequeñas, a través de todo el continente americano. Todas y cada una de ellas planeadas, propiciadas, financiadas y armadas por el régimen castrista cubano, con la ayuda y cooperación de la Unión Soviética por medio de la KGB (y otros servicios secretos como la Stassi de Alemania Oriental, la DIE rumana y agencias del gobiernos checo, búlgaro y chino).

Todavía antes que Gustavo Gutiérrez escribiera su libro en 1971 y de CELAM II en Medellín en 1968, el cura renegado comunista Camilo Torres comenzó su prédica, que mezclaba el catolicismo y el socialismo a las guerrillas del Ejército de Liberación Nacional en las montañas de Colombia. Se unió a las guerrillas en 1965 y pidió al Cardenal Luis Concha Córdoba, quien lo había criticado fuertemente, que lo redujera al estado laico, lo cual se le concedió. Un año después murió en uno de los primeros encuentros de la guerrilla con tropas del ejército nacional colombiano.

Pero Colombia solo fue el inicio de las largas "guerras de liberación nacional" en todo el continente (todavía las FARC siguen la lucha en Colombia casi medio siglo después). Además, en Colombia había una guerra civil desde mediados de los 1940s, que se incrementó después del "Bogotazo" en 1948. Luego entonces es difícil saber exactamente cuanta importancia tuvo la TL en los movimientos guerrilleros. Torres y su proselitismo, al igual que el de otros religiosos, contribuyeron a la guerrilla. Pero la ideología marxista y la influencia del castrismo cubano fueron mucho más importantes.

Otros movimientos revolucionarios en Nicaragua (Sandinistas en los 1970s), Perú (Sendero Luminoso en los 1980s), y El Salvador (Frente Farabundo Martí para la Liberación Nacional en los 1980s), pronto siguieron a la insurrección en Colombia, que tomó otro rumbo con el surgimiento del narcotráfico y los carteles de Medellín, controlado por Pablo Escobar, y de Cali, por los hermanos Rodríguez Orejuela.

Mientras tanto, grupos terroristas urbanos como los Tupamaros en Uruguay, los Montoneros en Argentina, y Vanguardia Armada en Brasil, azotaron a regímenes dictatoriales en esos países. Actuaron hasta los Macheteros en Puerto Rico.

Sin embargo, con las excepciones de Camilo Torres en Colombia y de varios curas jesuitas, franciscanos y de la orden Marykoll en Nicaragua, no se puede decir que ninguna de las demás citadas guerrillas fueran influenciadas ni tuvieran vínculos con la TL, la cual, como se ha explicado, junto con los CEBs, sirvieron mayormente para preparar al campesinado y hacerlo receptivo a las actividades de las guerrillas, además de brindarles apoyo y amparo. En verdad, todos estos grupos guerrilleros no tenían creencias religiosas. Al contrario, todos eran abiertamente marxistas y Cuba era su principal patrocinador.

Pero la Teología de la Liberación se mezcló con la ideología marxista y la influencia cubana para impulsar todas las "guerras de liberación nacional" en Iberoamérica, desde mediados de los 1960s hasta fines de los 1980s. Ese fue el daño tremendo que hizo la TL.

Entonces, antes de entrar en el caso del Papa peronista, y regresando al principio de este trabajo, aunque no es correcto lo que el General Pacepa escribe de que la KGB creó la TL, SÍ la utilizó formidablemente junto con Cuba en su plan maestro para subvertir este continente y ganar la Guerra Fría.

Es más, en Nicaragua la KGB comenzó a trabajar muy temprano, poco después del triunfo de la revolución cubana. Es verdad que desde 1959 Tomás Borge y otros líderes sandinistas viajaron a La Habana buscando ayuda. Pero en aquel entonces Cuba solo pudo ofrecer promesas. De manera que la KGB se involucró directamente, y en 1960 la rezidentura en Ciudad Mexico le entregó dinero a dos nicaragüenses, Edelberto Torres y Manuel Andara y Ubela, para que organizaran grupos terroristas de sabotaje y eventualmente guerrillas en Nicaragua.

Hacia 1964, habían recibido más de $30,000. Pero el primer intento de establecer una guerrilla en las selvas de Nicaragua fue un fracaso total en 1963.

En 1979, las condiciones habían cambiado drásticamente. A pesar de que en casi 20 años la subversión auspiciada por el castrismo cubano había fracasado mayormente en Iberoamérica debido a la brutal represión de las fuerzas militares de las dictaduras en el poder, en ese año fatídico de 1979 (cuando también ocurrió la revolución islámica en Irán), en buena parte gracias a las erradas políticas de la administración de Jimmy Carter y al fracaso y bancarrota de la política de détente de EEUU hacia la Unión Soviética, la revolución sandinista triunfó.

En la década de los 1980s la violencia se extendió por Centroamérica, y quizás medio millón de personas, casi todos civiles y campesinos inocentes, murieron en el holocausto. La responsabilidad de la Teología de la Liberación y su colaboración con los movimientos revolucionarios de la época no pueden menospreciarse. Ese debe ser el juicio final.

El Papa Francisco

Ahora el Papa. ¿Por qué el Papa peronista? Bueno, hace varios meses, una noche, durante una reunión en casa de amigos argentinos, uno de ellos se refirió al Papa como "peronista". Para mi pareció una broma. Pero no, nada de eso. Conversando con él y con otros, algunos de los cuales conocieron al entonces Cardenal Jorge Bergoglio personalmente en Buenos Aires, me di cuenta que el mote era en serio. Y el asunto es bien serio.

Ya poco después de su elección, otro amigo argentino que también lo conoció, me envió algunos de sus escritos, y casi enseguida el Papa hizo varias declaraciones en defensa y alabanza de los pobres, y atacando a los ricos y productores de riqueza; al "capitalismo inmoral y salvaje", esas frases que tanto deleitan a la Izquierda Eterna.

Naturalmente, encontré sus palabras alarmantes, pero a la vez, decepcionantes, pues me había agradado la elección de este Papa que al parecer era un hombre justo y lleno de buenas intenciones. Debí haber visto una gran bandera roja. Seamos librados de los que traen buenas intenciones y recordemos que el camino al infierno está empedrado precisamente de buenas intenciones.

Entonces en diciembre del 2014 se conoció que el Papa había estado íntimamente involucrado en las conversaciones secretas entre EEUU y Cuba para resolver las diferencias históricas y renovar las relaciones diplomáticas. El Papa luego recibió -y reivindicó públicamente- a los curas Miguel D'Escoto y Gustavo Gutiérrez, ambos plenamente identificados con la Teología de la Liberación, y oficialmente acogió de nuevo en el seno de la Iglesia esa "teología".

Más recientemente, el Papa ha anunciado su próximo viaje a Cuba, después de recibir con honores al dictador cubano Raúl Castro en el Vaticano y de anunciar su apoyo a un estado palestino.

Mi última gota fue leer un importante artículo del prominente escritor español César Vidal, que entre sus tres títulos, tiene un doctorado en Teología. El Dr. Vidal publicó su artículo el 15 de mayo y es realmente revelador.

Resulta que en 1998 se publicó el libro Diálogos entre Juan Pablo II y Fidel Castro poco después de la visita de Juan Pablo a La Habana. El prólogo del libro, de casi 50 páginas de largo, según César Vidal, "achacaba los males de Cuba no a la dictadura comunista sino… al bloqueo de Estados Unidos; cargaba… contra el sistema capitalista… y, finalmente , afirmaba que el sistema político y social más cercano a la doctrina social de la iglesia católica era un socialismo como el cubano, siempre que se le añadiera la idea de Dios".

¿El autor del prólogo? El Cardenal Jorge Bergoglio, ahora Papa Francisco. Vidal concluye en su brillante artículo del 15 de mayo pasado (que puede leerse al final de este ensayo) que "poca duda podía haber de que su autor simpatizaba con la dictadura cubana y no sentía un especial afecto por la democracia liberal". El reconocimiento del estado palestino siguió poco después.

Esperemos daños adicionales con la próxima Encíclica sobre el clima mundial. Su tono será de aceptación completa, por ser "políticamente correcto" de las falacias y mentiras de los "científicos" que afirman que estos cambios climatológicos destruirán nuestro mundo -y pronto- y que como son producidos por los humanos, solo enormes gastos de dinero que únicamente EEUU puede producir (creado artificialmente por la Reserva Federal, ya que ni aquí en EEUU existen remotamente las cantidades requeridas para esas demenciales políticas) pueden resolver.

¡Como si fuera posible hacer algo respecto al clima! Recordando lo escrito hace más de un siglo por el gran escritor americano Mark Twain, todos hablan del clima y nadie hace nada al respecto. Bueno, quizás Dios. Y el Papa, siendo quien es, posiblemente deba pedirle a Dios, y no a los contribuyentes americanos, que haga algo por controlar el clima.

Pero en resumidas cuentas, uno se puede preguntar ¿que importa que el Papa sea peronista? Me parece que miles de argentinos nos recordarían que SÍ importa, y mucho. Después de todo, cuando Juan Domingo Perón tomó el poder en Argentina en 1946, Argentina era una de las naciones más prósperas del mundo, y aunque ya no ocupaba el décimo lugar económicamente en el que estaba en los 1920s, todavía era quizás la nación con la mejor economía en Iberoamérica (junto con Uruguay y Cuba).

Desde que Perón, con sus políticas populistas, la destruyó, todos sabemos la situación de Argentina en el último medio siglo. De manera que SÍ importa mucho que el Papa sea peronista, y para mí lo es. Las políticas que el Papa Francisco está promoviendo son enormemente destructivas, han fracasado donde quiera que se han implementado, y solo pueden traer más miseria y producir más pobres en todo el mundo.

El Papa peronista alaba a los pobres de tal manera que parece considerar la pobreza una virtud. Pero tiene un problema muy serio no solo con la humanidad, sino con Dios. Porque desafortunadamente para el Papa peronista, según uno de los evangelios más importantes en el Nuevo Testamento (Mateo 26:11), "Cuando los discípulos increparon indignados a una mujer que le puso perfume a Jesús en la cabeza diciendo 'que desperdicio; ese perfume se podía vender a un buen precio y con el dinero se podía ayudar a los pobres'. Pero Jesús les respondió ¿Por qué están atacando a esta mujer? Ha hecho algo bueno por mí. Los pobres siempre estarán con ustedes, pero no siempre me tendrán a mi". Si el mismo Jesús que poco después, al resucitar como Jesucristo, dijo esto de los pobres ¿quien es el Papa peronista para contradecirlo?

Muy desgraciadamente, las palabras, pero peor, las acciones de este Papa, no traerán buenas consecuencias para nadie, mucho menos para los pobres a quien tanto quiere ayudar.

Quizás sea mejor idea algo que me contó un amigo hace poco. Años atrás, cuando su compañía tenía negocios en Argentina, había un Cardenal (no recuerda su nombre, pero puede haber sido el que fungía antes de Bergoglio) que aparentemente estaba asociado con el grupo Opus Dei. En lugar de pedir limosnas, el grupo recogía contribuciones y las invertía en diversos negocios, todos los cuales beneficiaban a los pobres. Ignoro si eso es verdad, pero no tengo por qué dudar lo que me cuenta mi amigo.

Pero ¡que diferencia a las políticas que el Papa peronista favorece! Otra buena idea, además de reformar la burocracia en el Vaticano (lo cual el Papa Francisco está tratando de hacer), puede ser vender o subastar al mejor postor una buena parte de las riquezas del Vaticano. De cualquiera de esas maneras indudablemente se podría ayudar mucho a los pobres del mundo, aunque mejor sería promover las políticas que crean riquezas.

Después de todo, no importa lo que diga o piense el Papa peronista (si es por ignorancia es malo, si es porque en verdad cree en esas demenciales ideas, mucho peor), el hecho es que la pobreza en el mundo ha disminuido notablemente en las dos últimas décadas, a pesar de la crisis económica mundial (de acuerdo con datos del Banco Mundial, la pobreza, expresada en términos relativos de ganar el equivalente a $1.25 diario, ha disminuido del 50% al 20% desde 1980). ¿Por qué ha ocurrido esto? Porque se han adoptado cada vez más en todo el mundo las ideas de libertad económica que producen riqueza.

Eso es lo único que funciona.

A quien le interese leer algo más detallado sobre estas ideas económicas **que funcionan,** *recomiendo recientes artículos de José Benegas (Mis Diferencias Morales con el Papa, junio 3, 2015, josebenegas.com) y de José Azel (Poverty has no Causes, junio 6, 2015, panampost.com).*

EL FRACASO DE LA DEMOCRACIA LIBERAL Y SU ÚNICA ALTERNATIVA

De acuerdo con ciertos textos de la antigüedad, una vez, después de ser nombrado magistrado jefe del gobierno de una gran provincia de China, alguien le preguntó a Confucio cual sería su primer decreto. Confucio contestó: crear un nuevo diccionario. ¿Por qué, Maestro? preguntó uno de sus asombrados discípulos. Porque necesitamos definir los términos más precisamente, y si no sabemos exactamente el significado de las palabras, no podemos ni siquiera comunicarnos de una manera efectiva, contestó el filósofo chino. Así tenemos que comenzar este ensayo. Pero antes de definir lo que es una democracia liberal, es necesario definir sus dos componentes, lo que es democracia y liberalismo.

Como trascendentemente dijo el Juez Potter Stewart de la Corte Suprema de Estados Unidos cuando trató de definir lo que es obsceno en un caso en 1964, "no lo se definir, pero si lo veo, se lo que es obsceno". Así mismo a casi todos a los que se les pregunta qué es democracia creen saber lo que es. Pero no es tan fácil.

La primera y obvia definición es la de los griegos clásicos, más específicamente los habitantes de la ciudad-estado Atenas, en la Grecia

Antigua de 500 años AC. Para los atenienses que practicaban ese sistema de gobierno que ellos inventaron, la democracia, era la mayoría de todos los votantes elegibles más uno (en aquellos tiempos, quizás un 10% de la población de Atenas; no votaban ni las mujeres, ni los esclavos, ni los extranjeros, ni los menores de 20 años). La minoría -el 49% o menos- no tenía sus derechos protegidos, excepto los que les reconocía la mayoría que gobernaba. Con los años -y la práctica- esa definición se ha ampliado y modificado de muchas formas.

Con el crecimiento de las poblaciones, la democracia directa dejó de existir por necesidad, para convertirse en democracia representativa. También, hoy en día en una democracia se le reconocen los derechos a las minorías de alguna manera (casi siempre bajo una constitución) y el gobierno está basado en el sufragio universal de todos los votantes (con la única limitación de la de una edad mínima).

Pero el significado básico sigue siendo el gobierno de la mayoría, lo cual, en la práctica, ha desacreditado a la democracia como un buen sistema de gobierno. Esto es porque los votos de las mayorías se pueden manipular por políticos demagogos de tal forma que una vez electo un gobierno por esas mayorías, puede permanecer en el poder ilimitadamente simplemente cambiando la constitución y las reglas que gobiernan. Esto es lo que ha sucedido en los últimos veinte años en algunos países hispanoamericanos, como Venezuela, Bolivia, Nicaragua y Ecuador, al igual que en Ucrania y Rusia.

También hay el problema de quien vota. Por ejemplo, con la insistencia en una votación universal solamente limitada por la edad mínima, no se considera la capacidad mental o educacional de los votantes, ni su nivel de información. Además, por la misma insistencia en contar todos los votos, no se pesan las diferencias. ¿Debe contar igual el voto de un demente, de un retrasado mental o de un analfabeto como el voto de un graduado universitario o tan siquiera de una persona informada?

Estas preguntas, por no mencionar la propensión a la corrupción del voto popular, son generalmente ignoradas en el afán de que todos voten por igual. Quizás algunas limitaciones del derecho a votar, como por ejemplo existió por mucho tiempo en Gran Bretaña y aquí en Estados Unidos, sería beneficiosa, pero los defensores del concepto de la democracia no están dispuestos a considerar esas medidas, puesto que, según ellos, eso sería injusto. Mejor que voten los incapaces y los corruptos a limitar de alguna manera el derecho al voto para producir mejores resultados.

El liberalismo clásico es también muy fácil de describir. Es una serie de ideas que se fueron desarrollando poco a poco desde el Siglo 17, principalmente en Inglaterra. Como filosofía, el liberalismo clásico está basado en un gobierno limitado, casi siempre por una constitución escrita, un estado de derecho bajo el imperio de la ley, el debido proceso de la ley, la protección de las libertades individuales, y un sistema de comercio basado en el mercado libre.

Pero la realidad es que esos grandes principios, que tienen un linaje generalmente reconocido como empezando con John Locke en la Inglaterra de la Revolución Gloriosa (1688), prosiguiendo con los filósofos políticos escoceses del Siglo 18 (predominantemente Adam Smith y David Hume) y los de la Ilustración francesa, como Montesquieu, Condorcet y Voltaire, los fisiócratas franceses como Say y Turgot, los fundadores americanos como Jefferson, Madison, Mason y Hamilton, y finalmente, en el Siglo 19, los británicos Malthus, Ricardo y Mill, ya han desaparecido del mundo y hoy en día no se practican en ningún lugar, ni siquiera en Gran Bretaña y Estados Unidos, donde entre mediados del Siglo 19 hasta la Primera Guerra Mundial, fueron prevalecientes.

En los dos países, el liberalismo clásico reinó con pocas diferencias entre los partidos que se disputaban las elecciones, siendo las diferencias de grado y no substanciales. Por ejemplo, en Gran Bretaña, el Partido Liberal generalmente apoyaba el comercio libre, mientras que el Conservador prefería políticas proteccionistas que beneficiaban a las grandes empresas industriales. En Estados Unidos, el Partido Demócrata asimismo estaba a favor de aranceles más bajos y el Republicano favorecía tarifas proteccionistas. Pero en ambos países, todos los partidos generalmente favorecían los principios enumerados arriba, con la excepción de mayor o menor libre comercio.

Extrañamente, en Gran Bretaña, los Conservadores favorecieron la expansión del derecho al voto para admitir a las clases trabajadoras. No en Estados Unidos, donde el Partido Demócrata desde su inicio dependió en gran parte del control del voto de los grupos inmigrantes, como los irlandeses, los italianos y los judíos. Las grandes maquinarias políticas de New York, Chicago y Boston así se mantuvieron en el poder por décadas. El surgimiento del Partido Laborista en Gran Bretaña y del movimiento progresista en Estados Unidos comenzaron a cambiar la aceptación de los principios del liberalismo clásico. Cuando los conceptos de "justicia social", del "bien común", de la igualdad, de terminar con la pobreza, de limitar las ganancias a las grandes compañías, de regular la economía, y finalmente, de intervenir militarmente en guerras extranjeras (en el caso de Gran Bretaña, de extender sus posesiones imperiales, sobre todo en África), el liberalismo clásico terminó.

Con las dos guerras mundiales, el triunfo temporal de regimenes socialistas -los que terminaron casi siempre en totalitarismos- prevaleció en buena parte del mundo. Lo que no conquistó el socialismo lo suplió el economista británico John Maynard Keynes, la figura más influyente en el mundo económico desde la Primera Guerra. Sus teorías estatistas le dieron un papel prominente al gobierno para intervenir en las economías de casi todos los países no comunistas, y fueron especialmente adoptadas por la administración de Franklin Roosevelt durante la Gran Depresión de los 1930s.

Después de la Segunda Guerra hubo un renacimiento del liberalismo clásico con los economistas de la "Escuela de Austria", prominentemente Ludwig Von Mises y Friedrich Von Hayek, y para fines de los años 1950s, con Milton Friedman de la Universidad de Chicago y sus discípulos.

En Estados Unidos ocurrió algo más importante. Un nuevo movimiento político nació en 1960, impulsado por el escritor William Buckley y su revista National Review. El movimiento conservador moderno en Estados Unidos rescató los principios básicos del liberalismo clásico, menos los lastres de justicia social y el bien común, pero con un alto contenido de anticomunismo. Ese movimiento eventualmente cambió radicalmente el panorama político americano y en 1980, con la elección del presidente Ronald Reagan, pareció brevemente que el liberalismo clásico había resucitado.

Con la caída del comunismo internacional, se pensó por un tiempo que las democracias liberales descritas por Fukuyama dominarían. Todavía muchos lo creen. Pero en estos momentos del Siglo 21 no ha sido solamente el socialismo el que ha fracasado, sino también esas democracias liberales con sus incontrolables estados de bienestar social. ¿Qué queda? La única alternativa: las repúblicas constitucionales.

¿Qué es la democracia liberal?

Ahora podemos pasar a describir lo que es la democracia liberal, sabiendo que en verdad no es ni democracia ni liberalismo como hemos descrito antes. El término se comenzó a usar durante la Segunda Guerra Mundial para diferenciar a los Aliados Estados Unidos y Gran Bretaña (pero desgraciadamente incluyendo a Rusia comunista, la cual obviamente nunca fue ni democracia ni liberal) de los Países del Eje, los fascismos militaristas de Alemania, Italia y Japón. Al final de la Guerra, se mantuvo el término casi como un ideal al que todos los demás países del mundo podían y debían llegar. De hecho esa fue la razón de ser de las Naciones Unidas, organización que desde su creación incluyó a las dictaduras totalitarias comunistas, una contradicción y una perversión de un gran ideal utópico.

Pero ha sido desde la desaparición física de la Unión de Repúblicas Socialistas Soviéticas y sus satélites en Europa Oriental, entre 1989 y 1991, que la Democracia Liberal ha tomado su lugar de honor entre las naciones del mundo, que ahora muchas de ellas orgullosamente se proclaman como democracias liberales.

Esto se puede reconocer como el engendro del historiador americano Francis Fukuyama, quien escribió el libro "El Final de la Historia" en 1992, como una epopeya al triunfo de la democracia liberal sobre el totalitarismo comunista. Muchos pensaron que el pretencioso Fukuyama, quien se equivocó de entrada, puesto que lo que el denominó democracia liberal no fue ni efímeramente predominante en el mundo, estaba describiendo a la "democracia" americana, el sistema de gobierno de Estados Unidos. Era la conclusión lógica, ya que Estados Unidos había ganado la Guerra Fría, derrotando al comunismo internacional.

Esto, claro, no fue tan simple, y nunca fue tampoco siquiera aceptado por la "Izquierda Eterna". Pero es peor. Resulta que Fukuyama, años después de que su necia pretensión fuera desacreditada entre casi todos los pensadores serios, sobre todo en el ámbito académico donde él se desenvuelve, declaró en una entrevista con el periódico británico The Guardian (2006) que él nunca consideró el sistema de gobierno de Estados Unidos como su modelo de una democracia liberal.

Al contrario, para él, la Unión Europea y su sistema de gobierno -es decir, la social democracia- reflejaba mejor su modelo de democracia liberal. Más aún, aceptando esta diferenciación, la conclusión de Fukuyama de que ese sistema europeo, que no es otra cosa que un socialismo modificado, sea el que prevalezca al "final" de la historia, no es válida. No obstante, admiradores y críticos de Fukuyama han continuado utilizando el término "democracia liberal" como su modelo preferido.

¿Por qué ha fracasado ese modelo? Por una razón muy sencilla. Las democracias sociales europeas, que, repito, no son sino sistemas socialistas donde prevalece una economía mixta estatal/privada y donde mayormente se respeta la voluntad de los votantes (excepto en sus variantes hispanoamericanas), como buen socialismo, adoptó hace mucho tiempo el estado de bienestar social, el alto gasto público y los impuestos prohibitivos necesarios para mantener esos beneficios sociales.

Cada vez menos personas trabajaban menos horas, produciendo menos riquezas, y cada vez más personas recibían más beneficios sociales, mientras los impuestos subían para los inversionistas y creadores de trabajos. Mientras tanto, cada vez más parasíticos burócratas y empleados públicos son agregados a las nóminas del gobierno y cada vez se crean menos y peor pagados empleos privados. Sucedió lo que tenía que suceder por necesidad: esa manera de vivir sin producir solo se puede mantener pidiendo dinero prestado. Como dijo Margaret Thatcher en una frase famosa, el problema con el socialismo es que eventualmente se acaba el dinero de otra gente para gastar.

Cuando al fin hubo que pagar las cuentas, no se pudo, y casi todas las naciones europeas se acercaron cada vez más a la quiebra. Primero, Grecia, luego Islandia, seguida por Irlanda, Italia, Portugal, España y pronto Francia, con su flamante nuevo presidente, quien prometió, y está cumpliendo, aumentar enormemente los impuestos a los "ricos" para seguir utilizando y malgastando los recursos del país.

Pero el dinero de los "ricos" también se acaba. ¿Entonces, que? Los disturbios callejeros que hemos visto durante todo este último año, la desesperación de la gente por el desempleo y la inflación, la decepción de la población, sobre todo la juventud, con las promesas incumplidas por gobiernos que no tienen de donde sacar recursos, porque sus economías simplemente no los producen. En resumen, un callejón sin salida y la gran posibilidad de que un enorme estallido popular similar al ocurrido en Francia en 1968 suceda otra vez con consecuencias gravísimas para toda Europa. Una nueva revolución social no es inconcebible en Europa.

¿Cómo rebasar esta crisis, o mejor dicho, esta serie de crisis que parecen interminables? Definitivamente no con las medidas que siguen aplicando. Es decir, todavía más préstamos a corto plazo de los bancos de la Unión Europea a los distintos países que se siguen tambaleando, en un afán imposible de salvar ese gran error que fue la introducción del Euro como moneda nacional de la Unión Europea. Sobre todo cuando la única economía que está manteniendo a la Unión Europea es la de Alemania.

Pero ¿hasta donde y hasta cuando? ¿Qué se puede hacer entonces? En realidad, es muy simple: solo hay que aplicar la aritmética. En todo el mundo, cada familia tiene que vivir dentro de un presupuesto que se ajuste a sus entradas y gastos. Eso lo sabemos todos. A veces, con la ayuda de préstamos de familiares y amigos, o en las sociedades más modernas, con la ayuda de las tarjetas de crédito y préstamos bancarios, se puede vivir más allá de los medios por cierto tiempo.

Pero llega el momento que no hay como conseguir más dinero prestado, y entonces no queda otro remedio que controlar los gastos, sobre todo si es imposible aumentar las entradas. Eso es exactamente lo que hay que hacer en Europa y en cualquier otro lugar donde existan tales condiciones económicas: Primero, reconocer los errores y el fracaso total del modelo de las mal llamadas democracias liberales. Segundo, tratar de revertir ese fracasado modelo, recortando el gasto público, rebajando los impuestos, controlando la burocracia, relajando las regulaciones a la empresa privada, y lo más importante: terminar con el estado de bienestar social.

Solamente así se puede producir un aumento en la tasa de crecimiento en cada país, lo cual, en si, resolvería eventualmente todos los problemas que azotan a Europa. Estados Unidos no está muy lejos de sufrir las mismas situaciones.

Pero aquí viene ahora el asunto más importante. Nada de esto se puede lograr a corto plazo; son todas soluciones a largo plazo y que requieren voluntad para imponerlas, la cual no existe, y muchos políticos no están dispuestos a buscarse problemas en este sentido.

Solo queda que surjan políticos con la valentía y la honestidad de decirle la verdad a los votantes y convencerlos de que no hay otra manera de resolver problemas que tomaron años en producirse. Entonces, otro problema casi insoluble se presenta. Si esto sucediera, casi seguro que los votantes derrotarían aplastantemente a los que proponen las únicas soluciones posibles. Solamente un compromiso de todos los políticos de cada nación puede siquiera comenzar este largo proceso de recuperación. En verdad, eso no se vislumbra por ahora, y cada vez más se acerca el abismo.

Una mejor solución

Pero SI existe una solución mejor -en verdad, prácticamente la única. ¿Cuál? Una república constitucional como la creada por la Constitución redactada en Filadelfia en 1787, con la que nació Estados Unidos de América (los Estados Unidos de América, en plural, una confederación de estados independientes, había sido creada en 1777 por el Segundo Congreso Continental también en Filadelfia).

Pero esa república, aunque se creó en 1787 y se ratificó por 12 de los 13 estados en 1789, y así entró en vigor, no fue una creación mágica. No con esa creación se terminaron todos los males de la Confederación que ganó la independencia de Inglaterra en 1783, males que se asemejaban mucho a los que ahora azotan a la Unión Europea. Había inflación en todos los estados, insatisfacción y una gran ansiedad por la seguridad de los ciudadanos. La deuda pública era enorme. Desordenes, motines y turbas por todos lados. Una grave amenaza de que el gran experimento de la independencia terminara en una orgía anárquica.

La Constitución creó las bases de la nueva república, introduciendo un gobierno central, pero limitado, que compartía la soberanía con los estados (un concepto novedoso entonces). Después vino el nuevo respeto por esa creación de una república distinta y por su Constitución, cementado por la gran figura que fue el primer presidente de la república, el héroe de la Revolución Americana, el general George Washington.

Después, las medidas tomadas por el Secretario del Tesoro, Alexander Hamilton, que consolidaron la deuda pública, establecieron el crédito nacional e impusieron el orden en la economía de la nueva nación. Finalmente, en las primeras tres décadas del nuevo Siglo 18, las decisiones del gran Juez John Marshall en la Corte Suprema, afirmando el derecho de la Corte a la revisión judicial de las leyes y, más importante, la protección y santificación de los contratos, ayudaron a formar una república comercial única en la historia.

Muchos, sin embargo, critican la Constitución americana, a pesar del éxito. Mantuvo la esclavitud y no mencionó los derechos de las mujeres. Es verdad, pero estas críticas son productos del modernismo, y no son válidas si se trasladan mecánicamente a nuestros días. En el Siglo 18 la esclavitud, aunque no nos guste, era aceptada en todo el mundo. No obstante, algunos en la Convención, notablemente James Mason, de Virginia, quien poseía esclavos, condenó la institución y trató de excluirla. Fue imposible, y la insistencia en hacerlo hubiera evitado que la Constitución se redactara. Los derechos de las mujeres no reconsideraron seriamente por casi dos siglos más, aunque Abigail Adams (esposa del segundo presidente John Adams y madre del sexto, John Quincy Adams), entre otras prominentes mujeres, urgió a varios delegados a que le reconocieran al menos algunos derechos a las mujeres.

Pero antes de la creación de los Estados Unidos de América en 1787 habían existido otras repúblicas. La república romana duró más de cuatro siglos (la americana solo 236 años hasta ahora) y fue exitosa, grande y populosa. ¿Cuál fue la gran diferencia de la república constitucional americana y todas las demás anteriores?

Que en Estados Unidos de América la soberanía descansa en el pueblo. La república americana fue la primera en la historia que reconoció -en la Declaración de Independencia de 1776, documento eternamente hermanado y enlazado a la Constitución de 1787- que los derechos de los seres humanos provienen de la Naturaleza y del Dios de la Naturaleza, y NO son otorgados por ningún gobierno ni por ningún rey o gobernante.

Los derechos son derechos individuales (no "derechos humanos" como en las "democracias liberales",) y son muy básicos: la vida, la libertad, la propiedad privada (este derecho fue omitido por Jefferson inexplicablemente, pero está en casi todas las demás Declaraciones estatales, la primera de las cuales fue la de Virginia, escrita por George Mason y el modelo que utilizó Jefferson para la de Estados Unidos) y la búsqueda de la felicidad, es decir, la libertad de hacer lo que cada uno desee mientras no interfiera con el derecho de alguien más.

Fue también la primera república en que su Constitución limitó absolutamente los poderes del gobierno creado por su pueblo. Aquí el pueblo es soberano y se reconoce -en la Declaración de Independencia- que los gobiernos son formados por la voluntad y el consentimiento de los INDIVIDUOS para asegurar sus derechos.

El concepto total estaba basado en que los ciudadanos -y sobre todo los gobernantes- observaran y practicaran los principios de la virtud pública originados por los reformistas Whig ingleses, modificados por los fundadores en la Convención Constitucional en Filadelfia en 1787, y finalmente depurados por Madison, Hamilton y Jay en los ensayos llamados Federalist Papers.

El pueblo tiene asimismo el derecho de rebelarse contra cualquier gobierno que sus ciudadanos consideren injusto, y cambiar ese gobierno por otro, de acuerdo con su propia voluntad. Nada así existió antes en la historia. Por eso, se le atribuye a Benjamin Franklin, cuando una señora le preguntó que clase de gobierno le habían dado los fundadores al pueblo con la Constitución, la siguiente respuesta: una república -si la pueden conservar.

Es de notarse que ni en la Declaración ni en la Constitución aparece la palabra democracia ni una sola vez. Por una buena razón: los fundadores de esta nación la detestaban y le temían a las destructivas consecuencias que las democracias anteriores -todas fracasadas- habían traído a sus pueblos. Por eso crearon una república constitucional, que ha sido conservada hasta ahora, pero no como la que se creó en 1787.

La república y la democracia

Esa duró relativamente intacta hasta principios del Siglo 20. Con el movimiento progresista comenzó la destrucción de la república constitucional de 1787. El crecimiento descomunal del gobierno federal, a lo que tanto temían algunos de los fundadores, ha traído todos estos cambios indeseables.

La entrada de Estados Unidos en las dos Guerras Mundiales, en la primera por la decisión (pero con apoyo popular, debe reconocerse) de ese pésimo presidente que fue Woodrow Wilson, un hombre que odiaba la Constitución con todas sus fuerzas y que hizo lo indecible por destruirla, y que en su soberbia decidió que había sido destinado por Dios para "salvar al mundo para la Democracia"; en la segunda por el ataque de Japón a Pearl Harbor en diciembre de 1941 (lo que el presidente Franklin Roosevelt secretamente deseaba), propició la tremenda erosión de la república americana, su Constitución y los derechos de sus ciudadanos. En los años 1920s bajo el presidente Coolidge, y en los 1980s bajo el presidente Reagan, esa erosión se frenó.

Si no se logra regresar a los orígenes de la gran república de 1787, las probabilidades son que esta termine como otra Democracia Liberal, como las que han fracasado en Europa. Todo este desastre lo previó el extraordinario escritor francés Alexis de Tocqueville cuando visitó a Estados Unidos en 1831 para investigar las prisiones americanas y terminó quedándose dos años en el país y viajando por buena parte de él. De esa experiencia resulto el famoso libro "Democracia en América" publicado en dos volúmenes en 1835 y 1840.

Tocqueville estudió a fondo la sociedad americana. Curiosamente, decidió que la democracia (para él la democracia era más que nada la igualdad de oportunidades, no la obsesión moderna de contar votos y de gobernar con la mayoría de esos votos) era más importante que los principios republicanos y que la Constitución en la nueva nación americana.

Quizás eso sucedió en parte porque en los 1830s en Estados Unidos gobernaba el presidente Andrew Jackson, quien trajo una apertura popular (algunos la consideran populista) al país, y quien cambió el concepto de "democracia" como se consideraba hasta entonces, en el sentido que era un hombre del Oeste, un líder militar (el primero desde George Washington) y definitivamente no pertenecía a la "aristocracia" de Virginia que gobernó a Estados Unidos por 24 años consecutivos, desde la elección de Jefferson en 1800.

En efecto, el país había cambiado, y Jackson y sus seguidores fueron grandemente responsables por los cambios. Desde 1832 hasta casi la Guerra Civil, los "Jacksonianos" gobernaron a Estados Unidos. No fue que Jackson renunciara a los principios de los fundadores, todo lo contrario, sino que era un hombre de otra generación y más "del pueblo" que la "aristocracia" fundadora. Es verdad que por sus prejuicios eliminó el Banco de Estados Unidos (privado) lo que causó la primera gran depresión en el país años después. Un firme creyente en el gobierno limitado y una política fiscal responsable, fue el único presidente que pagó la deuda nacional y balanceó el presupuesto durante sus dos administraciones.

Además, el país también había cambiado mucho en las dos generaciones desde su creación. Se había transformado de la visión relativamente idílica de Jefferson de una república virtuosa de pequeños agricultores, aislada del resto del mundo (lo que nunca fue) a una gran república comercial como deseaba Hamilton, mucho más poblada, más diversa (la primera ola de inmigrantes había llegado) más urbana y algo más industrializada, expandiéndose continuamente hacia el Oeste.

El más prominente discípulo y protegido de Jackson, el onceno presidente, James Polk, peleó una guerra contra México que no solo casi dobló el tamaño de la nación, sino que la extendió hasta la costa oeste y la convirtió en una república continental cuando California fue incorporada la Unión americana como resultado de esa guerra. Polk además creó un sistema bancario que funcionó eficientemente hasta la víspera de la Primera Guerra.

Los principios de la fundación de la república, especialmente el individualismo empresarial dominaban la nueva sociedad. Tocqueville fue testigo de todo esto y dejó una serie de comentarios sobre la democracia americana que son muy importantes por su visión del futuro. Hasta una comparación de la democracia y el socialismo (doctrina que ya se conocía en el mundo, sobre todo en Europa) incluyó en su gran libro.

Según Tocqueville, nada tenían en común los dos sistemas excepto la igualdad. Pero la democracia buscaba la igualdad en la libertad, mientras que el socialismo la buscaba en el control y la servidumbre. Mucho más penetrantes fueron sus comentarios sobre el futuro de la democracia. Sobre esto, predijo que "Una democracia no puede existir como una forma permanente de gobierno. Solo puede existir hasta que los votantes descubran que se pueden votar a si mismos ricos beneficios del tesoro público. Desde ese momento, la mayoría siempre votará por el candidato que prometa los mayores beneficios, con el resultado que la democracia siempre fracasará por su política fiscal irresponsable y siempre será sucedida por una dictadura". Era imposible predecir el futuro de la democracia de una manera más certera. ¡Y esto lo escribió en 1832!

Experiencias para los cubanos

¿Qué lecciones pueden aprender los cubanos que quieran y puedan construir una nueva república post castrista en Cuba? Son obvias si se absorbe bien todo lo anteriormente señalado.

Pero como siempre que se trata sobre el futuro de Cuba, hay que hacerlo con dos consideraciones presentes. Primero, que todo lo que sigue depende de la desaparición física de los hermanos Castro y de su camarilla de colaboradores más íntimos. Segundo, que la generación que los sigue, incluyendo a sus herederos, quienes casi seguro mantendrán el control político al menos por un tiempo, sean capaces de reconocer y adaptarse a la realidad del mundo presente.

Si esto ocurre y están dispuestos a las aperturas necesarias para construir una nueva república, entonces todo es posible. Bajo ese entendimiento, la nueva república cubana debe establecer y respetar absolutamente los derechos individuales básicos, otorgados por Dios y la Naturaleza a todos los seres humanos: el derecho a la vida, a la libertad, a la propiedad privada y a la búsqueda de la felicidad.

Segundo, debe crear un gobierno con sus poderes limitados por la voluntad del pueblo y la soberanía residiendo en el pueblo.

Tercero, debe redactar una constitución lo antes posible, breve y concisa, no como la amalgama casi incoherente de legislación social que fue la alabada Constitución de 1940.

Una constitución es un plano arquitectónico para gobernar, pero también es el documento básico y fundamental de una nación, la cual debe siempre respetarse y nunca tomarse para abusar de los derechos de los ciudadanos. La nueva constitución cubana debería modelarse en la de 1901, y debe incluir una declaración de derechos individuales -no sociales- y una división de los poderes legislativos, ejecutivos y judiciales bien establecida.

Posiblemente una cláusula prohibiendo absolutamente la

reelección presidencial y otra parecida a la "cláusula pétrea" de la constitución hondureña prohibiendo cambios en la constitución para permitir esa reelección.

Cuarto, se debe reconocer que todo esto toma tiempo, nada ocurre por acto de magia. Pero hay que empezar por algo, con algo.

Naturalmente que en una nueva república cubana no puede eliminarse la presencia del Estado, sobre todo en la economía, por algún tiempo. Una economía mixta, entonces, debe existir de inicio, pero la presencia estatal debe reducirse lo antes posible, para que eventualmente el Estado -el gobierno controlado y limitado por la voluntad popular- solo tenga que existir como un árbitro para proteger a los menos capaces de valerse por si mismos.

La nueva república no debe eliminar eventualmente la presencia del Estado en la sociedad solo por ideología, sino porque está comprobado que es lo que funciona. Por eso se deben también aprender las lecciones del fracaso inicial de las colonias americanas cuando trataron de establecer la posesión de la tierra en común. Casi se mueren todos de hambre, debido a lo que describe la famosa "Tragedia de los comunes" (ensayo escrito en 1968 por el ecologista Garrett Hardin). Hardin enseña como la tenencia en común de la tierra en tiempos medievales resultó irrevocablemente en el agotamiento de la tierra.

La única manera de evitar esto -que por cierto es aplicable al resto de la sociedad y la economía- es introducir la propiedad privada y respetarla. ¿Por qué? Porque únicamente los propietarios tienen interés de ocuparse, cuidar y hacer producir los escasos recursos de cualquier sociedad.

Los cubanos en la Isla deben tener muy presente que los cubanos del exilio no somos sus enemigos. Todo lo contrario. Todos somos un pueblo, separado únicamente por el Estrecho de la Florida y por un régimen totalitario opresivo que ha mantenido al pueblo cubano no solo en un profundo abismo económico por más de medio siglo, sino que también los ha engañado y los ha mantenido en la ignorancia de lo que ocurre en el mundo de hoy en día.

En el exilio estamos en la mejor disposición de ayudar a construir una república nueva, si nos dan la oportunidad. De manera que si los principios verdaderamente importantes se reconocen, si se aprende de los fracasos de las mal llamadas democracias liberales, si se comprende que la libertad y la justicia no pueden ser protegidas solamente por los votos de los ciudadanos, que la "democracia" en abstracto NO es lo más importante en la vida de los pueblos, entonces se puede construir, con el tiempo, una república constitucional duradera.

EL DERECHO A SOBREVIVIR

Los gobiernos originalmente se constituyen por el acuerdo común y voluntario de un grupo de personas para lograr una serie de beneficios para toda esa pequeña sociedad. El consentimiento voluntario del grupo a otorgar ciertos poderes limitados al gobierno creado es algo implícito en ese contrato social. El poder -y el deber- primordial de ese gobierno es la protección de todos los individuos que forman el grupo que creó el gobierno en primer lugar. Esa es la razón de ser de un gobierno, de cualquier gobierno creado por el libre consentimiento del grupo que lo constituye.

Aquí en Estados Unidos, en el Preámbulo de la Constitución que creó la república federal americana en 1787, todas las razones aducidas para la creación de esa república mencionan casi directamente la protección de la población, y tres de ellas específicamente: asegurar la tranquilidad doméstica; proveer la defensa común; y promover el bienestar general. Hasta la Guerra Civil entre los Estados del Norte y Sur en 1865, el gobierno federal cumplió con su deber. Excepto, por supuesto -y por eso se peleó la Guerra Civil- por los esclavos africanos, que NO tenían ninguna protección del gobierno ya que NO se consideraban seres humanos, sino propiedad. Naturalmente, esta ficción no la creía nadie, pero era la ley, ya que la esclavitud estaba protegida por la Constitución por omisión (no se menciona siquiera la palabra) y afirmada por la infame decisión de la Corte Suprema en el caso del esclavo Dred Scott en 1857.

Pero aunque el final de la Guerra Civil fortaleció enormemente la protección de la población mediante la Enmienda 14, adoptada en 1868, desde principios del siglo 20 el gobierno federal, lejos de proteger al pueblo americano, comenzó a violar sus más básicos derechos y cada vez más a oprimir a sus ciudadanos. En este nuevo siglo 21, después del ataque terrorista en New York, Washington y Pensilvania el 11 de septiembre del 2001, el gobierno federal se ha ocupado quizás más de suprimir las libertades del pueblo que de protegerlo. Especialmente desde el 2009, cuando un nuevo presidente prometió fundamentalmente transformar a Estados Unidos de América, la república federal americana fundada en 1787 ha dejado de existir. En el 2015, y desde el 2009, el gobierno federal se ha convertido en enemigo del pueblo americano.

En algún momento después de la aplastante reelección del Presidente Ronald Reagan en 1984, la Izquierda Eterna entendió que había sido derrotada políticamente en EEUU. Había ocurrido un renacimiento económico debido a las políticas impulsadas por el presidente, y mucho más. El pueblo americano creía firmemente que por fin la larga pesadilla de Vietnam, Watergate y los cuatro terribles años de la presidencia de Carter quedaban atrás. En verdad, se visualizaba un nuevo amanecer para la nación. Los americanos creían en su grandeza otra vez. En el resto del mundo, la Izquierda Eterna sabía que el fin del comunismo internacional se acercaba y la Unión Soviética perdería la Guerra Fría. ¿Qué hacer?

A pesar de la erosión de la república comenzada con el Movimiento Progresista a principios del siglo 20 y acentuada durante las administraciones del Presidente Franklin D Roosevelt desde la Gran Depresión de los 1930s hasta el final de la Segunda Guerra Mundial en 1945, la Izquierda Eterna no había logrado su propósito de destruir la república americana. El nuevo presidente Harry Truman se había enfrentado a Stalin como nunca lo hizo Roosevelt, y la expansión comunista de la postguerra parecía frenada con la política promulgada por el funcionario del Departamento de Estado George Kennan de "contención" de la URSS. Pero era una ilusión. La tremenda infiltración comunista en todos los niveles de la sociedad americana desde los años 1930s seguía siendo una amenaza. La Guerra Fría se había tornado caliente con la invasión de Corea del Sur por las fuerzas comunistas de Corea del Norte, aliada de la URSS y de la nueva China Comunista. La Izquierda Eterna estaba en marcha de nuevo.

La muerte de Stalin en 1953 y la elección del General Dwight Eisenhower como presidente de EEUU en 1952 ofrecían cierta esperanza de que el avance aparentemente imparable de la Izquierda Eterna podía frenarse de nuevo; quizás hasta revertirse. El sucesor de Stalin, Nikita Khrushchev, prometía la posibilidad de un acercamiento, especialmente finalizada la guerra en Corea. Pero a pesar de que Eisenhower era respetado por los líderes de la URSS, poco cambió en sus ocho años como presidente. En política doméstica, Eisenhower dejó intactos todos los programas sociales del New Deal de Roosevelt. En esa década de los 1950s los impuestos sobre ingresos en EEUU llegaban al nivel confiscatorio del 90%. No solo eso, en 1959, con el triunfo de la revolución cubana, un nuevo actor, Fidel Castro, presagiaba la era de mayor conflicto -y peligrosidad- de la postguerra.

En 1960, la reñida elección de John Kennedy como presidente de EEUU confundió a la Izquierda americana. Pensaron que era uno de ellos y que su elección indicaba un viraje a la izquierda, por reñida que fue la elección. Pero Kennedy gobernó, en política doméstica, con rasgos conservadores, sobre todo cuando rebajó drásticamente los impuestos. Lo cual dio lugar a una nueva era de crecimiento económico que duró hasta mediados de la década. En política externa ese no fue el caso. (Coincidentemente, en 1960 también nació el Movimiento Conservador Moderno con la "Declaración Sharon". No como una reacción a la Izquierda Eterna, aunque en parte lo fue, sino como una defensa de los principios que hicieron grande a esta nación). Khrushchev había adoptado una nueva estrategia contra el Oeste, el apoyo de las llamadas "guerras de liberación nacional", y la "coexistencia pacífica". Como Kennedy pretendió enfrentarse al nuevo reto soviético, que se pelearía en el Tercer Mundo (Asia, África, Latinoamérica), los conflictos mundiales hasta su muerte en 1963 -y por los próximos casi 20 años- fueron continuos. En verdad, a pesar del mito de "Camelot", Lyndon Johnson fue quien logró muchas de las grandes ilusiones de la Izquierda Eterna con su malamente concebida "Gran Sociedad", una enorme intromisión del gobierno federal en toda la sociedad americana. La Izquierda Eterna no pudo disfrutar mucho de las nuevas leyes y regulaciones, sin embargo. La guerra en Vietnam destruyó la presidencia de Johnson -y la prosperidad comenzada bajo Kennedy- aunque el legado de la "Gran Sociedad" ha continuado sus efectos destructivos hasta ahora.

La elección de Richard Nixon como presidente en 1968 fue también muy reñida. El "plan" que según él tenía para terminar (nótese, no para ganar) no era más que el gradual retiro del medio millón de soldados americanos, dejando en su lugar a tropas vietnamitas entrenadas y financiadas por EEUU. Pero aunque el plan de "Vietnamización" fue relativamente exitoso, muchas otras estrategias de Nixon no lo fueron. Además, los disturbios raciales en las grandes ciudades y estudiantiles en las universidades eran incesantes. Nixon, quien se presentó a los votantes americanos como conservador, era todo lo contrario, y su gobierno promovió un estado mucho más grande y opresivo. Pero la Izquierda Eterna lo odiaba a muerte por su anticomunismo al comienzo de su carrera. Nunca lo perdonaron y Nixon, a pesar de que su acercamiento a China fue una gran jugada geoestratégica, se autodestruyó por su corrupción moral y su estúpido manejo de la innecesaria operación de Watergate. Su renuncia fue celebrada por la Izquierda Eterna, cuyo avance durante la interina presidencia del torpe Gerald Ford culminó con la emasculación de la CIA por el Congreso dominado por el Partido Demócrata, completamente dominado por la Izquierda Eterna, y el gran fracaso de la política de deténte promulgada desde tiempos de Nixon por Henry Kissinger.

La elección de Jimmy Carter en 1976, en otra elección reñida (y donde Ronald Reagan estuvo cerca de ganarle la nominación republicana a Gerald Ford) animó aún más a la Izquierda Eterna. Pero uno de los problemas insolubles de ésta es que -en países que celebran elecciones relativamente libres- cuando llega al poder con fortaleza, siempre fracasa. Las políticas económicas de todos los gobiernos de izquierda, como son incapaces de crear riqueza, terminan en la ruina. Este fue el caso de Carter, quien además trató de apaciguar a la URSS. El resultado después de cuatro años, fue una crisis económica donde se inventó el término "estanflación" (poco crecimiento económico, alto desempleo y alta tasa de interés), y otra en asuntos de política externa, donde Irán terminó en manos de los fanáticos islamistas, Nicaragua en manos de los comunistas Sandinistas, y Afganistán invadido por los soviéticos. Todo gracias a la torpeza de la administración de Carter.

Entonces llegó Ronald Regan a salvar al país (al menos así lo vieron millones de americanos), a poner la economía en orden, y a derrotar al comunismo internacional, símbolo máximo de la Izquierda Eterna. Así volvemos a finales de los 1980s y a la comprobación de que esa Izquierda Eterna había sido vencida y necesitaba desesperadamente hacer algo para recuperarse. Porque es inmortal. Por ser una idea, nunca muere. Como además funciona como un virus malévolo, siempre busca cómo cambiar, siempre está en un proceso de mutación para otra vez llegar al poder, su razón de ser.

La solución visualizada por la Izquierda Eterna fue apoderarse de los incipientes movimientos ambientalistas en todo el mundo. En Europa, formando los Partidos "Verdes"; en EEUU, infiltrando prestigiosas organizaciones como Sierra Club y muchas otras que surgieron desde la década de los 1990s. Especialmente crearon un gigantesco -y completamente falso- movimiento a favor de la intervención masiva del gobierno para evitar, primero, el calentamiento global (producido por las "malas" acciones de los seres humanos). Luego, cuando el mundo rehusó calentarse de acuerdo con los tergiversados y arbitrarios modelos de los pseudocientíficos que los inventaban, los ambientalistas adoptaron el Cambio Climático como el nuevo "mantra" de todos los movimientos globales. El clima cambia constantemente, y nada podemos hacer los seres humanos al respecto. Aunque las acciones de los humanos afectaran el clima, que NO lo hacen significativamente, no hay nada que remotamente pueda hacer un gobierno, ningún gobierno. Quizás si una enorme mayoría de TODOS los habitantes del planeta cambiaran voluntariamente en algo su comportamiento, se pudieran lograr mejoras, sobre todo en la emisión de gases dañinos. Pero ¿cambiar el clima? Nunca.

Además de infiltrar y controlar el Ambientalismo en EEUU, la Izquierda Eterna (en muchos casos, antiguos comunistas convencidos) adoptó las teorías del ultra radical sociólogo de Chicago Saul Alinsky (el pionero de los "organizadores comunitarios") y de los igualmente radicales profesores de la Escuela de Trabajos Sociales de la Universidad de Columbia, Richard Cloward y Frances Fox Pliven. Alinsky era tan radical (y criminal, aliado de la organización de Al Capone en Chicago) que despreciaba a los "marxistas" por ser demasiado moderados. Los profesores de Columbia eran académicos relativamente prestigiosos, pero abogaban por producir el caos en EEUU mediante el colapso del sistema de Bienestar Social (Welfare). Alinsky escribió Reglas para Radicales (Rules for Radicals) en 1971 (y dedicó el libro a Satanás, según Alinsky el Primer Radical); los profesores idearon el modelo conocido por sus nombres, Estrategia Cloward-Pliven, en 1966. Las ideas de estos radicales estaban concebidas para destruir la sociedad americana y crear otra mejor (según ellos). Como predica la doctrina de la Izquierda Eterna, primero hay que destruir lo existente para luego construir una sociedad mejor y sobre todo, más justa (una palabra favorita de todos ellos, al igual que la justicia social). Fue el modelo que los bolcheviques rusos utilizaron en 1917 y los chinos comunistas de Mao Tse Tung en 1949, que resultó en 150 millones de muertos en ambas naciones.

Pero la Izquierda Eterna adoptó las ideas de los tres académicos a fines de los 1980s en un brillante plan concebido para elegir a un presidente radical y tomar el poder en un par de décadas. El plan funcionó casi exactamente, culminando en la elección de Barack Obama. Todos los radicales americanos cooperaron en el plan: comunistas, socialistas de todas clases, ambientalistas, organizaciones "minoritarias" de negros e hispanos, sindicatos, incluyendo los poderosos sindicatos de empleados del gobierno y maestros -y casi todo el Partido Demócrata, controlado por la izquierda desde la elección presidencial de 1972.

Adicionalmente, contaron con la ayuda de un importante grupo de aliados extranjeros. Conocidos como la Escuela y también como el Instituto de Investigaciones Sociales de Frankfurt, este fue un grupo de pseudointelectuales marxistas que elaboraron la Teoría Crítica en la Universidad Goethe, en Frankfurt am Main, Alemania, en 1923. Pero con el advenimiento de Hitler y los Nazis, este grupo de profesores comunistas fue expulsado de la Universidad Goethe en 1933 y todos emigraron y encontraron un nuevo hogar en la Universidad de Columbia en New York.

¿Que es la Teoría Crítica y quienes eran estos profesores? De acuerdo con la Enciclopedia de Filosofía del Internet, esta elaborada "teoría" es, básicamente, una crítica de la sociedad capitalista moderna (sea lo que eso en si signifique, pues para muchos, el capitalismo moderno, o hasta el mismo capitalismo, tiene varios significados). Pero también significa una nueva definición de la emancipación social y las patologías que se percibn en la sociedad. La Teoría Crítica ofrece además una interpretación específica de la filosofía marxista y reinterpreta algunos de los conceptos del marxismo. Como se puede ver en esta simplísima definición, esto es algo casi incomprensible que no tiene mucho sentido para la enorme mayoría de las personas que siquiera se dignan a leer algo sobre el tema. Pero el hecho cierto es que todos estos profesores marxistas alemanes tuvieron una influencia enorme en la vida académica de su nuevo país adoptivo, Estados Unidos.

La primera generación de estos profesores llegó en los años de turbulencia de la década de los 1930s, durante la Gran Depresión. La administración del Presidente Roosevelt estaba desesperadamente tratando de encontrar soluciones a los gravísimos problemas económicos que afrontaba EEUU. Hay quienes piensan (no yo) que esos programas del gobierno federal implementados por Roosevelt (conocidos como New Deal) hasta salvaron el sistema capitalista en EEUU. Después de todo, en Alemania triunfó el Nazismo de Hitler, el Italia el Fascismo de Mussolini, en Inglaterra ganó el poder el Partido Laborista (socialista), en España se produjo una sangrienta guerra civil que terminó en la larga dictadura del Generalísimo Francisco Franco, en Argentina una serie de acontecimientos culminaron en la dictadura de Perón y destruyeron una sociedad muy rica y próspera que aún sufre las consecuencias. Mientras tanto, en la Unión Soviética el comunismo parecía florecer sin ser afectado por la terrible crisis económica mundial.

Muchos demagogos surgieron aquí ofreciendo soluciones "mágicas" al pueblo, casi todas colectivistas. Había un gran temor que el sistema no pudiera resistir las embestidas de esos demagogos populistas y hasta abiertamente comunistas. En Louisiana, de hecho, surgió un peligrosísimo gobernador (luego Senador), Huey Long, quien convirtió a ese estado sureño en una mini satrapía y puso casi de rodillas a la poderosa industria petrolera. Su popularidad alcanzó tan grandes niveles que hubo temor, incluyendo del mismo Presidente Roosevelt, que Long ganara la nominación del Partido Demócrata en 1936. Hasta que un asesino intervino y eliminó la amenaza de Long en septiembre de 1935. En fin, los exponentes de la Teoría Crítica encontraron tierra fértil en las universidades americanas.

Algunos de los nombres más prominentes fueron Max Horkheimer, Theodor Adorno, Herbert Marcuse, Walter Benjamin, Fridrich Pollock, Leo Lowenthal, todos sociólogos y politólogos, y el famoso psicoanalista Eric Fromm. Todos eran marxistas. Todos eran elitistas resentidos que primero fracasaron en su tierra natal alemana y luego fueron expulsados no solo de la Universidad Goethe en Frankfort sino de Alemania misma. Todos sentían un odio intenso contra el sistema en el que fracasaron, que para ellos era el capitalismo. Pero, en verdad, todos eran enemigos de la libertad, y aquí en EEUU hicieron lo que pudieron por destruirla.

Décadas después, ya en los 1960s, llegó la segunda "generación" de teóricos críticos, pero estos no fueron importados, sino transformados por las enseñanzas de la primera generación que prevaleció en los 1930s. Los discípulos aprendieron bien y produjeron, entre otras "novedades" lo conocido como la Nueva Izquierda, que sobre todo en historia, ofreció una visión "revisionista" del pasado reciente, sobre todo de los orígenes de la Guerra Fría y de como el comunismo internacional fue "obligado" por el "imperialismo" americano, a esclavizar -y matar- a millones de seres humanos. Muchos, como los de la primera generación que vino de Alemania, fueron profesores en universidades americanas también.

Pero otros ejercieron gran influencia desde Europa. De Francia, escritores y filósofos como Jean-Paul Sartre y su "consorte" Simone de Beauvoir, Régis Debray (quien fue influyente en Hispanoamérica y fue capturado con los revolucionarios que acompañaron al Che Guevara a Bolivia en 1969), Michel Foucault y Frantz Fanon (nacido en Martinica y también muy influyente en Hispanoamérica). De Alemania, Jurgen Habermas y Gyorgy Lukáks (nacido en Hungría). De Inglaterra, los historiadores marxistas Eric Hobsbawm y E.P. Thompson. Aquí en

EEUU, el sociólogo C. Wright Mills fue uno de los grandes apologistas de Fidel Castro (fundador del Fair Play for Cuba Committee) y con el lingüista Noam Chomsky, hicieron mucho daño por su influencia entre los jóvenes. Pero en verdad los más perjudiciales fueron los historiadores como William Appleman Williams, Gabriel Gabriel Kolko, Barton Bernstein, Eugene Genove y su esposa Elizabeth Fox-Genovese y mi profesor y consejero en mi disertación doctoral Alen Matusow. Otro historiador popular (sus libros se usan como textos en la mayoría de escuelas secundarias y universidades de EEUU), Howard Zinn, sigue envenenando las mentes de incontables jóvenes americanos. Todos y cada uno de ellos fueron marxistas; todavía muchos lo son. Parece ser el denominador común. (En una anécdota que he contado antes, visité al Profesor Matusow en la Universidad de Rice, en Houston, en el 2007, 35 años después de obtener mi doctorado en esa Universidad donde Matusow todavía ejercía. Mi antiguo consejero me ofreció uno de los mayores elogios que he recibido en mi vida cuando me dijo: "Tu tuviste la razón, no solo respecto a Cuba, sino también al comunismo internacional y a la Guerra Fría. Todos nosotros nos equivocamos". Matusow, Bernstein, y el matrimonio Genovese, todos renunciaron a su marxismo y a su identificación con la Nueva Izquierda 20 años después. Eso se llama éxito y validación de ideas correctas).

Quien no vivió en Estados Unidos en la década de los 1960s, especialmente quien no estudió en alguna Universidad americana en aquellos años, no tiene idea de la verdadera revolución social que se vivió aquí. Primero vino el movimiento de los derechos civiles y las importantes leyes que se aprobaron en 1965 para asegurarle el voto y los derechos más comunes a los negros, no solo en el Sur, sino también en las grandes ciudades norteñas. Luego apareció la píldora contraceptiva que ayudó a traer la "revolución sexual", acompañada del uso masivo de drogas ilegales como la marihuana, la cocaína, la heroína y el LSD. Finalmente, la guerra en Vietnam y la participación de EEUU y sus soldados (todos conscriptos), contribuyeron al clima de rebeldía y protestas continuas, especialmente en la universidades, pero también en muchas grandes ciudades donde disturbios raciales causaron daños gigantescos y cientos de muertos.

Recordando el libro (1997) y la película (2000) de Sebastian Junger The Perfect Storm (La Tormenta Perfecta), que ha pasado al lenguaje cotidiano desde entonces, esto fue en verdad lo que ocurrió en EEUU en las décadas de los 1960s y 1970s. Todo en gran parte gracias a las perniciosas ideas que esa segunda generación de la Escuela de Frankfurt trajo a esta sociedad. Toda esta erosión de valores que cambiaron drásticamente la sociedad americana en los 1960s todavía, por supuesto, están con nosotros, ya que ahora la Teoría Crítica va por la tercera (o cuarta) generación, creando cada vez más caos en nuestra sociedad. NO, no lograron destruir la sociedad americana, pero Sí lograron la elección de un presidente capaz de hacerlo. Esto no es una fantasía ni otra teoría de conspiración más. No hay espacio para describirlo en detalle, pero todo está más que probado; la evidencia es abrumadora. Quien quiera leer a fondo, el libro Radical in Chief, de Stanley Kurtz (2008) es un clásico, pero hay muchos, muchos más que todo lo demuestran hasta al observador más incrédulo.

Pocos vieron venir la oleada que culminó en la elección del 2008, porque en buena parte la burbuja hipotecaria que resultó en la peor crisis financiera desde la Gran Depresión, una crisis provocada por las políticas de ingeniería social adoptadas durante las administraciones de Carter y Clinton, para facilitar a las minorías la compra de viviendas, contribuyó mucho a la victoria de Barack Obama en el 2008. Desde entonces, la Izquierda Eterna reina triunfante en EEUU. Ahora la pregunta es para los que se oponen a la dominación de la Izquierda Eterna y sus consecuencias inevitables: otra ruina socio-política-económica quizás peor que la creada en 1980. ¿Que hacer?

Pero en el 2015, la situación es mucho más grave y peligrosa que en 1980, porque desde mediados de los 1990s, esa Izquierda Eterna ha controlado en buena parte la agenda política americana, sin importar los ocho años de la administración republicana del Presidente George Bush hijo. Bush hijo, como su padre, traicionó a los conservadores, aumentó enormemente el gasto público, y lo más grave: con la invasión de Irak dividió al pueblo americano y abrió las puertas a la Izquierda Eterna.

Así estamos ahora, a un año de otra elección presidencial crucial. Pero con enormes peligros adicionales. Primero la amenaza terrorista islámica, que el presidente rehúsa admitir y ni siquiera nombra. Segundo, el asalto total contra la Segunda Enmienda de la Constitución y el derecho del pueblo americano a poseer armas. De manera que la gravedad es doble: por un lado, el peligro real de ataques terroristas islámicos aquí en EEUU; por otro, el afán de desarmarnos, sobre todo cuando el gobierno no cumple su misión de proteger al pueblo.

No solo eso, la Izquierda Eterna adicionalmente ha lanzado otro asalto masivo contra las fuerzas del orden, especialmente la policía, desde hace años (todo durante la administración del primer presidente "post racial"), demonizando a todos los policías como racistas y asesinos de negros. La policía, naturalmente, en muchos casos se muestra renuente a ninguna actividad que pueda resultar no solo en acusaciones injustas, sino en despidos, demandas personales y hasta en enjuiciamientos criminales. Entonces ¿quien nos protegerá? La respuesta es obvia: nosotros mismos. ¿Cómo? Veamos.

Primero, consideremos el derecho absoluto, garantizado por la Segunda Enmienda de la Constitución, del pueblo americano a poseer y portar armas para defenderse. Absoluto porque, contrario a un reciente editorial en primera plana del New York Times, este derecho ni puede ser "modificado", ni mucho menos restringido en forma alguna. La Segunda Enmienda es la más corta de todas, y dice textualmente: "Una bien regulada Milicia, siendo necesaria para la seguridad de un Estado libre, el derecho del pueblo a poseer y portar Armas, no será infringido". (Énfasis mío). Eso es todo y no hay lugar a ninguna otra interpretación. Excepto que la primera línea que se refiere a una milicia no aclaraba el derecho absoluto de cada ciudadano a poseer y portar armas fuera de pertenecer a una milicia. No obstante, ciudades y estados han tratado de restringir esa liberad a sus ciudadanos, y en 2008, en un caso que prohibía a los residentes del Distrito de Columbia (Washington), la Corte Suprema afirmó, en District of Columbia v Heller, en una decisión escrita por el Juez Antonin Scalia, que "la Segunda Enmienda protege el derecho personal de poseer y portar armas para propósitos legales, más notablemente para la defensa personal dentro de los hogares". (Énfasis mío).

Pero como esa decisión afectaba a un ciudadano de Washington todavía había dudas sobre el derecho individual de cada persona en los demás 50 Estados. En el 2010, la Corte Suprema fue todavía más clara y enfática. En el caso McDonald v Chicago, el Juez Samuel Alito escribió: "Está claro que los Fundadores… incluyeron el derecho a poseer y portar armas entre esos derechos fundamentales necesarios para nuestro sistema de libertad ordenada". No hay más que hablar al respecto, por lo menos hasta que la Corte Suprema decida otra cosa, y esto es extraordinariamente difícil que pueda suceder, especialmente mientras los miembros de esta Corte estén vivos.

Muchos dudan que un pueblo armado sea una buena idea. Algunos que no conocen la historia se asombran de lo que consideran una obsesión en EEUU con las armas. Pero poseer y portar armas es algo completamente engranado en los americanos, desde que llegaron los primeros colonos en el siglo 17. Las armas eran absolutamente necesarias para sobrevivir en Norte América, donde los nativos eran muchos miles, mientras que los colonos eran cientos. Cuando se adoptó la Segunda Enmienda, junto con las otras nueve de la Declaración de Derechos (Bill of Rights) durante el primer Congreso de la nueva república en 1790, la posesión de armas era algo más que sobreentendido, nadie lo pensó dos veces. Además, las ideas detrás de la Segunda Enmienda se remontan hasta John Locke en el siglo 17. Locke escribió en Dos Tratados de Gobierno que "la defensa propia es parte de la Ley de la Naturaleza", y consecuentemente "No se le puede negar a la comunidad, si siquiera por el Rey". Además, según Locke, este principio se podía aplicar tanto en el nivel individual, contra ataques personales, y en el nivel colectivo, contra el gobierno.

Pero lo interesante -y difícil de creer, aunque cierto- es que mientras más se arma el pueblo, más disminuye el crimen. Como recordó el amigo periodista cubano radicado en Puerto Rico, Arturo Guzmán, en un reciente artículo, alguien le preguntó a los cubanos en enero de 1959 "¿Armas para qué? ¿Para pelear contra el pueblo? Si el pueblo está con nosotros". Un pueblo desarmado nunca se pudo defender del totalitarismo que se estableció en Cuba desde entonces. Algo parecido sucedió en Alemania y los Nazis no tuvieron que enfrentarse a un pueblo armado. Pero aquí no sucederá lo mismo.

He escrito varias veces anteriormente, sobre todo desde el 2012, que quizás un 80% de los votantes americanos son estúpidos, ignorantes, o una combinación de los dos. Pero lo que NO son es suicidas. Por eso, desde la matanza de 14 personas en San Bernardino, California, el pasado 4 de diciembre, miles y miles de personas han comprado toda clase de armas en todo el país.

El pasado "Viernes Negro", noviembre 24, más de 175,000 aplicaciones para comprar armas fueron sometidas al FBI. Miles y miles se han vendido desde los ataques terroristas islámicos en París y San Bernardino, a pesar de los esfuerzos casi sobrehumanos del presidente de culpar al Cambio Climático por los atentados de París y el descontrol de las armas por el de San Bernardino. Desde que este presidente llegó al poder en el 2009 la venta de armas se ha duplicado en EEUU. Leyeron bien: el doble.

¿Por qué? Porque el pueblo americano sabe muy bien la verdad, que es el terrorismo islámico que el presidente niega el responsable de la inseguridad y el miedo que tantos americanos sienten. Como también pueden ver claramente que el gobierno no los protegerá, ni de los terroristas ni de los pandilleros, han decidido armarse para protegerse por sí mismos.

Como también llevo escribiendo mucho tiempo, el gobierno NO es el problema, como en una frase famosa dijo Ronald Reagan en 1980. No, el gobierno es nuestro enemigo. Aparentemente, el pueblo americano por fin se ha dado cuenta.

SEGUNDA PARTE

Este breve resumen de la historia política de EEUU desde la post guerra en 1945, aunque muy sobresimplificado, sirve para ilustrar dónde nos encontramos al final de este fatídico año 2015. Pero antes de continuar, quizás sea útil, sobre todo para los que no han leído o han olvidado mi ensayo del 2011 La Izquierda Eterna y la Derecha que Nunca Existió (mi favorito de todos los que he escrito), explicar lo que describo como La Izquierda Eterna.

No es una ideología, sino una amalgama de creencias y de ideas compartidas por toda la gama de la izquierda, desde los anarquistas a los comunistas marxistas, incluyendo todos los socialistas (socialdemócratas europeos, "liberales" y progresistas americanos).

¿Cuales son esas ideas? La supresión de las libertades individuales. La supremacía de la sociedad sobre el individuo. Un gobierno controlado por una élite de "expertos". El establecimiento del Bien Común y de la Justicia Social -es decir, la creación de un Paraíso Terrenal. Una economía centralizada, planeada y controlada por el gobierno, pero NO necesariamente ya, desde el fin de la Unión Soviética, la desaparición de la propiedad privada y la nacionalización de los "medios de producción". (Ya no es necesario que el Estado sea dueño de los "medios de producción". Con un gigantesco Estado de Bienestar y con impuestos y regulaciones asfixiantes a la clase productiva, la propiedad privada que queda solo puede beneficiar a ese mismo Estado). La igualdad socio-económica. La eliminación de la religión organizada y la secularización de la sociedad. La razón como instrumento para el avance, el progreso y el beneficio de la Humanidad.

El terror como medio para obtener y mantener el poder.

Dudo que nadie que se identifique como "de izquierda" tenga objeción a mi descripción de sus ideas y creencias. Excepto la última sobre el terror. Pero desafortunadamente para los creyentes, el terror SIEMPRE ha sido parte de la Izquierda Eterna, desde la Revolución Francesa, su raíz. Lo negarán, pero la Historia prueba que el terror es parte íntegra y esencial de la Izquierda Eterna.

Pero volviendo al tema de este ensayo, debe estar muy claro para todos los lectores que solamente nosotros, el pueblo americano, podemos ayudarnos y resolver todos los graves problemas que afronta esta nación. Nosotros solos, sin ayuda del gobierno. Además, debe estar muy claro también que las elecciones no son la solución, ni aunque el año próximo los votantes eligieran a un buen presidente, que cada vez parece más dudoso. No, tenemos que volver a la Declaración de Independencia para encontrar soluciones. Y la ÚNICA solución es una segunda Revolución America.

Casi todos los que conocen la Declaración de Independencia se saben de memoria las cinco primeras líneas del segundo párrafo: "Mantenemos que estas verdades son auto evidentes, que todos los hombres son creados iguales, que están dotados por su Creador con ciertos derechos inalienables, que entre estos están la Vida, la Libertad y la Búsqueda de la Felicidad". Pero muy pocos conocen todo lo que sigue en ese segundo párrafo, donde en realidad comienza lo que es en sí la Declaración: un enjuiciamiento del Rey de Gran Bretaña que justifica las razones aducidas por las Colonias para separarse y declararse independientes. Continúa la Declaración: "Que para asegurar estos derechos, los Gobiernos se han instituido entre los Hombres, derivando sus justos poderes del consentimiento de los gobernados, --Que cuando alguna Forma de Gobierno se convierte en destructiva de esos fines, es el Derecho del Pueblo alterarlo o abolirlo [el Gobierno] …" (énfasis mío).

Esta es la clave de todo. Con esto y por esto se declaró -y se logró- la independencia de las Colonias británicas en Norte America y se creó Estados Unidos de America. Con esto y por esto, se puede hacer una Segunda Revolución Americana. No con violencia. No con una rebelión armada contra el gobierno federal. No hace falta ni violencia ni mucho menos derramamiento de sangre. Y no se trata de la destrucción del gobierno federal ni de independizarnos de nada ni de nadie. Simplemente se trata de regresar a los principios enunciados en 1776, por lo cual nuestra justificación y modelo es la Declaración de Independencia, porque es el modelo y el vehículo necesario para lograr esa Segunda Revolución Americana.

Pero ¿como? Bueno, el gran filósofo político americano Charles Murray ha publicado hace unos meses una especie de manual de cómo lograrlo, su gran libro By the People: Rebuilding Liberty Without Permission (Por el Pueblo: Reconstruyendo la Libertad sin Permiso). Pero yo voy mucho más allá que Murray, aunque primero es necesaria una breve descripción de lo que Murray propone.

Su gran libro se divide en tres partes. Primero Murray relata cómo llegamos a donde estamos y describe algo que muy pocos conocen: el "cuarto" poder de la república (además del legislativo, ejecutivo y judicial), el poder administrativo-regulador. En la segunda parte, Murray delinea que clase de "desobediencia civil sistemática" recomienda para lograr lo que propone. Finalmente, Murray explica por qué estamos en el momento adecuado para hacer lo que recomienda.

Todo se basa en esa frase, "desobediencia civil sistemática". Pero Murray solo propone que esa desobediencia selectiva -la cual producirá reacciones del gobierno federal- se limite a asuntos menores como ignorar regulaciones. No propone violar la ley, excepto por omisión. Y no propone lo que yo sí hago: dejar de pagar los impuestos sobre ingresos al Internal Revenue Service (IRA), lo cual es una seria violación de la ley que puede resultar en el encarcelamiento de los violadores. Murray lo que SÍ propone es la creación de organismos legales de defensa voluntarios para enfrentarse a las agencias reguladoras del "cuarto poder", derrotarlas en Corte (en buena parte porque carecen de personal suficiente para aplicar las regulaciones y hasta para defenderse de demandas), y ganarles casi "por agotamiento". Pero esto NO es suficiente.

Aunque estoy de acuerdo que la desobediencia civil selectiva que recomienda Murray puede ser efectiva, es necesario privar al gobierno federal de su principal fuente de ingresos. Por eso prefiero que millones de contribuyentes se nieguen a pagar impuestos sobre ingresos. ¿Puede pensar alguien que el IRS es capaz de encarcelar a millones de personas por negarse a pagar impuestos? Claro que no, sobre todo cuando tantos ya sabemos que esos impuestos no solo son injustos, sino que el gobierno despilfarra sus descomunales entradas todos los días de la semana. Además, Murray propone mayormente que grandes compañías sean las que desobedezcan las regulaciones federales. Es verdad que algunas agencias reguladoras persiguen, arruinan y hasta encarcelan a ciudadanos porque esas mismas agencias aplican caprichosamente regulaciones injustas, innecesarias y estúpidas. Pero generalmente son las grandes compañías las que sufren esas iniquidades del Estado Regulatorio. Mientras que si los contribuyentes se niegan individualmente a mantener a un gobierno federal gigantesco y opresivo, esto se ajusta mucho más y mejor a lo que la Declaración ofrece como la razón de ser para separarse de Gran Bretaña.

Adicionalmente, prefiero la desobediencia civil masiva, no selectiva. Es decir, todas las regulaciones (no leyes) federales que cada individuo pueda desobedecer, deben ser desobedecidas. Si el personal administrativo a cargo de aplicar esas regulaciones de cada agencia decide procesar a cada individuo que viole cada regulación, que así sea. Excepto que simplemente NO es posible. Ninguna agencia federal, incluyendo el IRS, tiene ni remotamente la capacidad de procesar cada violación que se cometa. Dependen enteramente de que, lo mismo que el público respeta las leyes, ya que en ese respeto está basado el sistema, ese mismo público también respete las regulaciones. Si una cantidad suficiente del público (millones de personas) hace eso, además de negarse a pagar los impuestos sobre ingresos, el gobierno federal deja, en efecto, de funcionar. De esa manera, en otras palabras, todos conseguimos liberarnos de ese gobierno abusador y represivo. Solo así se puede lograr.

Pero antes de proseguir, es necesario ofrecer una breve explicación de lo que es ese misterioso "cuarto poder" a que me he referido. No es más que las agencias reguladoras establecidas por el Congreso para ayudar a aplicar las leyes aprobadas por el mismo Congreso. Pero están bajo el control del poder ejecutivo -nominalmente. En realidad, con el tiempo se han convertido en agencias cuasi independientes, con sus propias normas, con supervisión minima ni del Presidente ni del Congreso, y como se verá, con una discreción tan amplia otorgada por las Cortes federales, el poder judicial, que para propósitos prácticos son, de hecho, independientes -un cuarto poder.

Sin embargo, ninguna de estas agencias reguladoras (o administrativas, como también se conocen) está siquiera mencionada en la Constitución. Pero desde hace mucho tiempo, se ha utilizado el Artículo II, Sección 8, para autorizarlas, para que se consideren constitucionales. Hay tres sub-cláusulas en la Sección 8 que se han utilizado no solo para permitir las agencias reguladoras sino muchas otras actividades del gobierno federal que NO se mencionan en la Constitución, y que todavía hoy en día muchos expertos constitucionales consideran que NO están permitidas y que NO son constitucionales.

La sub-cláusula que autoriza las agencias se conoce como la Cláusula de Comercio y dice textualmente que el Congreso tendrá el poder para: "regular el Comercio con naciones extranjeras, entre los varios Estados, y con las Tribus Indias". Las otras dos sub-cláusulas le dan el poder al Congreso para: "recolectar impuestos, pagar las Deudas y suministrar la Defensa común y el Bienestar [Welfare] común de Estados Unidos". Esta sub-clausula permitió todas las medidas que crearían el Estado de Bienestar en el futuro. La tercera le permite al Congreso: "hacer todas las leyes que serán propias y necesarias para llevar a la Ejecución todos los poderes mencionados antes". Por esta última se le ha permitido al Congreso aprobar casi todas las leyes que NO le están permitidas por la Constitución. Se puede ver claramente cómo la Constitución ha sido manipulada por años, en mi opinión, para permitir toda clase de actividades y aprobar todo tipo de leyes que la Constitución NO permite explícitamente.

La primera de estas agencias reguladoras, Interstate Commerce Commission (Comisión Interestatal de Comercio) se creó por el Congreso en 1887 para regular los ferrocarriles, los cuales eventualmente cubrieron todos los estados de la nación. Pero la gran mayoría de estas agencias reguladoras nacieron a principios del siglo 20, en buena parte por el impulso del movimiento Populista y especialmente el movimiento Progresista iniciado por el Presidente Theodore Roosevelt.

La segunda gran agencia en importancia fue la Food and Drug Administration (FDA) (Administración de Alimentos y Drogas) organizada en 1906 durante la administración de T. Roosevelt para regular la pureza de la comida enlatada y algunas de las primeras drogas sintéticas producidas en EEUU. (T. Roosevelt también apoyó el establecimiento de las elecciones primarias durante la campaña electoral de 1912, cuando trataba de conseguir la nominación del Partido Republicano contra su amigo, el Presidente Taft). Bajo la presidencia de Woodrow Wilson (1913-1919) proliferaron más aún, especialmente con la aprobación de la Enmienda 16 a la Constitución (1913) que permitió los impuestos sobre ingresos (income tax), hasta entonces prohibidos por la Constitución, aunque habían sido aplicados por decretos ejecutivos durante la Guerra Civil y hasta finales del siglo 19. Un año después, se creó el Federal Reserve Bank (Banco de la Reserva Federal) en 1914. De esa Enmienda y de esa ley que creó el Banco Central nacieron dos de las más importantes y poderosas agencias reguladoras:

el Internal Revenue Service (IRS) (Servicio de Rentas Internas) y la burocracia que administra el sistema bancario de EEUU, el Federal Reserve Board of Governors (Junta de Gobernadores del Banco de la Reserva Federal). Pero la entrada en la Primera Guerra Mundial de EEUU impidió que el Presidente Wilson creara más agencias reguladoras antes que terminara su segundo período de gobierno.

En las décadas siguientes surgieron algunas otras importantes agencias, pero fue durante la larga presidencia de Franklin Roosevelt, durante la Gran Depresión y la Segunda Guerra Mundial, que estas agencias reguladoras casi explotaron en el gobierno federal. Con el New Deal de Franklin Roosevelt nació el Estado de Bienestar en EEUU, al igual que la burocracia federal y el Superestado Federal que hoy nos gobierna. Con la presidencia de Lyndon Johnson y su Great Society (Gran Sociedad) entre 1965 y 1969, se completó el gran Welfare State en EEUU.

El Cuarto Poder prevalece desde entonces, y hoy en día algunas agencias reguladoras como Environmental Protection Agency (EPA) (Agencia para la Protección del Medioambiente, creada bajo la presidencia de Richard Nixon en 1970) y Ocupational Safety and Health Administration (OSHA), creada también en 1970 en la administración de Nixon, se han convertido en burocracias gigantescas que actúan con impunidad y abusan continuamente de sus poderes, mientras que las Cortes Federales se lo permiten.

El problema -y grave peligro- que representan estas agencias reguladoras completamente fuera de control es que actúan como fiscales, jueces y jurados en sus decisiones arbitrarias y tienen un equipo (no tan grande, afortunadamente) de burócratas represivos que actúan como la policía secreta de cada una de ellas. Además, y esto es lo peor, tienen sus propios tribunales administrativos que toman decisiones casi inapelables, debido a la enorme "discreción" permitida por las Cortes Federales, incluyendo, por supuesto, la Corte Suprema. (Discreción, en este contexto legal, significa que los jueces le permiten a esas agencias que actúen básicamente por su cuenta, extralegalmente, y raramente intervienen en las decisiones que los tribunales administrativos toman).

Hay tres decisiones cruciales de la Corte Suprema que prácticamente garantizan no solo la impunidad de lo que hacen estas agencias reguladoras, sino también hacen prácticamente imposible que sean anuladas o hasta modificadas por la Corte Suprema, ya que eso causaría el desmantelamiento total de TODO el Estado de Bienestar que comenzó con la Ley del Social Security.

La primera decisión, Helvering v. Davis, 1937, decretó que la Ley de Social Security es constitucional; si se anula, todas las leyes "sociales" como Medicare, Medicaid, etc., quedarían invalidadas, algo obviamente imposible. La segunda, National Broadcasting Co. v. United States (1943) le aseguró a las agencias reguladoras, en este caso la Federal Communications Commission, la autoridad para formular casi cualquier regulación de la industria del radio y televisión en EEUU. Es decir, les permitió utilizar la terminología que quisiera la agencia, sin importar que fuera completamente prejuiciada contra la persona o compañía bajo investigación. La tercera, Chevron v. Natural Resources Defense Council (1984) le permitió completamente a las agencias reguladoras interpretar las leyes aprobadas por el Congreso como quisieran. Mientras una ley no promulgara o prohibiera específicamente algo, las agencias reguladoras podían interpretar la terminología en la ley como quisieran, sin interferencia, ni del Congreso, ni de las Cortes.

Carta blanca para, en efecto, legislar. Excepto que el poder de legislar está reservado para el Congreso en la Constitución. Por lo mismo, estas agencias reguladoras son, de hecho, minilegislaturas con poderes casi absolutos y sin responsabilidad hacia nadie, ya que no responden al electorado. Una perversión absoluta de la Constitución.

Toda esta explicación del Cuarto Poder, por breve que haya sido, quizás todavía resulte demasiado complicada para que alguien que no conozca de este asunto lo entienda. Entonces lo mejor es usar un relato verídico para ilustrarlo todo mejor. Pero quiero enfatizar que, aunque lo que sigue es verdad, será muy difícil de creer. Charles Murray, el autor mencionado antes, llama a este relato "La Parábola de los Niños Come-Tierra" y verán por qué.

Resulta que en 1977 Louis Ottati y su suegro, Wellington Goss, de Kingston, New Hampshire, formaron una compañía para reciclar tanques de metal contaminados, arrendando un acre de terreno en un parque industrial de 34 acres dedicado a esta actividad. El material contaminado, después de limpiar y reciclar los tanques, era desechado en latones de basura que, junto con los desperdicios de las demás compañías, se depositaban en un sitio aprobado por la EPA para tal fin. Por tres años, los empresarios prosperaron.

Entonces en 1980, inspectores de la EPA, una de las agencias administrativas-represivas más agresivas en la aplicación de regulaciones para "proteger" el medio ambiente, determinaron que Ottati-Goss, junto con las otras compañías que usaban el sitio donde depositaban el material contaminado, habían permitido que los basureros se filtraran y contaminaran la tierra del sitio de depósito. La EPA limpió el sitio y las compañías compartieron y pagaron los gastos. Pero entonces la EPA determinó que era necesario incinerar la tierra para destruir residuos mínimos de materiales como PBC, benzina y gasolina. El costo de la incineración que le correspondía a Ottati-Goss ascendió a $9.3 billones ($9,300 millones en español), lo cual los empresarios se negaron a pagar por considerarlo innecesario y excesivo. La EPA los demandó, y después de cinco años y miles de dólares en gastos legales, el caso llegó a la Corte Federal de Distrito de New Hampshire, la cual falló a favor de Ottati-Goss.

Pero la EPA apeló el veredicto y cinco años después, en 1990, la Corte de Apelación del Primer Circuito Federal afirmó la decisión a favor de Ottati-Goss, quienes fueron vindicados -pero luego de enormes gastos legales. Mas ahora viene lo mejor, y es necesario citar la opinión de la Corte de Apelación para ilustrar el abuso y la arbitrariedad de estas insolentes agencias reguladoras. Y recuérdese que este caso resultó en una importante victoria para los demandados, lo cual es poco usual, ya que las agencias ganan estos ruinosos (para los demandados) casos en una gran mayoría de las veces. Además que incontables damnificados simplemente NO pueden ni defenderse por falta de recursos y tienen que pagar multas o penalidades injustas a las agencias reguladoras.

Escribió el Juez Stephen Breyer, quien ahora es parte de la Corte Suprema y es uno de los jueces de la minoría "liberal" (de la izquierda): ¿Cuanta seguridad extra compró estos $9.3 billones [impuestos por la EPA a Ottati-Goss]? Las 40,000 páginas del registro legal del caso después de diez años de litigio indicaron (y todas las partes aparentemente lo aceptaron) que, sin el gasto extra [los $9.3 billones] el sitio dispositivo quedó suficientemente limpio para que los niños que jugaban en la tierra del sitio pudieran comer pequeñas cantidades de tierra por 70 días al año sin que les hiciera daño. Incinerar el sitio pudiera haber permitido que los niños comieran tierra por 245 al año sin que les hiciera daño. Pero no habían niños jugando ni comiendo tierra en el sitio, porque se había convertido en un pantano". Debo indicar que el Juez Breyer escribió esta opinión sin, aparentemente, un ápice de ironía ni de burla. Este caso, por supuesto, parece irrisorio -excepto para Ottati y Goss que tuvieron que pagar gastos enormes y litigar por 10 años un caso que nunca meritó ser llevado a corte.

La moraleja es que esta "Parábola" ilustra muy bien lo que son las agencias reguladoras y -mucho peor- de lo que son capaces. Además, repito que este caso resultó en una victoria para los demandados y en que se hiciera justicia. Pero hay incontables casos todos los años que resultan en la ruina, y hasta la cárcel, para miles de empresarios honestos que no han cometido ningún delito. Excepto "violar" (supuestamente) regulaciones innecesarias y en muchos casos simplemente estúpidas, inventadas por burócratas que no tiene otra cosa que hacer sino justificar su existencia. Es por todo esto que las agencias reguladoras, obviamente fuera de control, necesitan ser limitadas para que actúen de una manera sensata, y regresadas a la sensibilidad, para que estos terribles abusos puedan ser eliminados de una vez por todas.

Como debe haber quedado muy claro, el daño que casi un siglo de políticas "progresistas" y el Estado Regulatorio han hecho a Estados Unidos es tal que muy poco se puede hacer ni siquiera eligiendo a un presidente conservador, respaldado por un Congreso también conservador y contando con una Corte Suprema con una mayoría conservadora sólida. Aunque eso se lograra en enero del 2017 (muy dudoso), NO es suficiente para lograr los cambios necesarios para regresar este país a sus orígenes. Claro que con políticas que han sido implementadas y exitosamente probadas tres veces en menos de un siglo (1921-28; 1960-64; 1981-2000), Estados Unidos puede recuperarse y prosperar de nuevo, sobre todo económicamente.

Pero la Corte Suprema NO puede invalidar las decisiones que crearon el Estado de Bienestar sin provocar el caos en toda la sociedad, y el Congreso NO puede aprobar (o derogar) leyes para reparar todo este masivo daño. Lo peor de todo es que ni siquiera podemos confiar en los votantes, no después que eligieron a este presidente dos veces. Por eso debemos recordar las palabras proféticas de Alexis de Tocqueville escritas en 1835 en Democracy in America:

"Una democracia no puede existir como una forma permanente de gobierno. Solo puede existir hasta que los votantes descubran que se pueden votar a si mismos beneficios del Tesoro público. Desde ese momento, la mayoría siempre votará por los candidatos que le prometan los mayores beneficios del Tesoro público, con el resultado que la democracia siempre colapsa por políticas fiscales generosas, siempre seguidas por una dictadura".

Que alguien niegue que a eso hayamos llegado. Por eso es necesaria una Segunda Revolución Americana.

De manera que ya sabemos qué hacer y cómo hacerlo. Ahora es simplemente requerido que millones de ciudadanos estemos dispuestos a actuar. Primero, a crear los organismos legales y suministrar los fondos para defender a los demandados por desobedecer las regulaciones injustas y estúpidas de las agencias administrativas. Segundo, a que la mayor cantidad de ciudadanos comencemos a ignorar la mayor cantidad de regulaciones. Tercero, a que, por millones, nos neguemos a pagar impuestos sobre ingresos. Si hacemos todo esto, lograríamos algo similar a la Estrategia Cloward-Pliven para colapsar el sistema de welfare.

Excepto que nuestra estrategia es para colapsar el sistema legal de los tribunales de las agencias reguladoras. NO para destruir la nación, sino para doblegar al opresivo y gigantesco gobierno federal para que vuelva a lo que los Padres Fundadores inventaron: un gobierno con poderes estrictamente limitados por una Constitución que sea respetada, que proteja las libertades de todos los ciudadanos y que aplique la justicia debidamente. Eso es lo que queremos, y eso lo podemos lograr. En la unión está la fuerza.

Finalmente cabe la pregunta. ¿Es posible aplicar esta "rebelión" de individuos al caso de Cuba? La respuesta es obvia: claro que si. Existe, por supuesto un gran obstáculo. La enorme mayoría del pueblo cubano ha nacido y crecido bajo un sistema que ni siquiera les permite conocer las grandes ideas de la libertad. Por ahí hay que empezar.

Pero para eso ya estamos preparados. ¿Como? Desde septiembre del 2015 un pequeño grupo de colegas que compartimos estas ideas de la libertad fundamos el Instituto 1776. Esta organización sin fines de lucro (non profit) tiene el propósito de enseñar y de informar, especialmente a los jóvenes hispanoamericanos inmigrantes en Estados Unidos, esos grandes valores y principios encapsulados en la Declaración de Independencia y la Constitución de Estados Unidos, promulgadas en 1776 y 1787.

Pero adicionalmente este nuevo año tenemos planeado preparar cursos educativos breves, de media hora de duración cada uno, para enseñarles a los jóvenes cubanos sobre estas ideas, valores y principios de la libertad. Entonces planeamos enviarlos a Cuba en forma de DVDs y flash drives, en grandes cantidades (allá se pueden reproducir por miles; ya se ha hecho), de manera que miles y miles de cubanos aprendan y conozcan lo que les ha sido negado por más de medio siglo. Aunque esto es, por supuesto, algo muy subversivo y peligroso para el régimen, nuestro propósito no es provocar una rebelión violenta ni mucho menos un levantamiento popular. Si eso se llegara a producir, algo sumamente dudoso, bienvenido sería. Pero NO es nuestro propósito. Lo que queremos es, simplemente, informar al pueblo, sobre todo a los jóvenes.

Esa es la única solución: preparar al pueblo cubano para que se pueda enfrentar al futuro y crear un futuro mejor. Así se puede aplicar toda nuestra Segunda Revolución Americana a Cuba. ¿Quien sabe? Como dijo Ronald Reagan en su discurso de despedida, "tratamos de cambiar al país y terminamos cambiando al mundo".

En Cuba también se puede producir una Segunda Revolución, pero esta vez, una verdadera -y duradera- revolución que cambie a nuestro desdichado país para lo mejor y que cree un futuro como el que Cuba se merece.

INMIGRACIÓN Y ENERGÍA: TRES DÉCADAS DE POLÍTICAS DEMENTES Y DESTRUCTIVAS

Estos dos temas se han convertido en las últimas semanas en los mas importantes y consecuentes de la actualidad. Aunque no tienen relación entre si, la tienen en compartir mas de tres décadas de políticas fracasadas del gobierno federal, de parte de ambos partidos y por parte de varios presidentes de distintas filosofías políticas. A Einstein se le atribuye haber descrito la demencia como la repetición del mismo comportamiento esperando un resultado distinto. Eso ha pasado con las políticas sobre la inmigración y la energía por mas de 30 años, por lo cual las califico de dementes. Pero la destrucción que han causado estas ciegas y estúpidas políticas es mucho peor que cuan dementes puedan ser consideradas.

Los casos de la ley estatal aprobada en el estado de Arizona en abril, y el lamentable y catastrófico accidente en un profundo pozo de petróleo en el golfo de México operado por la compañía British Petroleum (BP), también a fines de abril han demostrado ampliamente lo destructivas que pueden ser ciertas políticas "equivocadas" del gobierno federal. Como está escrito en la Biblia (Proverbios 11:29) "aquel que siembra el viento, cosechará el remolino". Ahora estamos cosechando los frutos de las semillas sembradas durante esas décadas perdidas de ideas imprácticas forzadas sobre el pueblo americano por gobiernos ineptos sometidos a presiones de grupos ambientalístas extremos y otros grupos que favorecen la inmigración abierta y la legalización de los millones de inmigrantes ilegales en EU con el único final de ganar votos y de poder cambiar el país de acuerdo con la ideología de la Izquierda Eterna: la supresión de las libertades individuales y la colectivización de la sociedad.

La inmigración primero. Hasta 1965, las leyes de inmigración, las cuales, por cierto, solo comenzaron a aplicarse poco menos de un siglo antes—en 1875, le daban prioridad a los aplicantes mejor calificados para contribuir al beneficio de la sociedad americana. Es decir, los intereses de la nación eran considerados mas importantes que los intereses particulares de cada individuo que deseaba inmigrar a EU. Esto cambió ese año, gracias en buena parte a la intervención—ideológica—del Senador Ted Kennedy de Massachusetts, quien primero insertó el insidioso principio de la "reunificación familiar" en la ley federal como prioridad para la admisión de inmigrantes legales a EU. Hasta 1965, las leyes federales de inmigración incluían también dos elementos críticos para asegurar que los inmigrantes legales no fueran carga pública: necesitaban quienes los patrocinaran y necesitaban una declaración jurada sobre la seguridad de empleo. Solamente de esta forma se podia garantizar que la sociedad no tendría que ocuparse de su sustento. Quizás los familiares o amigos que los patrocinaban y los empleos prometidos no se materializaban al entrar a EU esos aplicantes, pero aún así, no existía ayuda gubernamental a los nuevos inmigrantes y era responsabilidad de ellos, y de ellos nada más, ganarse la vida. Además, como todos los inmigrantes o refugiados políticos que hemos sido acogidos en este gran país sabemos muy bien, los que venimos buscando libertad o trabajo primordialmente venimos por esas razones. Ayudamos a nuestros familiares que quedaron en nuestros países natales desde aquí, y eventualmente todos quisiéramos reunirnos con nuestras familias aquí tambien, pero sabemos que lo primero es convertirnos en buenos ciudadanos de nuestro nuevo hogar. De manera que la "mofificación" de la ley apoyada por Kennedy por razones "humanitarias" de unificar a las familias es, y siempre fué, inválida y nociva. Pero eso abrió las puertas. Mas tarde, con la adopción de mas y mas programas de ayuda federal a los "desvalidos", eso proporcionó un nuevo incentivo a los potenciales inmigrantes. Venir a EU ya no solo garantizaba un buen trabajo y una forma de ganarse la vida digna y honestamente, sino que era un gran "negocio". Estar aquí garantizaba que toda la familia sería acogida eventualmente en el "estado de beneficio" de los nuevos arquitectos sociales de la "Gran Sociedad" creada por el Presidente Lyndon Johnson precisamente en ese año de 1965 en que la ley federal fue modificada para "reunificar" familias como prioridad "social" del gobierno americano.

A través de los años, las leyes federales fueron cambiadas en detalles, pero siempre manteniendo como prioridad la reunificación familiar sobre los intereses nacionales, a la vez que programas de trabajo temporal eran eliminados hasta casi desaparecer. ¿Para que admitir trabajadores temporales si entrar ilegalmente a EU se había convertido en algo tan fácil de lograr? O sea, el mismo gobierno federal, al no aplicar las leyes de inmigración, se había convertido en un cómplice directo de la inmigración ilegal. Naturalmente, todo esto era muy conveniente para los empleadores inescrupulosos que se aprovechaban del *status* de ilegalidad de muchos trabajadores para pagarles sueldos mas bajos. Hasta que en los años 1980s la inmigración ilegal se convirtió por primera vez en un serio problema socio-económico, sobre todo por el aumento en el costo de los programas de ayuda a los pobres, entre los cuales se contaban muchos ilegales y por el bajo nivel en los sueldos de trabajadores manuales, algo que molestaba en extremo a los líderes sindicales. Pero el partido demócrata no se quejaba, ya que la mayoría de los nuevos votantes, sobre todo hispanos, se convertían cada vez mas en sus nuevos "clientes". Y los republicanos tampoco, ya que muchos empresarios republicanos, ganaban mas al pagar menos. ¿Y el bienestar social? Bueno, eso quedaba en segunda plana.

Pero durante la segunda administración del Presidente Reagan, en 1986, se decidió hacer algo para aliviar los problemas que la inmigración illegal seguía ocasionando cada vez severamente. Se decidió otorgar una "anmistía" a todos los inmigrantes ilegales en el país para que pudieran legalizar su permanencia en EU. Pero como *quid pro quo*, es decir, como condición a cambio de la legalización de millones de ilegales en el país (los cuales resultaron ser mas numerosos de lo anticipado y en poco tiempo aumentaron, cuando muchos mas entraron ilegalmente en anticipación de la "amnistía"), en la nueva ley se **exigió** el control (no esa palabrita de moda, "asegurar la frontera") de la frontera. Lo cual NUNCA se cumplió, ya que la ley federal raramente se aplicó. ¿Por qué no? Obviamente por las mismas razones que no se aplicaba antes. Mas votos para los demócratas y mas ganancias para los empresarios republicanos. Y mas problemas para la sociedad Americana. Hasta que llegamos al punto donde nos encontramos. Ahora la gran mayoría del pueblo americano **demanda** la aplicación de las leyes, sobre todo en lo referente al control de la frontera. Por eso se aprobó, abrumadoramente y con el apoyo de mas del 70% de los votantes estatales, la nueva ley en el estado de Arizona. Si el gobierno federal continúa rehusando aplicar la ley, lo cual es su **deber** constitucional, entonces el pueblo del estado de Arizona, con todo derecho, asume esa responsabilidad y deber federal para su propia protección, ya que la criminalidad descontrolada alrededor de la frontera del sector Tucson en el sureste de Arizona, se convirtió en algo insoportable en los últimos meses. Pero también es justo y necesario resolver el problema de los millones de inmigrantes ilegales en EU. Por las razones que sean, la enorme mayoría de esos inmigrantes ilegales ya está aquí, y todos sabemos muy bien que **nunca** serán deportados, no importa lo mucho que un puñado de demagogos vociferen al respecto. Su permanencia en el país **tiene** que ser legalizada. Este país no se puede dar el lujo de convertirse en una sociedad que persigue a quienes vienen aquí a buscar libertad y trabajo. Además, cada día que pasa hay mas peligro que se repita lo que sucedió en California en 1996. Para los que no lo sepan (la enorme mayoría), durante la campaña de reelección del Presidente Clinton, el partido demócrata **registró a mas de dos millones y medio de ilegales como votantes en ese estado**. ¿Resultado? Desde entonces el otrora gran estado de California ha sido totalmente controlado por los demócratas y la sexta economía del mundo en 1996 ha pasado a ser la Grecia de América, poco mas que una miserable "república bananera". No se puede permitir bajo ninguna circunstancia que eso ocurra en el resto del país. Entonces ¿que hacer?

En escritos anteriores he detallado un simple y fácil de adoptar plan para lograr una reforma "comprensiva" de las leyes de inmigración, el cual no repetiré aquí. Pero valga decir que la clave está en sacar la política (o politiquería) de la ecuación. A **todos** los ilegales presentes en el país se les debe otorgar permisos de trabajo **temporales.** Pero como penalidad por haber entrado o permanecido en EU ilegalmente, se les sanciona postergando la posibilidad de obtener la ciudadanía americana por 15 años. Los primeros cinco para obtener la residencia legal, siempre y cuando no tengan antecedents criminales previos y se comporten debidamente. Los próximos 10 años, como penalidad por la violación de las leyes de inmigración, no podrán obtener el codiciado derecho de votar. Con ésto, el incentivo de ambos partidos políticos para "comprar" votos se termina. Entonces, y solo entonces, podemos considerar la adopción de una ley racional y justa. La cual **tiene** que incluir severas penalidades, incluyendo prisión, a los empresarios que continuen ofreciendo empleo a inmigrantes ilegales para obtener mayores ganancias. Y lo mas importante: **tiene** que incluir la construcción, a lo largo de **toda** la frontera con México, de un muro **uniforme de al menos 30 pies de alto y tres de ancho, de bloques de**

concreto, con tres rollos de tres pies de cincunferencia de alambre "concertina", uno del lado mexicano, uno arriba del muro, y uno del lado americano. Solo así (mas otras varias medidas como pequeños aviones *drones*, cámaras cada cierta distancia y mas patrullas de agentes fronterizos), se puede controlar (nunca "asegurar") la frontera. **Quien no acepte estas mínimas condiciones para lograr resolver un serio problema nacional, simplemente, por razones políticas, no quiere, en realidad, resolver el problema.**

Ahora vamos a la energía. Desde 1949, EU produce la misma cantidad de petroleo. Si, lo que leen. En más de 60 años, la producción de petróleo doméstico es la misma que en 1949. ¿Como es posible esto? Por varias razones, pero todas y cada una de ellas, políticas. Aquí en este país hay posiblemente mas reservas de petroleo que bajo las arenas de la península arábica. Pero no es barato extraerlo. Está en el mar, a corrta o larga distancia de las costas del este y oeste y en el golfo de México. A corta distancia de las costas del este y el oeste, por razones políticas, repito, gracias a las presiones de los grupos ambientalístas, hace años los politicos lacayos y cobardes prohibieron la exploración. A larga distancia de las costas, y a mucha mayor profundidad (lo cual, obviamente encarese el costo y aumenta grandemente el riesgo de la exploración y perforación), todavía se permite la extracción de petróleo. Hasta ahora. Veremos que pasa debido a este lamentable accidente del pozo de BP en el golfo. Aunque se debe enfatizar que en mas de 50 años de exploración y perforación en aguas profundas, este es el **primer** accidente que ocurre. De manera que el *record* de seguridad de las compañías petroleras es impresionante. Tambien hay enormes reservas de petróleo bajo las montañas *Rockies* del oeste Americano. Pero esa extracción y conversión es todavía mas costosa. Lo que quiero decir y debe ser obvio, es que el petroleo que viene de Canadá y México (los dos principales proveedores de EU), al igual que el importado de Arabia Saudita, Kuwait, Irak, Nigeria y otros varios paises, algunos de los cuales ahora no son amigos de EU precisamente, es mucho mas barato que el petroleo en reserva en territorio americano. Por consiguiente, por razones **económicas**, es—y ha sido por muchas décadas—mas barato importar petroleo que producirlo aquí. Ahora, por razones **políticas**, debido a que los americanos rehusan terminantemente pagar mas por la gasolina que vorazmente consumen y por la gran cantidad de regulaciones que existen sobre la industria petrolera aquí en EU, no se produce mas petroleo doméstico. ¿Es esto lógico o racional? Claro que no. Pero es la realidad.

Pero hay mas, mucho mas, que decir sobre la casi suicida política energética seguida por gobiernos demócratas y republicanos a través de mas de tres décadas. Mas primero aclaremos que el petróleo, tanto doméstco como importado, solo se utiliza aquí en EU para el transporte y en las industrias petroquímicas, no para producir energía electrica. De manera que la reducción del consumo de petroleo implica una modificación en el comportamiento de los americanos, no solo de consumir menos gasolina, sino de prescindir de cómodos, pero en realidad no necesarios productos como las bolsas plásticas, las botellas de agua omnipresentes en muchos de nosotros todos los dias y en el uso de utensilios plásticos por mera conveniencia. Al parecer, es más fácil producir mas petróleo doméstico que cambiar esos comportamientos, de manera que eso habrá que hacer. Pero antes de ofrecer algunas recomendaciones para tratar de mejorar, sino resolver, la situación actual, consideremos la otra cara de la moneda energética, la producción de electricidad.

El 51% de las plantas generadoras de electricidad en EU utilizan carbón mineral como combustible, el 21% usan energía nuclear y el 17%, gas natural. EU tiene las más grandes reservas de carbón en el mundo. Pero otra vez, gracias a las regulaciones de la industria debido a las presiones de grupos ambientalístas, algunas veces es caro producir electricidad usando carbón. Algunas veces estas regulaciones han sido beneficiosas y el uso del carbón ha sido más eficiente y mas limpio. Pero estos grupos ambientalístas, cuyo principal objetivo es político y muchos de los cuales están completamente penetrados y hasta controlados por antiguos comunistas que "adoptaron" esa causa al desaparecer la "madre patria" comunista en Rusia, quieren que eventualmente el uso del carbón como combustible sea prohibido, lo cual sería ruinoso para EU. Pero eso es precisamente lo que quieren estos grupos: la ruina del país y de su sistema de libre empresa. El gas natural es barato, eficiente, limpio y abundante. ¿Entonces, por qué no utilizarlo más para la producción de energía? (Y por cierto, tambien para el transporte). Otra vez, por razones **políticas.** Hay muchos intereses creados en la industria del carbón y muchos estados que lo producen, con buena influencia en el Congreso. Pero sería costosísimo convertir gran parte de la industria eléctrica del carbón al gas natural. Así que no es factible, pero eso no es problemático, ya que la producción de electricidad usando carbón puede ser económica y limpia utilizando la tecnología que existe. La energía nuclear puede y quizás deba ser aumentada. Hace mas de 20 años que no se construye ninguna planta de energía nuclear en EU, una vez mas gracias a las restricciones y regulaciones adoptadas por presiones de ambientalistas. Sin embargo, hoy en dia la producción de energía nuclear es mucho más cara que en los 1980s. La construcción de nuevas plantas cuesta multimillones y demora muchos años, además que las utilidades están muy limitadas por los reguladores de la industria. Como alternativas, quizás deben ser consideradas. Pero económicamente, con la abundancia de carbón y gas natural en EU, no parecen ser viables. ¿Y las fuentes de energía alterna, tales como solar, viento, biocombustibles, hidráulica? Aquí en EU son enormemente costosas y no particularmente eficientes. Mientras que el precio del petroleo se mantenga a los niveles presentes, **nunca** serán economicamente viables. En el caso del etanol, su uso es probablemente el más demente de todas las dementes políticas energéticas adoptadas por el gobierno federal. El etanol de maíz es extremadamente ineficiente (cuesta mas producirlo que la energía que resulta del producto final), costoso y dislocador de los recursos económicos (hace varios años, el aumento de su producción usando maíz causó una gran alza de los precios de las tortillas en México, uno de los alimentos básicos de la población pobre). Pero los estados productores de maiz en EU recibieron—y reciben—enormes subsidios del gobierno federal. Ergo, leyes fueron aprobadas forzando a las compañías petroleras para incluir el etanol en la gasolina doméstica. ¿Resultado? Un aumento del precio de la gasolina . . . ¡y del maíz! Ergo, mas subsidios para los productores de maíz y mas ganancias para las compañías petroleras. Cortesía del gobierno federal. ¿Es demente o no?

Ahora pasemos a ofrecer algunas soluciones. Factibles o no (y todas lo son), mas racionales que las políticas seguidas por Washinton en más de tres décadas definitivamente SI lo son. Primero el petroleo. Comencemos revelando una de las mas grandes estafas que los demagogos de ambos partidos han perpetrado sobre el pueblo americano: la célebre "independencia energética", la cual principalmente se refiere al petróleo importado. Es simplemente imposible ser "independiente" del petróleo importado. EU no puede producir, ni aunque mañana se levantaran TODAS las restricciones sobre la producción de petroleo doméstico, suficiente petroleo para autoabastecerse. Además, debido a la inter-relación de las economías mundiales, dejar de importar petroleo, aunque se pudiera, no es económicamente factible. EU necesita una infinidad de materias primas básicas no solo para su acostumbrado *standard* de vida, sino para su mera sobrevivencia, que TIENE que importar, ya que aquí ni se producen ni se encuentran. Luego entonces es necesario intercambiar materias primas con otros paises. Además, la políticas de libre comercio económicamente preferibles bajo el sistema de libre empresa las require. Así que dejemos atrás de una vez por todas la tontería—tan destructiva, por falsa—de la "independencia energética". Pero eso no quiere decir que no se **deba** aumentar la producción de petroleo doméstico, ya que mientras menos petróleo haya que importar sobre todo de paises no amigos, mucho mejor. ¿Como? Obvio también, pero políticamente "incorrecto". Y no algo que mucho quieran oir, sobre todo ahora después del accidente del golfo y la contínua calamidad del salidero de petroleo. Sin embargo, las perforaciones a tres millas de las costas son **absolutamente** necesarias para el futuro de este país, al igual que las perforaciones en Alaska. Con las todas las debidas inspecciones de seguridad, pero con mucho menos regulaciones e interferencia del gobierno federal. Ya hemos mencionado el magnífico *record* de seguridad de las compañías petroleras. Si es necesario aplicar regulaciones, que sean aplicadas por los distintos gobiernos estatales de los estados productores de petróleo, tan solo por ser mas eficientes que el gobierno federal. Recuérdese que después de las desregulaciones comenzadas bajo el gobierno del Presidente Carter en 1978-9, sobre todo en las industrias aéreas y financieras, la economía desplegó alas que la mantuvieron floreciente por mas de 20 años a la economía americana. Y lejos de la mitología reciente, fue el **exceso** de regulaciones federales, y no la falta de elllas, lo que mas contribuyó a la reciente catástrofe producida por el colapso de la industria hipotecaria. Y también es **absolutamente** necesario eliminar las restricciones para la construcción de nuevas refinerías de gasolina en EU, las cuáles no se construyen hace dos décadas. Finalmente, fuentes de energía alterna deben ser estimuladas por el gobierno federal. No con subsidios, que son casi siempre perjudiciales, sino ofreciendo algunas oportunidades como la eliminación de impuestos y otorgación de créditos a compañías que se dediquen a explorar estas alternativas, y en casos que resulten en descubrimientos y en innovaciones tecnológicas viables, grandes recompensas pueden y deben ser ofrecidas tambien por el gobierno. Así fue como este país se hizo grande. No regulaciones, sino libertad y estimulación a la energía **mental** de los empresarios. Ese es el futuro. Y SI SE PUEDE, SI HAY LIBERTAD Y VOLUNTAD.

IRÁN, ISRAEL Y LA BOMBA NUCLEAR

La República Islámica de Irán lleva más de una década desarrollando un programa de energía nuclear. Esto no es nuevo, pues bajo el gobierno del Shah Mohammad Reza Pahlavi en los años cincuenta, con ayuda de Estados Unidos, Irán participó en el programa del gobierno americano conocido como Átomos para la Paz. Esto culminó en la apertura del primer reactor nuclear en Irán en 1967 (comprado a EU en 1960).

Después de la revolución islámica que derrocó al Shah y trajo a los ayatollahs (clérigos islámicos de la secta Shia) al poder, el programa fue descontinuado. Durante la guerra contra Irak en los años 1980s, dos viejos reactores fueron reconstruidos con ayuda rusa, y este fue el reinicio del presente programa, que según el gobierno iraní está diseñado para producir energía eléctrica (en un país que tiene las segundas reservas mayores de gas natural y es uno de los principales exportadores de petróleo en el mundo).

En el 2002, el primer reactor atómico abrió en Bushehr. Desde entonces, el mundo está pendiente de las intenciones del régimen, ya que su actual presidente Mahmoud Ahmadinejad anunció hace varios años que el régimen planeaba borrar a Israel del mapa del planeta. Obviamente, a pesar de todas sus negativas, el régimen iraní planea construir un arsenal de bombas nucleares para cumplir la amenaza de aniquilar a Israel y de convertir a Irán en el país dominante del Islam.

Durante la última década, Estados Unidos, como el principal aliado y protector de Israel, y como el país que pretende ser el árbitro político del Medio Oriente y protector de las riquezas petroleras del mundo árabe (y de su otro gran aliado, Arabia Saudita), ha tratado de resolver la amenaza que un Irán nuclear representaría para todo el mundo, no solo el Medio Oriente.

La administración de George W Bush no logró ni controlar a Irán y sus ambiciones nucleares, ni solucionar el conflicto entre Israel y los palestinos (como no lo ha logrado ninguna administración desde 1948, cuando Israel fue fundado). Bush prefirió invadir a Irak, uno de los tres integrantes de lo que llamó el Eje del Mal (junto con Irán y Corea del Norte), buscando destruir las armas de destrucción masiva (incluyendo nucleares) que casi todo el mundo creía que Irak poseía, y terminar con la amenaza de un Irak que ya años antes había invadido a Kuwait y continuaba con sus ambiciones de hegemonía en el área. De paso, se vengó del dictador Saddam Hussein, quien planeó asesinar a su padre en una visita a Kuwait en 1993. Una lástima, pues quizás Bush hijo se equivocó de enemigo y no escogió al peor, Irán, para eliminarlo.

Con la toma de posesión de un nuevo presidente demócrata en el 2009, quien haría retroceder las aguas del mundo a niveles de precalentamiento y salvaría el medio ambiente, entre otras incomprensibles declaraciones que suficientes incautos creyeron para elegirlo, una nueva política fue anunciada. Las relaciones con Irán serían revisadas, y ahora habría una política de "compromisos" (engagement), tal como sería con Cuba y con Rusia (a la nueva relación con Rusia se le llamó "re-calibración" (reset).

Todas las nuevas políticas han sido un fracaso total. Irán ha proseguido con sus planes para desarrollar bombas nucleares y está a punto de lograr su demente sueño. En Cuba todo sigue igual o peor, y Rusia está más cerca que antes de ser otra vez una nación dominante en

Eurasia y su esfera, y un enemigo potencial de EEUU otra vez. Pero la gran amenaza desestabilizadora para el mundo es un Irán con armas nucleares. Y hay un trabajo muy serio que propone una estrategia para terminar -o al menos frenar- con el programa nuclear de Irán.

Irán ha sido un enemigo implacable de Estados Unidos desde 1979, al igual que de Israel. También ha sido el principal promulgador del terrorismo internacional desde entonces, mayormente por su apoyo a grupos como Hamas y Hezbollah, ambos basados en Siria y en Gaza, pero financiados por Irán. Irán ha tratado abiertamente de exportar su revolución islámica shiita a todo el Medio Oriente y, por consiguiente, es temido por casi todos los países árabes del área, los cuales son seguidores de la secta sunnita.

Entre 1980 y 1988, Irán peleó una sangrienta guerra contra Irak en la que perdió más de un millón de sus habitantes, incluyendo millares de niños enviados en las avanzadas de vanguardia contra Irak para penetrar -y ser volados en pedazos- los campos minados entre los dos combatientes. Esta guerra recordó el duelo a muerte entre los dos grandes regimenes totalitarios de la Segunda Guerra Mundial, Alemania y Rusia. Estados Unidos, correctamente en mi opinión, se inclinó hacia Irak y su líder Saddam Hussein, una alternativa menos mala que el Irán fanático del Ayatollah Khomeini.

La guerra terminó como empezó, ni vencedor ni vencido, pero libró por unos años al resto del mundo de las plagas bestiales de ambos regímenes. Con la muerte de Khomeini en 1989, se pensó que Irán tomaría un curso más racional, pero eso no sucedió. Los líderes que surgieron continuaron con las políticas de un islamismo extremo y agresivo. Mucho peor, en los 1990s, comenzaron el presente programa diseñado para producir armas nucleares. Esa amenaza es la que ahora el mundo enfrenta, después de una década perdida en inútiles negociaciones con los hábiles ayatollahs y sus nuevos líderes, Ali Khamenei y el presidente Ahmadinejad.

Admitidamente, hay una buena oposición a intervenir

militarmente en Irán. Las razones de esa oposición son válidas. Sería otra guerra más en el Medio Oriente, exacerbando las tensiones con el Islam. Pudiera provocar ataques terroristas en Estados Unidos y Europa, además de Israel y otros países árabes. Los precios del petróleo aumentarían enormemente, con la gran probabilidad de hundir al mundo en otra tremenda recesión. Y la posibilidad de una Tercera Guerra Mundial no deja de ser descontada por algunos, por ridícula que esta posibilidad parezca.

¿Quién pelearía al lado de Irán contra EU? Nadie. Pero por otro lado, dejar que Irán desarrolle y posea armas nucleares es claramente una opción mucho peor. Un Irán nuclear definitivamente dominaría el Medio Oriente, con las consiguientes consecuencias: aumento del terrorismo internacional; conflicto continuo con Arabia Saudita y sus aliados, los cuales se verían obligados a conseguir armas nucleares también para protegerse de Irán.

Paquistán ya tiene armas nucleares, y es un país muy inestable políticamente. Lo mismo la India, que también tiene armas nucleares, a pesar de ser más estable, pero no quedaría exenta de un conflicto en el área. Turquía probablemente sería la próxima en la carrera armamentista nuclear. La probabilidad de una guerra nuclear entre tantos países enemigos sería alta. Y el precio del petróleo sería mucho menos controlable. En fin, un mundo mucho más peligroso.

Por casi toda la década de los 2000s, se trató de negociar con Irán para que cesara en su intento de producir armas nucleares. Irán, por supuesto, siempre ha negado -y sigue negando- que sus intenciones sean producir armas nucleares. Insiste en que sus propósitos son pacíficos y solo quiere la energía nuclear para producir electricidad, algo claramente falso, debido a sus gigantescas reservas de gas natural y petróleo.

Un grupo de seis países, los cinco miembros del Consejo de Seguridad de la ONU (EEUU, Rusia, China, Gran Bretaña y Francia) más Alemania, trataron por todos los medios de hacer razonar al régimen iraní. Fue inútil. Irán solo estaba interesado en ganar tiempo y continuar su programa nuclear.

Fracasando la diplomacia, se trató de implementar sanciones económicas. Pero solo Estados Unidos estaba dispuesto a aplicar sanciones fuertes, y aún con la concurrencia de los demás países, las sanciones económicas raramente son efectivas.

A fines del 2011, por fin se acordaron sanciones contra el Banco Nacional de Irán, las cuales pudieran parar en seco las exportaciones de petróleo iraní al resto del mundo. En enero de este año, la Unión Europea acordó no importar petróleo de Irán. Ambas decisiones, de haber sido tomadas años atrás, podían haber obligado al régimen iraní a abandonar su programa nuclear. Ahora ya es demasiado tarde.

Además, las sanciones contra el Banco Nacional fueron suspendidas hasta que el presidente decida aplicarlas, y la no importación de petróleo de Irán no comienza hasta julio, si es que se llega a implementar.

No solo eso: el Asesor de Seguridad Nacional James Clapper declaró ante un Comité del Congreso en días pasados que, a pesar de que las sanciones han tenido bastante efecto en la economía de Irán, el régimen sigue adelante con el programa nuclear, el cual NO ha sido afectado por las sanciones.

Ha habido ataques secretos con virus de computadoras, asesinatos de científicos iraníes y algunas explosiones inexplicables en instalaciones nucleares recientemente, pero ya Irán los ha rebasado. Es más, de acuerdo con los últimos reportes de la Agencia Internacional de Energía Atómica, Irán está listo para construir bombas nucleares en cualquier momento, y en los últimos años ha desarrollado más y mejores cohetes capaces de cargar cabezas nucleares y de alcanzar no solo a Israel, sino a gran parte de Europa. En su demencia, el régimen iraní hasta trata de producir cohetes intercontinentales que puedan llegar a Estados Unidos, y hace tiempo está cooperando con Venezuela para tratar de llevar cohetes de alcance intermedio al país suramericano: otra posible crisis como la de 1962 con Cuba.

El domingo 4 de marzo, el presidente Obama pronunció un importante discurso ante la organización AIPAC (American Israeli Political Action Committee) en Washington. Críptica y confusamente, el presidente declaró que su administración había hecho más por la seguridad de Israel que ninguna otra. Además, aseguró a la escéptica audiencia, que "protegía las espaldas de Israel" (I have Israel's back) y que Israel tenía el derecho soberano de tomar cualquier decisión en su defensa. Algo obvio, pero que no obstante en tres años nunca se había declarado. Su discurso fue bien recibido.

El día siguiente, llegó a Estados Unidos Benjamin Netanyahu, primer ministro de Israel, a conferenciar con el presidente. Netanyahu había pronunciado un fuerte discurso en Canadá la noche antes, defendiendo el derecho de Israel de tomar cualquier medida necesaria para evitar que Irán obtuviera armas nucleares. La reunión debe haber sido tensa, aunque cuando aparecieron en público, los dos líderes dieron la impresión de cordialidad. El tema tratado fue obvio: un posible ataque de Israel a Irán.

Esa noche Netanyahu también habló ante AIPAC y se mostró complacido con la conferencia de la mañana, declarando que Israel y Washington compartían opiniones sobre el tema.

Pero al día siguiente, en una conferencia de prensa, el presidente Obama retrocedió de sus declaraciones en apoyo a Israel y acusó a los candidatos republicanos de casualmente alentar a una nueva guerra. El presidente cree firmemente que sus palabras son suficientes tanto para gobernar como para negociar con otros países. Pero las palabras sin acciones que las respalden no sirven para nada, como se ha visto por más de medio siglo en Cuba y por una docena de años en Venezuela.

También, de acuerdo con algunos reportes, en esa reunión habían tratado ampliamente la situación en Siria. Resulta que Siria tiene una gran capacidad en cohetería de mediano alcance, que fácilmente puede hacer mucho daño a Israel, con el cual comparte fronteras. Siria tiene además armas químicas y bacteriológicas con qué armar sus cohetes. Si atacara a Israel conjuntamente con Irán -una posibilidad que no se considera mucho, pero que no puede ser descartada- tal ataque no solo sería devastador, sino casi seguro necesitaría un contra-ataque conjunto de Israel y Estados Unidos a Irán y a Siria.

Debe también recordarse que, de acuerdo a reportes de agencias de espionaje israelí hace años, muchas de las armas de destrucción masiva de Irak -las que nunca aparecieron-fueron secretamente transportadas a Siria días antes de la invasión americana a Irak en el 2003. Siria, entonces, tiene que ser considerada en la ecuación, sobre todo ahora con el caos existente en el país hace meses.

Meses atrás el Secretario de Defensa americano, Leon Panetta, declaró públicamente que Israel atacaría entre abril y junio (después se retractó, pero el daño estaba hecho). Varios altos oficiales militares americanos han visitado a Israel, incluyendo el Jefe de Estado Mayor de las Fuerzas Armadas y el Asesor de Seguridad Nacional. Sus propósitos han sido aconsejar (más bien presionar) a Israel para que siga esperando por las sanciones, evitar por todos los medios que ataque a Irán.

La administración teme las consecuencias de un ataque y ya se ha admitido que son válidas. Pero también teme las consecuencias políticas de un ataque a siete meses de las elecciones presidenciales. Nadie puede predecir como un ataque de Israel a Irán pudiera afectar el resultado de las elecciones, pero el presidente no quiere de ninguna manera correr el riesgo.

Esta semana, dos artículos en The Wall Street Journal han puesto en duda la sinceridad del presidente, y ambos (escritos por Dan Senor el lunes 5 y por Bret Stephens el martes 6) destacan que, en tres años, esta administración, lejos de proteger la seguridad de Israel, ha hecho, más que ninguna otra, todo lo posible por enemistarse con Israel y por presionarlo para que NO ataque a Irán, a la vez que ha apoyado a los palestinos en todas sus reclamaciones contra Israel, hasta el punto de apoyar que se regrese a las fronteras de 1967, antes de la Guerra de los

Seis Días. Ninguna administración americana desde entonces apoyó volver a esas fronteras, porque son, como siempre fueron, imposibles de defender por Israel.

Finalmente, en otro artículo publicado esta semana en la revista The Weekly Standard, el investigador de Hoover Institution y Editor de su revista Policy Review, Tod Lindberg, predice también un próximo ataque a Irán y el inevitable involucramiento de Estados Unidos en tal ataque, aunque no lo apoye. Las consecuencias pudieran ser hasta peores para Estados Unidos en ese caso.

Y ahora, un periódico de Israel, el Diario Maariv, reporta que EU aparentemente le ha ofrecido a Israel sus últimas bombas penetradoras y sus más modernos aviones cisterna para reabastecer aviones de ataque en el aire, a cambio que Israel posponga cualquier ataque hasta después de las elecciones presidenciales de noviembre

De manera que ahora el tema político entra en juego. Cada vez que Estados Unidos ha puesto su política interna sobre sus intereses nacionales, los resultados han sido funestos. Si Israel confía en cualquier promesa podría tener mucho de qué arrepentirse, porque el problema es que de nada servirá arrepentirse cuando el país se encuentre entre cenizas atómicas.

Llegamos entonces al qué hacer. Hay pocas dudas que Israel atacará a Irán. Solo es cuestión de cuando.

¿Es posible que Israel pueda tener éxito en un ataque a las facilidades nucleares de Irán? Si lo es. A continuación se verá como lo puede hacer. El análisis que sigue está basado principalmente en las investigaciones y escritos de cuatro prominentes expertos en el tema: Anthony Cordesman y Edward Luttwak, del Center for Strategic and International Studies de Washington, y los profesores Arthur Herman, historiador y escritor de varios libros sobre diversos temas, ahora afiliado al American Enterprise Institute de Washington y Matthew Kroenig, afiliado al Council on Foreign Relations de Washington. Las opiniones de opositores como Michael Ledeen, afiliado a Foundation for Defense of Democracy, uno de los más prominentes investigadores sobre el tema, y el presente candidato a la nominación presidencial republicana, el Doctor y Congresista Ron Paul, líder libertario y gran oponente a las intervenciones americanas en el Medio Oriente, han sido también debidamente consideradas.

Paul considera, por ejemplo, que Irán tiene derecho a poseer armas nucleares, tal como Rusia y China las tienen y nunca las han usado contra EEUU. Sus críticos responden que los ayatollahs no son seres racionales, sino fanáticos que creen -y esperan- el Armagedón del fin del mundo. Punto válido, para mí. Ledeen mantiene que es mejor tratar de derrocar al régimen iraní apoyando a la oposición interna. Punto muy dudoso y lo cual tomaría mucho tiempo.

Uno de los primeros que propuso un ataque a Irán, aunque por parte de Estados Unidos, fue Luttwak, en un artículo publicado en el Wall Street Journal el 9 de febrero del 2006. Herman publicó otro mucho más influyente artículo en la revista neoconservadora judía Commentary en noviembre del 2006. Cordesman ha publicado varios largos ensayos de cómo atacar a Irán desde el 2009, pero especialmente uno muy detallado en el Wall Street Journal de septiembre 25 del 2009. Kroenig acaba de publicar su trabajo en la edición de enero/febrero de Foreign Affairs. En mi opinión, el mejor de todos estos escritos y argumentos es el de Herman.

En una conferencia sobre Irán en la Universidad de Miami patrocinada por la organización judía Anti Defamation League en el 2007, cuestioné a un profesor experto en el panel (no recuerdo su nombre) sobre este importante artículo. Nadie contestó mi pregunta sobre si lo propuesto por Herman funcionaría. Repetí mi pregunta al Cónsul de Israel en otra conferencia en enero del 2009, ya bajo la nueva administración demócrata. También evadió la pregunta y se mostró optimista sobre mejores relaciones con el nuevo presidente. Ilusiones vanas, como le dije entonces y quizás ahora recuerde.

Herman, secundado ahora por Luttwak, Cordesman (con ciertas

dudas) y Kroenig, propone que un ataque aéreo quirúrgico a las principales instalaciones nucleares de Irán puede tener éxito y no sería necesario más que utilizar un reducido número de aviones en la operación, que pudiera conducirse en un par de noches.

La razón primordial por qué el presidente George W Bush no ordenó tal ataque durante su segundo término (si es que estaba a favor, debido a las guerras en Irak y Afganistán) fue, según Luttwak, que los jefes militares americanos, temiendo que EEUU se involucrara en una tercera guerra, nunca le presentaron al presidente todas las posibles alternativas, sino que solo le ofrecieron un plan masivo de guerra total, el cual Bush, naturalmente, rechazó.

Luttwak mantiene, como lo hizo Herman desde el 2006, pero con datos del momento, que Irán no puede defenderse de tal ataque quirúrgico. Su aviación se encuentra en condiciones deplorables, obsoleta y sin piezas de repuesto; la mitad no puede ni volar. Sus defensas antiaéreas, aún con las nuevas baterías rusas, son inadecuadas contra la tecnología stealth americana y las nuevas bombas guiadas por laser.

El hecho que muchas de las instalaciones nucleares están profundamente enterradas y protegidas por metros de concreto es inconsecuente. Las nuevas bombas penetradoras americanas de 30,000 libras pueden destruir instalaciones protegidas por hasta 200 metros de concreto. Israel tiene estas bombas.

Israel ya ha probado que sus aviones pueden llegar a Irán (en enero del 2003, según Cordesman, tres aviones F-15 de Israel, volaron a Polonia, a 1,600 millas náuticas de distancia, 200 millas más que las instalaciones nucleares de Irán) y regresar, pues además tiene aviones tanques que pueden abastecer a los aviones de ataque en vuelo.

Israel puede también haber desarrollado armas secretas adicionales en estos últimos años, y sus agencias de espionaje conocen bien donde están las más importantes instalaciones nucleares de Irán.

Por supuesto, para Israel solo, la tarea es muy difícil y

complicada, pero todos estos expertos están de acuerdo en que un ataque exitoso es no solo posible, sino probable. Además, ya esto ocurrió en 1986, según lo describe Herman en Commentary, por lo que su argumento me parece irrebatible

Este sería el plan de ataque de Israel. A pesar de que la mayoría de los analistas (casi todos opuestos a un ataque) que comentan sobre el tema creen que Israel necesitaría al menos 100 aviones, la probabilidad es que serían como 50. Israel tiene más de 350 aviones de ataque y nunca ha utilizado todo su potencial. Ya muy pocos recuerdan que en 1967, con un puñado de aviones, la fuerza aérea israelí destruyó -en las pistas de despegue- a casi toda la aviación de Egipto, Siria y Jordania.

Los aviones israelíes atacarían primero que nada las instalaciones de radar y las baterías antiaéreas que protegen los centros nucleares. La red eléctrica probablemente sería el próximo blanco. Posiblemente las refinerías de gasolina del Golfo vendrían después.

Finalmente, los cuatro puntos críticos en el programa nuclear de Irán: las centrífugas alrededor de Natanz; el reactor que produce light water (uno de los componentes integrales de las bombas) cerca de Bushehr; el reactor que produce heavy water en Arak -el mejor protegido y el más importante, ya que produce plutonio, el elemento clave de las bombas nucleares; y las instalaciones más nuevas, las 3,000 centrífugas al sur de Qom.

Probablemente la fuerza aérea israelí no lograría destruir completamente estas instalaciones esenciales, pero aún dañándolas en gran parte atrasaría el programa nuclear de Irán quizás por 10 años. Difícilmente el régimen de los ayatollahs sobreviviría tanto tiempo.

Lo sugerido por Herman ya sucedió, parcialmente, excepto por los bombardeos a las instalaciones nucleares, las cuales no existían entonces. Hacia el final de la guerra entre Irán e Irak en 1987, Irán, en su desesperación, trató de cerrar el Estrecho de Hormuz, como ha amenazado hacer recientemente.

La administración del presidente Reagan reaccionó

decisivamente. Ordenó a la Marina americana organizar convoyes para proteger a los buques-tanques que transportaban petróleo de Arabia Saudita, los Emiratos y Kuwait. Varios barcos iraníes fueron hundidos cuando trataron de impedir el paso de los tanqueros. Brigadas de Marines y Fuerzas Especiales tomaron muchas de las plataformas de petróleo iraníes en el Golfo Pérsico (casi todas las plataformas están en el Golfo), impidiendo la extracción del petróleo por Irán.

Cuando EEUU amenazó con bombardear las pocas refinerías de Irán (pocos saben que Irán, a pesar de su riqueza petrolera, tiene que importar la gran mayoría de su gasolina), los ayatollahs se aconsejaron, cesaron en su intento de cerrar el Estrecho, y poco después la guerra con Irak terminó.

De acuerdo, la Ley de las Consecuencias no Intencionadas indudablemente aplicaría en cualquier ataque de Israel a Irán, y pese a este relativamente optimista análisis, el ataque puede fracasar y todas las terribles consecuencias predichas por Ledeen, Paul y otros prominentes escritores como Fareed Zakaria, de Newsweek, pudieran realizarse.

Sin embargo, lo único cierto es que el precio del petróleo aumentaría enormemente por varias semanas. Pero Arabia Saudita puede fácilmente suplir el petróleo adicional que sea necesario si las exportaciones de Irán son suspendidas, con lo que los precios se estabilizarían prontamente. Y con la situación en Siria, principal aliado de Irán y base de Hezbollah en el Medio Oriente, la amenaza de ataques terroristas en Europa y EEUU se reduce mucho (si esto fuera posible hoy en día).

Irán, ya se ha probado, no puede, aunque quiera, cerrar el Estrecho de Hormuz, de manera que sus opciones son pocas. Puede lanzar algunos cohetes sin carga nuclear contra Israel, en una inútil represalia, pero poco más.

Casi todos los países árabes, desde Arabia Saudita a Jordania, apoyarían en privado un ataque a Irán que frenara el programa nuclear.

Lo mismo Europa, que en su ceguera, por mucho tiempo ha tratado de ignorar el peligro de un Irán nuclear, cuando en definitiva, no es solo Israel quien sería amenazado, y muchos menos Estados Unidos, sino los países europeos, que son los principales importadores del petróleo iraní y que podrían ser alcanzados por cohetes nucleares desde Irán. ¿Rusia y China? Protestas inconsecuentes ante la ONU. Mientras el resto del mundo respiraría con alivio.

Por otro lado, hacer nada ya no es una opción. Israel parece haber tomado la decisión de atacar. No puede hacer otra cosa por necesidades de supervivencia, y ya no parece creer que puede esperar más tiempo.

Inclusive se reportó que cuando Netanyahu llegara a Washington el lunes 5 le pediría al presidente, quien por su cuenta sigue negando que habrá guerra, que Estados Unidos públicamente amenace a Irán con un ataque militar de no cesar en su afán de producir armas nucleares.

Ya sabemos que el presidente no se dejó presionar, pero también es muy dudoso que Netanyahu haya cedido. El presidente pudo advertir a Netanyahu, como se piensa ya lo ha hecho, negar apoyo alguno a Israel de parte de EEUU en caso de un ataque israelí.

Pero Netanyahu simplemente puede haber llegado al convencimiento que a Israel no le queda otra opción que un ataque a Irán, y que no es posible esperar casi otro año más para hacerlo. En mi opinión, este ataque se puede producir, tal como predijo el Secretario Panetta, entre abril y junio. Pronto sabremos.

NEGOCIANDO CON DIABLOS EN IRÁN, RUSIA Y CUBA:

¿SENTIDO COMÚN, REALPOLITIK O APACIGUAMIENTO?

Bueno, después de 20 meses de negociaciones con Irán, la pasada semana el presidente de Estados Unidos anunció con regocijo y su acostumbrada arrogancia que su administración había llegado a un ¿qué? La palabra en inglés es framework, la cual tiene varias traducciones como esquema, estructura o armazón. Supuestamente, se acordó un posible esquema para firmar un posible acuerdo a fines de junio, para evitar que Irán desarrolle armas nucleares. En verdad, se acordó... NADA. Pero como es el tema de mayor actualidad, y como hace días escribí sobre la posibilidad de un ataque de Israel a Irán, este parece ser un momento oportuno para exponer ciertas ideas sobre el arte de la negociación.

Se dice que la política es el arte de lo posible. Pero más bien los resultados políticos de una buena negociación son el arte de lo posible. Idealmente, se debe negociar desde la posición más fuerte posible, porque así todo se facilita; pero no siempre se puede negociar bajo esas condiciones favorables. Por otro lado, negociar bajo condiciones de cierta debilidad y conducir esas negociaciones exitosamente, eso si es arte. De todas maneras, existen ciertos principios para negociar con éxito. Como ha señalado el destacado historiador y escritor español, Dr. César Vidal (doctorados en historia, teología y leyes), quien ahora vive entre nosotros en el sur de la Florida, lo primero y más importante en cualquier negociación es que las dos partes estén dispuestas a lograr algún acuerdo. Es decir, si únicamente una de las partes está interesada en negociar un acuerdo y la otra solo quiere ganar tiempo sin intención alguna de llegar a nada, entonces no tiene sentido ni siquiera comenzar.

Eso es exactamente lo que sucedió, por ejemplo, en los muchos intentos a través de medio siglo de negociar algún acuerdo entre Cuba y Estados Unidos. Las distintas administraciones americanas bajo once presidentes desde 1959 (excepto la de Reagan, que limitó -con éxito- los contactos con Cuba para lograr ciertos acuerdos migratorios favorables a EEUU) han tratado inútilmente de lograr un acercamiento con el régimen castrista. Pero a Cuba nunca le ha interesado tal cosa, ya que la razón de ser del régimen es (y necesita ser) un enfrentamiento continuo contra EEUU. Por consiguiente, como no se puede negociar, ni siquiera dialogar, con alguien que NO está interesado en hacerlo, todos esos intentos han fracasado.

Otro importante principio para negociar exitosamente es tener intenciones claras y bien definidas y metas específicas a lograr, al igual que tener la mejor información posible sobre el adversario. Es obvio que las dos partes no pueden salir airosas, pero es posible que ambas partes logren ciertas metas y queden relativamente complacidas. La paciencia y la perseverancia son de gran importancia, por supuesto, lo mismo que saber cuándo se debe pausar, o hasta abandonar, aunque sea temporalmente, las negociaciones. La ideología debe quedar en segundo plano en cualquier negociación política. Esto no quiere decir que los principios de cada parte no deban definir el marco dentro del cual cada parte negocia, pero siempre se van a presentar situaciones irreconciliables durante una negociación. Entonces hay que mostrar cierta flexibilidad para poder continuar. Sin embargo, hasta cierto límite nada más, ya que principios básicos no pueden ni deben ser comprometidos. Por eso hay que saber también hasta donde se puede llegar y si las posiciones no se pueden conciliar, entonces hay que saber terminar la negociación. Eso también es parte del arte de negociar.

A manera de ilustración, relato un anécdota verdadera de mi padre. A los 27 años, mi padre, Diego Trinidad Valdés, tomó la dirección de la empresa fundada por su padre Diego Trinidad Velasco y su tío Ramón, Trinidad y Hermano, en Ranchuelo, Cuba, en 1905. Al principio fue una fábrica de tabacos hechos a mano (los dos hermanos eran enrolladores), pero desde 1921 se convirtió en una fábrica de cigarrillos que eventualmente fue la mayor de Cuba. Era una empresa millonaria, y mi padre nunca recibió mucha educación formal, aunque tenía experiencia práctica trabajando en la fábrica desde los 16 años. También, por varias razones que no son pertinentes, el sindicato de trabajadores de Trinidad y Hermano siempre estuvo controlado por los comunistas, siendo Ranchuelo uno de los tres grandes centros comunistas en Cuba junto con Manzanillo y Yaguajay.

En la primera reunión de mi padre con los líderes comunistas del sindicato, estos presentaron una lista de diez demandas a considerar. Mi padre, quien se consideraba un hombre justo -y lo fue- al revisarla decidió que tres de ellas eran aceptables y serían concedidas. Pero las otras siete las rechazó categóricamente. ¿Que sucedió? Terminó, al cabo de unas horas, concediendo dos más de las restantes, aunque se había prometido que solo concedería las primeras tres. Pero aprendió la lección para el resto de su vida: siempre, desde ese momento, rechazó todas las demandas inicialmente. Aprendió el arte de negociar y nunca lo olvidó.

Fue, desde entonces, un gran negociador, hasta el punto que las relaciones laborales entre la administración y el sindicato fueron relativamente cordiales hasta 1959; la empresa pagaba los mejores sueldos en Cuba; y algunos "logros" sociales aprobados como ley por el gobierno nacional, como las 40 horas de trabajo semanal, Trinidad y Hermano las había concedido mucho antes (es más, los obreros trabajaban 40 horas y cobraban por 48). Además, fue la primera empresa en Cuba que concedió a los trabajadores la participación en las utilidades. La anécdota es importante, como se verá más adelante, por el enorme contraste con la posición negociadora de la presente administración.

Muchos piensan que Estados Unidos no ha producido buenos negociadores y diplomáticos en su historia. Esto es falso. En realidad EEUU ha producido grandes diplomáticos y algunas de las negociaciones que estos han realizado han sido magistrales y han traído grandes beneficios a la nación. Para comenzar, antes de ser una nación independiente, Benjamin Franklin negoció -siempre en condiciones de inferioridad-exitosamente con Francia, primero una gran ayuda financiera, y segundo, el reconocimiento de los Estados Unidos como beligerante en su guerra de independencia contra Gran Bretaña. Esto condujo a una alianza formal entre Francia y EEUU (cuando entonces eran Estados independientes unidos en una Confederación gobernada por el Congreso Continental) que eventualmente resultó en la independencia americana. Franklin además negoció, junto con John Adams, Henry Laurens y John Jay, el Tratado de París, el cual logró la independencia de EEUU bajo condiciones enormemente favorables a la nueva nación. Otra vez, bajo condiciones de relativa debilidad en comparación con Gran Bretaña, la nación más poderosa del mundo en 1783.

Para no ahondar mucho en la historia de la diplomacia americana, se pueden mencionar tres casos adicionales que produjeron casi increíbles éxitos diplomáticos. Primero, la compra del territorio de la Louisiana a Francia en 1803, durante la presidencia de Thomas Jefferson. Francia estaba gobernada por Napoleón Bonaparte y estaba involucrada en una cruenta guerra en Haití, colonia francesa rebelada y luchando también por su independencia. Pero Francia era, comparativamente, la segunda potencia mundial, mientras que EEUU era una pequeña y pobre nueva república, la primera y la única en aquel mundo gobernado por reyes absolutos. Sin embargo, los diplomáticos americanos Robert Livingston y James Monroe condujeron una negociación que dobló el territorio americano (el territorio comprado alcanzaba 828,000 millas cuadradas) por 50 millones de francos, equivalentes a $11'250,000 USD y la cancelación de las deudas de EEUU a Francia como resultado de la Guerra de Independencia Americana, otros 18 millones de francos ($3'700,000 USD). Ajustado por inflación en dólares del 2014, EEUU pagó a Francia el equivalente a $236'000,000 USD, o 42 centavos por cada acre del gigantesco territorio.

El segundo episodio fue la formulación de la declaración conocida como Doctrina de Monroe porque se enunció durante la primera administración del Presidente James Monroe en 1823. Pero su verdadero autor fue el Secretario de Estado John Quincy Adams, quizás el mejor de todos los diplomáticos americanos en la historia. El Secretario de Asuntos Externos británico George Canning (otro gran diplomático en su tiempo) propuso al Presidente Monroe que la declaración se hiciera conjuntamente con Gran Bretaña, pero Adams convenció a Monroe que él la hiciera solo para mayor efecto, como resultó ser. Una advertencia a las potencias europeas de que no se atrevieran a intervenir (más bien a tratar de recolonizar sus colonias perdidas en Suramérica, en el caso de España, pero Francia presentaba peligro también), la Doctrina fue enormemente exitosa por largo tiempo, ya que de hecho evitó alguna intervención europea en este continente hasta que Francia, aprovechando la Guerra Civil en EEUU, invadió a México en 1862. Monroe y Adams lograron que la Marina británica, la más poderosa del mundo, sirviera para "garantizar" la aplicación de la Doctrina. EEUU ganó todo a cambio de nada, pues Gran Bretaña ni fue mencionada en el documento. Un tremendo triunfo diplomático americano negociando casi sin cartas con la más poderosa de las naciones europeas.

El tercero episodio fue la compra de Alaska a Rusia en 1867. Bajo la administración del Presidente Andrew Johnson, sucesor del asesinado Abraham Lincoln poco después de terminada la sangrienta Guerra Civil americana, las negociaciones fueron conducidas en Washington directamente por el Secretario de Estado William Seward. Rusia era gobernada por el Zar Alexander II y aunque temía la posibilidad de que Gran Bretaña se apoderara del enorme, poco poblado y peor defendido territorio, como nación era más importante y poderosa que EEUU, que estaba casi arruinado después de la Guerra Civil. Pero una vez más, la hábil diplomacia de Seward resultó en la adquisición de un territorio de 586,421 millas cuadradas, el doble del Estado de Texas, a un costo de $7'200,000 USD. Aunque la compra fue ridiculizada como la Tontería de Seward (Seward's Folly), 30 años más tarde se descubrió oro en el Yukón y Alaska se pagó a si misma 50 veces. Además, EEUU se libró de un potencial enemigo -Rusia- en el norte del continente americano. En 1968 se descubrieron grandes yacimientos de petróleo en Alaska, que por un tiempo produjeron 2.2 millones de barriles de petróleo diarios a la economía de EEUU. Alaska todavía tiene reservas casi seguras de un trillón (en inglés) de barriles de petróleo (1'000,000,000) y más de 6 trillones cúbicos de gas natural. ¡No fue tan grande la Tontería de Seward!

Pero en el siglo 20 la diplomacia americana no ha sido remotamente tan exitosa. Después de la Primera Guerra Mundial el Presidente Woodrow Wilson fracasó rotundamente, primero en negociar condiciones favorables con los líderes europeos aliados, sobre todo Gran Bretaña y Francia, que resultaron en el terrible Tratado de Versalles. Segundo, fracasó también en lograr la ratificación del Senado americano del Tratado de Versalles (por su gran culpa y torpeza al no incluir a líderes republicanos en las negociaciones en París). Es de notar que EEUU bajo Wilson en 1919 era ya la nación más poderosa y más rica del mundo, pero Wilson desperdició esas ventajas y el resultado de su diplomacia personal ha sido fuertemente condenado por muchos historiadores. En este caso, negociar con fortaleza sirvió de nada.

Pero Wilson, por otro lado, basando su "diplomacia" (si es que se le puede llamar tal cosa a su manera de negociar) en principios morales, cambió radicalmente la diplomacia americana y hasta le dio su nombre a ese tipo de negociación basado en la moralidad y en el involucramiento en Europa: "Wilsonianismo". También es conocida esta "diplomacia" como internacionalismo, más que nada como contraste a la diplomacia tradicional de evitar mezclarse en Europa y sus luchas internas. Los internacionalistas, quienes dominaron la diplomacia americana durante casi todo el siglo 20, se refieren a la diplomacia tradicional practicada por casi todas las administraciones americanas desde George Washington en 1788 como "aislacionismo", lo cual por supuesto no es ni nunca fue. Ni siquiera durante los años 1920s, cuando EEUU básicamente se dedicó a disfrutar la gran prosperidad interna producida por políticas que enfatizaban la libertad individual y empresarial, mientras sus diplomáticos no se ocupaban mucho de los problemas en el resto del mundo, se puede decir que esa diplomacia era aislacionista. Simplemente NO era intervencionista, lo cual es muy distinto.

Hasta entonces, la diplomacia americana se había basado, primero en el mensaje de despedida del Presidente George Washington en 1796 (mejor formulado años después precisamente por John Quincy Adams). EEUU no debía inmiscuirse en los asuntos de Europa y debía evitar todo tipo de alianzas y de compromisos con otras naciones. La nueva república americana sería siempre el gran modelo para el resto del mundo, pero su liderazgo y su influencia serían solo el ejemplo y nada más.

Hacia fines del siglo 19, con EEUU convertido en una gran y poderosa nación, sobre todo económicamente, cambió su diplomacia en algo, basándola en lo que se conoció más tarde como Diplomacia del

Dólar. Es decir, relaciones principalmente comerciales e inversiones privadas en otros países, lo cual le daba al gobierno, potencialmente, una gran influencia, donde los grandes capitales americanos a veces llegaban a dominar pequeñas naciones, sobre todo en Centro y Sur América. Pero EEUU todavía evitaba involucrarse en los asuntos de naciones extranjeras.

La presidencia de Theodore Roosevelt y la Guerra Hispano-Americana en Cuba y las Filipinas cambió eso para siempre. Primero, bajo la administración del Presidente William McKinley, de la cual Theodore Roosevelt era Vice Presidente, EEUU le declaró la guerra a España en 1898, invadió colonias españolas en Cuba, Filipinas y Puerto Rico (donde permanece hasta el presente) y gobernó Filipinas como colonia hasta 1946, peleando adicionalmente una sangrienta guerra contra los independentistas filipinos.

Solo a Cuba se le otorgó la independencia en 1902. Varios años después, Roosevelt, ya presidente desde el asesinato de McKinley en 1901, intervino en Panamá para lograr construir el Canal cuando Colombia, de la cual Panamá era una provincia en 1903, exigió dinero adicional para la construcción del Canal. EEUU bloqueó las costas panameñas con algunos destroyers para evitar que Colombia sofocara una "rebelión" artificialmente creada en Panamá. El gobierno de Roosevelt reconoció diplomáticamente la independencia de la nueva nación de Panamá y el Canal se construyó finalmente en 1914.

Roosevelt "modificó" la Doctrina de Monroe con lo que se conoció como el Corolario a la Doctrina. Esa nueva Declaración básicamente permitía a EEUU intervenir en el Caribe por casi cualquier razón. Nada en el Derecho Internacional permitía esto. Excepto el poder militar y económico de EEUU, el cual utilizó para intervenir en varios países como República Dominicana, Haití, Cuba, Nicaragua y México (bajo Wilson varias veces). Por otro lado, el Corolario sirvió para disuadir a varias potencias europeas de posibles intromisiones en el Caribe, notablemente en Venezuela, donde por no pagar sus deudas a

Gran Bretaña y Alemania, estas naciones cañonearon a La Guaira y amenazaron con intervenir. EEUU utilizó hábilmente una mezcla de diplomacia con poderío naval y se evitaron conflictos. Pero la diplomacia idealista de Washington y John Quincy Adams había quedado atrás. Para siempre.

En el resto del siglo 20, la diplomacia americana fue internacionalista, intervencionista, y después de 1945, estuvo dedicada a contener el expansionismo soviético. Pero esta diplomacia de "contención" (inventada por el funcionario George Kennan y su famoso "cable largo" desde Moscú en 1947, que proponía "contener" las políticas agresivas y expansivas de Stalin) fue defensiva y reactiva. Hasta la administración de Ronald Reagan en 1981.

Años después, finalizando la Segunda Guerra Mundial, el entonces Presidente americano Franklin Roosevelt condujo pésimas negociaciones con el dictador soviético Iosif Stalin que resultaron, después de las reuniones en Teherán y en Yalta, en la dominación por la Unión Soviética de Europa Oriental, incluyendo Polonia, país por cuya independencia se desató la guerra en primer lugar. Es verdad que en Yalta el Ejército Rojo controlaba casi todo el territorio europeo donde el comunismo fue implantado. Pero EEUU y Gran Bretaña todavía tenían un poderío militar, y sobre todo económico, que permitía negociar con ciertas ventajas.

Además, en Teherán dos años antes, en 1943, las tropas soviéticas no controlaban ni la mitad del territorio que dominaban en 1945 cuando Yalta. Los aliados tenían una posición mucho más fuerte y ventajosa, pero una vez más, el Presidente Roosevelt, empecinado en conducir las negociaciones personalmente (ya estaba muy enfermo, además) y convencido de que haciendo concesiones innecesarias a Stalin conseguiría una mejor relación futura con el dictador soviético, logró resultados muy desfavorables para EEUU. La penetración comunista tanto en el gobierno de Roosevelt como en los equipos diplomáticos que negociaron en Teherán y Yalta fue muy grande y produjo nefastas consecuencias. Pero aún así, con buenos negociadores se podían haber logrado mucho mejores resultados.

Desde la administración del Presidente Truman hasta 1981, EEUU contó con diplomáticos bastante mediocres y las negociaciones importantes básicamente fueron con la Unión Soviética para tratar de limitar las armas nucleares. Sin embargo, hubo una serie de graves errores en el intervalo, entre los cuales quizás el peor fue el del Secretario de Estado Dean Acheson en 1950, cuando en un discurso dejó fuera gratuitamente a Corea del Sur de lo que llamó el "perímetro defensivo" de EEUU. Muchos historiadores consideran que esta torpe declaración animó al dictador comunista de Corea del Norte Kim Il-sung y a su patrocinador soviético Stalin, para invadir Corea del Sur y provocar una cruenta guerra que duró tres años, costó la muerte de más de 36,000 soldados americanos (y casi 180,000 soldados aliados), y terminó como comenzó: status quo ante.

Pero fue la primera guerra peleada por EEUU que no resultó en una clara victoria. Pasaría casi medio siglo antes que las fuerzas militares americanas ganaran otra guerra.

Durante la administración de John Kennedy, se produjo otra desastrosa negociación para terminar y resolver de una forma pacífica la Crisis de los Cohetes en Cuba en octubre de 1962. La verdad es que la Crisis ni terminó en octubre de 1962, ni se "resolvió" de ninguna manera por la negociación entre el equipo diplomático del Presidente Kennedy y el soviético bajo Nikita Khrushchev, aunque solo se produjo la muerte del piloto americano Rudolph Anderson cuando el avión espía U-2 que volaba sobre Cuba fue derribado por un cohete SAM de tierra a aire el 27 de octubre de 1962, un día antes que la Crisis "terminara".

El resultado de la "negociación" fue el retiro de los cohetes nucleares soviéticos de Cuba, a cambio del retiro de cohetes Júpiter americanos de bases en Turquía (aunque eso no se reveló por varios meses por razones políticas), el levantamiento de la "cuarentena" naval (en realidad un bloqueo, acto de guerra ante el Derecho Internacional) y económica que EEUU había impuesto contra Cuba para forzar el retiro de los cohetes soviéticos el 22 de octubre, y lo más importante: una promesa de EEUU de no invadir a Cuba para derrocar el régimen de Fidel Castro. Esa vaga promesa de no invadir quedó nula poco después del "final" de la Crisis cuando no se cumplió la condición de inspeccionar en Cuba el retiro de todos los cohetes (Castro no lo permitió), pero de eso nadie se enteró. Aunque no hubo ningún acuerdo legal, la promesa de EEUU de no invadir a Cuba se ha mantenido desde entonces.

No solo eso, sino que la Marina americana (y la británica) han evitado también desde entonces algún ataque a Cuba por fuerzas anticastristas, de hecho protegiendo al régimen dictatorial en el poder en Cuba desde 1959. En 1970 se modificó el "entendimiento" entre Kennedy y Khrushchev por escrito, añadiendo la prohibición de submarinos nucleares soviéticos en Cuba, pero garantizando formalmente que EEUU no invadiría a Cuba. El acuerdo nunca se ha publicado y se desconoce si otras condiciones fueron incluidas. Una vez más, EEUU, con una superioridad militar abrumadora sobre la Unión Soviética en 1962, al parecer concedió mucho a cambio de muy poco. Ese ha sido, lamentablemente, el modus operandi de la diplomacia americana excepto durante la administración del Presidente Ronald Reagan entre 1981 y 1989.

El diplomático más prominente del último medio siglo en EEUU ha sido indudablemente Henry Kissinger. Kissinger se hizo famoso, por supuesto, con las negociaciones que resultaron en una "apertura" y eventual restablecimiento de relaciones diplomáticas con China comunista en 1972. Kissinger, además, formuló una nueva diplomacia americana basada no en principios morales ni en idealismo, sino en lo que se conoce como Realpolitik.

Aunque la verdad es que Kissinger es infinitamente mejor como historiador de la diplomacia que como diplomático y negociador en la práctica. En primer lugar, Mao Zedond y Chou Enlai fueron los que iniciaron los contactos y no Kissinger. Segundo, cuando Kissinger visitó Pekín secretamente en julio de 1971 para preparar el encuentro entre Mao y Nixon, le ofreció una serie de concesiones importantes a Mao a cambio de nada, incluyendo el abandono diplomático de Taiwán y reconocimiento de China comunista, además de ayuda económica y de revelar secretos estratégicos americanos, especialmente ciertas conversaciones con la Unión Soviética concernientes a China. Kissinger hasta prometió -a cambio de nada, hay que repetir- abandonar a Vietnam unilateralmente si no se conseguía un acuerdo con el Norte, y retirar las tropas americanas de Corea. Tercero, las minutas de las conversaciones entre los líderes chinos por un lado y Kissinger y el Presidente Richard Nixon por el otro, NO fueron inicialmente traducidas al inglés literalmente. Esto se hizo a propósito, para no mostrar la pobre actuación americana. Las minutas en chino fueron traducidas años después por los autores de la mejor biografía de Mao (The Unknown Story of Mao, de Jung Chang y Jon Halliday) en el 2005. En esas minutas, las que revelan la verdad, tanto Nixon como Kissinger salen muy mal parados.

Ahora se sabe por qué no fueron bien traducidas al inglés. Los negociadores americanos muestran una actitud servil y sumisa ante los chinos. Desesperados por lograr un buen resultado, hicieron concesiones completamente innecesarias. No conocían (pero los buenos diplomáticos y negociadores deben estar bien informados siempre) las condiciones precarias de la economía china, y no sabían que eran los chinos los que estaban desesperados por simplemente lograr un acercamiento y nada más. Mao continuamente menospreció a Kissinger ante Nixon (quien posiblemente lo disfrutó) y rehusó entrar en discusiones detalladas con ninguno de los dos americanos. Pero sobre todo Chou Enlai, quien ya estaba enfermo de cáncer, jugó sus cartas menos valiosas con una habilidad tal, que consiguió mucho más que lo que sus posibilidades merecían, gracias a la mala actuación por parte de Nixon y Kissinger.

El resultado de estas negociaciones ha pasado a la historia como un gran triunfo para EEUU y personalmente para Nixon y Kissinger. En definitiva, se puede decir que Kissinger consiguió en buena parte su cometido: lograr un contrapeso en las relaciones entre EEUU y la Unión Soviética y posicionar a China como un tercer jugador en el ajedrez geopolítico de la era. En ese sentido, sus negociaciones fueron exitosas. Pero como negociador, su actuación deja mucho que desear. Hacer concesiones innecesarias y unilaterales a cambio de nada no es negociar, es simplemente conceder y claudicar. La opinión de los que conocen mejor esas negociaciones de hace 53 años es que EEUU podía haber logrado muchas, muchas más ventajas, a cambio de muchas menos concesiones.

La actuación de Kissinger en las negociaciones que pusieron fin (temporalmente) a la larga guerra en Vietnam y trajeron a miles de tropas americanas y cientos de prisioneros de regreso a EEUU, fue mucho mejor. Si valió un Premio Nobel de la Paz (junto con el vietnamés Le Duc Tho) a Kissinger en 1973 es debatible, porque aunque Kissinger negoció más hábilmente, el resultado final no fue favorable ni para EEUU ni mucho menos para la República de Vietnam del Sur. Dos años después, las tropas comunistas del Viet Cong conquistaron a Vietnam del Sur después de casi 30 años de lucha.

Claro que lo negociado por Kissinger (los Acuerdos NO fueron ratificados por el Senado americano) en París en 1973 en buena parte no fue apoyado por el Congreso y muchos de los acuerdos fueron violados por Vietnam del Norte. Kissinger utilizó todas las ventajas americanas, incluyendo no solo el poderío militar y económico de EEUU, sino amenazas directas al régimen comunista de Vietnam del Norte de bombardear Hanoi y minar el puerto de Haiphong, por donde llegaban todos los suministros rusos al Norte, para lograr que los comunistas vietnameses se sentaran a negociar y luego accedieran a verdaderos acuerdos capaces de ser verificados. Pero reconociendo la mejor actuación de Kissinger, el resultado de las negociaciones tiene que ser considerado como un fracaso por lo sucedido en 1975. Además, el juicio de la historia es que EEUU, de hecho, perdió la guerra (aunque así no fuera), la primera vez que esto sucedió en la historia americana.

El peor legado de Kissinger, sin embargo, fue algo mucho más funesto, y nada tiene que ver ni con China ni con Vietnam. Fue la nueva política que inició hacia la Unión Soviética, conocida como détente. Es una palabra francesa que significa, literalmente, relajamiento, especialmente de las tensiones entre naciones. En el caso de las relaciones de EEUU con la URSS, esto significó algo muy diferente a lo que Kissinger prometía y como esa nueva política era percibida por el público americano. Kissinger, según el Almirante Elmo Zumwalt, Jefe de Operaciones de la Marina bajo el Presidente Nixon en 1970, se había convencido que EEUU era una nación en decadencia y que el triunfo de la URSS era inevitable, por lo que su deber debía ser conseguir las mejores condiciones mientras la historia corría su curso.

Kissinger siempre negó esto, pero hay evidencia independiente de que esos eran sus sentimientos. Por esa razón, para Kissinger su concepto de la política de détente era casi teológico. Su concepto no solo era de un relajamiento de tensiones con la URSS, sino que se había convencido de que un acercamiento con los soviéticos a base de relaciones comerciales casi ilimitadas, incluyendo el compartir los adelantos tecnológicos americanos, crearía una dependencia en la URSS que eventualmente transformaría y moderaría su agresividad y sus tendencias expansionistas, ganando así más tiempo para la supervivencia de Occidente.

Pero ese enfáticamente NO era el concepto de Ronald Reagan, quien en el 1976 estuvo muy cerca de ganarle la nominación republicana al Presidente Gerald Ford, precisamente por sus diferencias sobre la política de détente. Para Reagan, según su primer Asesor de Seguridad Nacional Richard Allen, a quien se lo confesó en una conversación privada en 1977 poco después de la elección de Jimmy Carter como presidente en 1976, su teoría de la Guerra Fría era esta:

"Nosotros ganamos y ellos pierden". Reagan sabía que muchos de sus críticos lo consideraban "simplista", pero para él, de hecho SÍ habían respuestas simples para problemas complejos, y su concepto de las relaciones con los soviéticos era una de esas respuestas simples.

La diplomacia americana durante su administración tuvo un cambio dramático. No más détente tipo Kissinger, no más contención tipo Kennan. En su lugar, la política de su administración sería de firmeza y claridad moral, respaldada por un establecimiento militar fuerte y una economía próspera. De esa manera, Reagan planeaba derrotar a la URSS y terminar la Guerra Fría. Su equipo de diplomáticos, que incluía muchos demócratas desilusionados, negoció brillantemente para no solo limitar, sino eventualmente eliminar las armas nucleares y para conseguir el final de la Guerra Fría.

Pero antes, fue necesario poner en orden la economía de EEUU y reconstruir el poderío militar americano. Además, tomó un nuevo líder del otro lado, de la URSS, que estuviera verdadera y honestamente interesado en negociar acuerdos mutuos. Ese fue Mikhail Gorbachev, quien asumió el poder en 1985.

Reagan resistió todas las presiones para una reunión cumbre hasta que las condiciones adecuadas estuvieran presentes. Cuando Gorbachev se convenció que Reagan estaba dedicado a ganar la carrera armamentista y a llevar a la bancarrota a la URSS si trataba de competir, sobre todo después que propuso el programa de la llamada Iniciativa Estratégica de Defensa en 1983, Gorbachev negoció de buena fe y lo más importante: decidió permitir las inspecciones en territorio soviético para garantizar la eliminación de las armas nucleares que se había acordado entre los diplomáticos de ambas naciones. Solo así se lograron acuerdos verificables, solo así se llegaron a eliminar miles de armas nucleares. Solo así se terminó la Guerra Fría, ya que Gorbachev, en su afán de reestructurar y reformar el sistema comunista en la Unión Soviética, terminó, irónicamente, provocando su destrucción final.

Todo esto nos trae al presente y a la diplomacia de la

administración en el poder en Washington desde el 2009. Pero antes, es necesario hacer un breve recuento de la formación del Presidente Barack Obama. Eso en sí explica mucho, aunque no todo, lo sucedido en política externa americana en los seis años pasados. Primeramente, desde muy joven, el niño, quien había sido abandonado por su padre africano (nacido en Kenya) y quien vivía con sus abuelos maternos en Hawai, creció bajo una influencia tremenda del comunista Frank Marshall Davis, íntimo amigo de su abuelo Stanley Dunham. Dunham llevaba al niño a visitar a Davis casi todos los días desde 1970, cuando Barack tenía solo nueve años, hasta que se fue a estudiar a Occidental College en California en 1979. Como bien se sabe, esa edad en un niño es la más susceptible, y las largas conversaciones entre los tres tenían un gran contenido ideológico, es decir, comunista, ya que Davis era miembro del Partido desde 1946 (carnet #47544).

En sus años universitarios, primero en Occidental, luego en la Universidad de Columbia en New York, y finalmente en Harvard, donde se graduó de abogado en 1991, el futuro presidente continuamente, por su propia admisión, se reunió con los elementos más radicales, especialmente negros americanos y muchos estudiantes extranjeros "anti-imperialistas". Su trayectoria académica nunca se ha revelado, ni siquiera sus calificaciones. Cuando se mudó a Chicago poco después, fue lecturer (conferencista) en Derecho Constitucional en la Universidad de Chicago. Este es el cargo más inferior en una institución universitaria y de ninguna manera se puede describir su posición como la de profesor, además de que el curso que enseñaba era de clases de 45 minutos una vez a la semana.

Dos años más tarde, en 1993, comenzó su trabajo como Organizador Comunitario en Chicago, y su aprendizaje de las doctrinas de Saul Alinsky. Alinsky, un sociólogo reconocido como el fundador del movimiento de organizaciones comunitarias y escritor de dos libros ultra radicales, Reveille for Radicals (1946) y Rules for Radicals (1971), se consideraba demasiado independiente para ser miembro del Partido

Comunista, al que consideraba "irrelevante", pero necesario como aliado para lograr sus propósitos. No es necesario describir su filosofía política, porque más bien sus "reglas" para radicales son tácticas para desestabilizar la sociedad y para crear nuevas organizaciones sociales. Solo que estas no son quimeras ni utopías, sino que pueden ser logradas y de hecho, algunas han sido logradas desde el 2009. Curiosamente, aunque el presidente nunca lo conoció personalmente, Alinsky SÍ conoció al sucesor de la maquinaria de Al Capone en los años 1930s en Chicago, Frank Nitti. Alinsky fue amigo de Nitti y trabajó para el gangster por un tiempo, considerando que la sociedad capitalista era la culpable del crimen organizado y de la criminalidad en general. Como buen hombre de la izquierda, Alinsky no creía en la responsabilidad individual.

Barack conoció a su futura esposa Michelle Robinson cuando los dos trabajaban en la firma legal Sidley Austin en Chicago, caracterizada por defender a los elementos más radicales de Chicago. Los dos fueron casados en la Iglesia Trinity United Church of Christ por el Pastor Jeremiah Wright, quien también bautizó a sus dos hijas. Wright es un virulento anti-americanista y exponente de la Teología de Liberación, una semi-religión marxistoide inventada por el sacerdote renegado peruano Gustavo Gutiérrez en los años 1950s. El matrimonio fue miembro de la Iglesia Trinity por más de veinte años, durante los cuales, aunque el presidente lo ha negado, deben haber escuchado las prédicas antiamericanas de Wright y su intenso odio racial. Para completar su formación ultrarradical, el presidente viajó a Kenya en busca de sus "raíces" en 1988, donde lloró desconsoladamente frente a la tumba de su padre (según su propio libro), un economista marxista fracasado, casado con tres mujeres a la vez y abusador de sus esposas e hijos, quien murió en un accidente automovilístico en 1982 cuando conducía en un estado de ebriedad total.

Pero su hijo y futuro presidente aprendió el odio extremo de su padre contra el colonialismo, y por ende, hacia Estados Unidos, a pesar de que estudió en este país con una beca concedida por la administración del Presidente Kennedy. A su regreso a Chicago, Barack decidió que una carrera política era mejor que ser organizador comunitario, y anunció sus planes desde la casa del antiguo terrorista Bill Ayres y su esposa Bernardine Dorhn, quienes fueron acusados de cometer serios crímenes violentos en el pasado, incluyendo la colocación de bombas y la participación en asesinatos de policías. Pero el presidente, aunque conoció al matrimonio por varios años y compartió con Ayres en las juntas directivas de varias fundaciones izquierdistas en Chicago, siempre ha dicho que solo eran amigos casuales y que cuando el matrimonio fue acusado de terrorismo, él era un niño.

Esa es, entonces, la formación educativa y cultural del presidente de Estados Unidos, y aunque todo esto es muy conocido, fue electo presidente dos veces y la enorme cantidad de sus seguidores simplemente no le dan mucha importancia a su radicalismo extremo. Pero su formación y sus relaciones radicales en el pasado no son suficientes para explicar la política externa de su administración, la cual es una desviación total de toda la diplomacia americana en la historia. Tanto durante la campaña para conseguir la nominación del Partido Demócrata como durante la campaña presidencial, el Senador Obama anunció su intención de abrir nuevos caminos en política externa, incluyendo reunirse y conversar, incondicionalmente, con enemigos de EEUU como el Ayatollah Khamenei de Irán y los presidentes Raúl Castro de Cuba y Hugo Chávez de Venezuela.

Fue ridiculizado por Hillary Clinton y luego por el candidato republicano John McCain por estas intenciones, pero a los votantes aparentemente no les importó. Una vez siendo presidente, lo anunciado se hizo realidad, aunque primero el nuevo presidente se lanzó en una gira de disculpas por medio mundo, especialmente el mundo islámico, por las terribles políticas de previos presidentes, no solo George Bush hijo, que tanto daño le habían hecho al resto del planeta. De paso anunció un reset (reinicio) en la política americana hacia Rusia, lo cual significaría cambios drásticos en las políticas de cuatro presidentes anteriores, incluyendo uno de su Partido, Bill Clinton.

Pero ahora se conoce bien la razón teórica de la nueva diplomacia del presidente. Veamos. Resulta que desde probablemente al menos el 2008, el futuro presidente conoció a un profesor de la Universidad de Georgetown llamado Richard Kupchan, quien había sido miembro de la Consejo Nacional de Seguridad (NSC) durante de la administración del Presidente Clinton. Kupchan se convirtió en asesor del Senador Obama desde la campaña del 2008 y ahora también es miembro del NSC como Director de Asuntos Europeos del Consejo.

En el 2010, Kupchan publicó un libro titulado How Enemies Become Friends: The Sources of Stable Peace (Como los Enemigos se convierten en Amigos: Las Bases de una Paz Estable). Las teorías que propone el profesor forman la base de toda la política externa de esta administración, desde sus intentos de un reset con Rusia a su nueva apertura hacia Cuba y, sobre todo, a las negociaciones con Irán para evitar que la República Islámica adquiera armas nucleares.

¿Que propone el libro de Kupchan? Como mejor lo resumió Carlos Alberto Montaner en su artículo del 12 de abril, los enemigos se convierten en amigos haciéndoles grandes concesiones unilaterales, no exigiendo ni esperando nada a cambio, cancelando toda conducta hostil, o que siquiera se pueda percibir como tal, y no tratando bajo ningún concepto, de cambiar la naturaleza de esos gobiernos adversarios. Vale la pena citar como Montaner continua: "Es el entierro de la tradicional lógica diplomática que prescribe zanahorias para los amigos y aliados, palos para los enemigos y nada para los indiferentes. Es el fin de la diplomacia activa, desarrollada tras la terminación de la Segunda Guerra, encaminada a tratar de convertir al mundo en un lugar pacífico y próspero, dominado por regímenes democráticos en el que se respeten la economía de mercado, los derechos humanos y las libertades". Como se puede ver claramente, el presidente ha seguido las teorías del profesor Kupchan al pie de la letra en la manera que ha desarrollado toda su política externa. Y como titula Montaner su artículo, este es "El Gurú de Obama y un mundo sin cabeza". Exactamente.

Por cierto, es muy recomendable leer todo el artículo de Carlos Alberto Montaner para entender todavía mejor lo que este cambio drástico, este rompimiento completo con la diplomacia americana tradicional, ya sea idealista, aislacionista o internacionalista, representa para EEUU y para el resto del mundo. Las consecuencias ya son malas -y pueden ser aún peores de lo que pocos se imaginan. Reparar el daño, si es enteramente posible hacerlo después de que esta administración deje el poder, será muy difícil.

También es importante leer otro artículo que me enteró a mí (y a Montaner cuando le pasé la información hace unos días) de la existencia de este profesor y de su libro que ha sido la Nueva Biblia y el Plano de Construcción del presidente en la conducta de su política externa. Escrito por el también profesor de la Universidad de Georgetown y Director de Política del Jewish Policy Center Gabriel Scheinmann y titulado A Blueprint for Failure: How enemies become friends - and vice versa (Un Proyecto para el Fracaso: Como los enemigos se hacen amigos - y viceversa), Scheinmann ilustra como el presidente ha seguido las instrucciones de Kupchan en Rusia, en Irán, en Cuba, en China, en Siria, en Israel. En fin, como el gran desastre que ha sido la política externa de la administración desde el 2009 se ha basado en el libro de Kupchan y el daño enorme que estas disparatadas políticas han causado a EEUU y al mundo.

Ahora por fin es necesario regresar al título de este trabajo, que ha resultado mucho más largo de lo originalmente planeado. Es decir, cómo la manera de negociar del presidente, basada en todo lo que ya hemos descrito, ha afectado las relaciones de EEUU específicamente con Rusia, con Irán y con Cuba.

Primero Rusia. Indudablemente que de las tres opciones que describimos para empezar, o sea, el sentido común, el realismo político y el apaciguamiento, podemos y debemos descartar de entrada el sentido común. No porque el presidente y sus asesores carezcan de el. Todo lo contrario, y esto es todavía peor: todos saben bien lo que es de sentido común. Pero todos lo ignoran en aras de la ideología radical y de las teorías para gobernar -como las sugeridas por el profesor Kupchan- que guían a esta administración. Entonces ¿podemos decir que con Rusia al menos se ha tratado de realpolitik? En realidad. no. Porque de entrada el presidente venía con ideas preconcebidas que él (y su Secretaria de Estado Hillary Clinton) tenían de como transformar la política de EEUU hacia Rusia: el así llamado reset (reinicio).

¿Que significó esta nueva manera de negociar con Rusia y que se hizo, en definitiva? Básicamente, ya que la Hoja de Información de la Casa Blanca sobre esta nueva política, este "fresco comienzo", como se le llamó también, tiene varias páginas, casi todas de propaganda, lo primero y más importante del "reinicio" en las relaciones de EEUU con Rusia fue la cancelación de los planes de colocar radares y cohetes de medio alcance en los países aliados de la OTAN Polonia y Checoslovaquia, negociados durante la administración de George Bush hijo, principalmente para proteger a Europa de cualquier ataque de Irán, incluyendo un posible ataque nuclear.

Cuando se negoció este acuerdo, Irán ya contaba con cohetes de medio alcance que podían llegar a toda Europa, pero no a EEUU. Esto se hizo casi al principio del nuevo presidente tomar posesión de su cargo y se hizo unilateralmente, a cambio de nada. Recuerden a Kupchan cuando nadie lo conocía y su libro aún no se había publicado (pero sus ideas ya eran bien conocidas por el presidente). La idea detrás de la nueva política, además, aunque sea difícil de creer, era regresar las relaciones entre las dos naciones a la "normalidad", a como eran antes que el Presidente Bush hijo lo cambiara todo con sus políticas agresivas y confrontacionales. Esto, para el presidente y sus asesores, era regresar al realismo político, reconociendo la geopolítica del 2009. Es decir, culpar a Bush -una vez más- y adoptar políticas "serias" y universalmente aceptables. Después de todo, EEUU había quedado aislado gracias a las políticas "unilaterales" del Presidente Bush desde el 2001, incluyendo las dos desastrosas invasiones y guerras en Afganistán y en Irak. Al menos así lo veían los nuevos expertos seguidores de las ideas demenciales de Richard Kupchan.

Algunas otras medidas también se tomaron, como un acuerdo -completamente desventajoso para EEUU- de reducir ciertas armas nucleares adicionales. Hay que reconocer también que como parte de toda el reinicio de las relaciones, Rusia acordó cooperar en las sanciones por fin impuestas al régimen de Irán por su continua negación a frenar su programa para producir armas nucleares. Pero en general el tono de las relaciones, aunque al parecer mejoró un poco, pronto se enfrió de mala manera cuando Rusia invadió Crimea en febrero del 2014. En los años intervalos, ya se habían desmejorado mucho las relaciones de todas maneras, pero las políticas expansionistas de Vladimir Putin en Ucrania dieron al traste con el nuevo "reinicio" con Rusia. Putin simplemente se aprovechó de la debilidad mostrada por la administración, no solo en Ucrania, sino por ejemplo, en Siria, cuando el presidente anunció la famosa "línea roja" que el dictador sirio Assad no podría cruzar si utilizaba armas químicas en la guerra civil que llevaba andando desde el 2011. Para luego hacer… NADA.

Pero a pesar que el reinicio en las relaciones con Rusia ha sido un fracaso, muchos conocedores de la historia de Rusia consideran que el líder ruso Vladimir Putin tiene buenas razones para la política que ha desarrollado, sobre todo desde que regresó a la presidencia de Rusia en una elección generalmente considerada fraudulenta en el 2012.

Estos expertos, que no se pueden desechar sin consideraciones, piensan que hay razones históricas que explican la paranoia, el temor, en fin, la inseguridad del pueblo ruso, debido a las muchas veces que su territorio ha sido invadido desde siglos atrás. Son razones válidas y no solo por las más conocidas invasiones de Francia bajo Napoleón en 1812, de Alemania (Prusia en sí) en la Primera Guerra Mundial, y

Alemania otra vez bajo Hitler en 1941. Pero antes de estas tres, hubo muchas otras de enemigos tradicionales en su Occidente, como Polonia, Lituania y Ucrania, en el Sur, como Turquía, y en el Lejano Este, como China y Japón.

Existe, además, un período terrible conocido en Rusia como smuta (Tiempo de Problemas, en ruso) a principios del siglo 17, poco después de la muerte del gran Zar Iván IV (el Terrible). Iván dejó dos hijos, quienes murieron 12 años después sin herederos. El cuñado de uno de ellos, Boris Godunov, fue ascendido al trono, pero con su reino comenzó un tiempo de caos y catástrofes naturales inigualado en la larga historia de Rusia. Las cosechas fracasaron por malos tiempos, sequías, nieve en el verano. Enormes hambrunas devastaron a Rusia, mientras que el país fue invadido en el norte por Suecia, en el oeste por Polonia, y desde el sur vinieron los Tártaros de Crimea. Rusia estuvo cerca de desaparecer como nación, hasta que al final de 14 años de calamidades, surgió un nuevo zar, Mikhail, el primero de la dinastía Romanov. Rusia sobrevivió, pero la memoria de smuta perdura.

De manera que la historia de Rusia y la memoria colectiva de los rusos ofrecen bases que explican el carácter del pueblo y su idiosincrasia. Sin embargo, todo eso sucedió hace mucho tiempo, y en este siglo 21 nada ni nadie representa ninguna amenaza para Rusia.

¿Por qué entonces Vladimir Putin ha logrado convencer a Rusia que debe protegerse de enemigos imaginados y que debe tratar de regresar a los tiempos del antiguo imperio de los zares? Rusia pasó por tiempos difíciles después de la caída del comunismo, y Putin, un ex coronel de la KGB en San Petersburgo, un burócrata represivo, pero con una gran visión geopolítica, ha podido llenar esa aparente necesidad en el carácter ruso. Ha sido ayudado por una década de precios altísimos del petróleo, la mayor fuente de ingresos del país, y debido a la ceguera de Europa, Rusia ha podido convertirse en el proveedor casi único de gas natural para algunos países como los Bálticos, Alemania, Hungría y Rumania.

El Presidente Reagan trató de evitar esta dependencia, pero desde que dejó el poder y desde el fin de la Unión Soviética y del comunismo, Europa consideró que la nueva Rusia se convertiría en un país normal. Europa se equivocó y ahora está pagando las consecuencias.

Pero nada de esto excusa el comportamiento de Putin y sus políticas agresivas y expansionistas. Los que quieren defenderlas a base de explicaciones históricas son simplemente apologistas de Putin. La diplomacia de esta administración hacia Rusia, el célebre reset, ha sido un fracaso y de ninguna manera se puede describir como realpolitik.

Como ya eliminamos la posibilidad de que la política hacia Rusia sea de sentido común, y tampoco puede ser descrita como una de realismo, solo queda la política de apaciguamiento. Pero ni eso es.

Este presidente quiso soñar y la realidad lo despertó. Ahora no es capaz de reaccionar y solo puede contemporizar y esperar a que suceda lo mejor. Lo único que puede salvar sus políticas hacia Rusia es la caída del precio del petróleo y las pocas sanciones que se han logrado aplicar junto con algunos países europeos. Pero no existe la voluntad para aplicar las medidas necesarias.

La demografía de Rusia la condena a una lenta decadencia, y bajo una nueva administración en Washington que se le enfrente, y que sobre todo logre exportar gas natural a Europa, Rusia no tendrá otro remedio que aceptar su destino de ser una potencia de segunda clase por el resto del siglo. Pocos recordarán a Putin y al presidente que soñó con reiniciar las relaciones con Rusia. La gran ironía es que buscando una relación más cercana con Rusia, en verdad buscando rehacer la relación que supuestamente había sido tan dañada durante la administración del Presidente Bush hijo, este presidente, empeñado en una nueva política de reset, pero que ahora sabemos estaba basada en las ideas demenciales del profesor Kupchan, terminó casi destruyendo la relación entre Rusia y EEUU.

La situación con Irán es bastante diferente -y mucho peor. Como mencionamos al principio, 20 meses de negociaciones con Irán, a pesar de las declaraciones triunfales del presidente hace unos días, no han producido resultado alguno.

El Secretario de Estado John Kerry, ex Senador por Massachussets y ex candidato presidencial en el 2004, ha sido el principal negociador por EEUU. Por parte de Irán, con la larga tradición persa en negociar hábilmente con amigos y enemigos, el Ministro de Relaciones Exteriores Javad Zarif ha estado a cargo.

Kerry tuvo su primera experiencia "diplomática" negociando con miembros secretos del Viet Cong en París al principio de la década de los 1970s, mientras Henry Kissinger negociaba con los miembros de la delegación oficial del Viet Cong y de Viet Nam del Norte. Algunos de sus compatriotas consideraron los contactos de Kerry con el Viet Cong poco menos que una traición a EEUU, aunque no tuvieron éxito.

Tiempo después, Kerry, ya como Senador, y acompañado por otro Senador todavía más radical, Tom Harkin, de Iowa, "negoció" (sin que nadie se lo pidiera) un "acuerdo" con el ya dictador de Nicaragua Daniel Ortega en 1985. Al regresar a EEUU, los dos Senadores mostraron orgullosamente unas hojas de papel que según los dos representaban la aceptación por Ortega de la Democracia en Nicaragua.

Casi al mismo tiempo, Daniel Ortega estaba en Moscú firmando un acuerdo de ayuda mutua con Rusia. En los últimos meses, ahora como Secretario de Estado americano (fue la segunda selección del presidente, quien prefería a Susan Rice, la cual no podría ser confirmada por el Senado debido a sus mentiras después del ataque terrorista al Consulado americano en Benghazi en el 2012), Kerry trató por meses de revivir las negociaciones entre Israel y las organizaciones palestinas. Un fracaso total al cual nadie prestó atención.

Con esas credenciales, no se debía esperar mucho de Kerry, y así ha resultado. Pero hay graves problemas con el esquema o pre-acuerdo que supuestamente se firmará con Irán a fines de junio. Primero, nadie sabe siquiera qué se preacordó en París -ni lo sabremos nunca. Pero lo que sabemos es que hay dos versiones diametralmente opuestas entre la ofrecida por el presidente y la anunciada por el Ministro Zarif. La de Irán, confirmada el fin de semana de abril 10 por el líder de la República Islámica, Ayatola Khamenei, es que EEUU ha mentido sobre lo preacordado en París; que los americanos no son de confiar; que las sanciones contra Irán -contrario a lo anunciado por Kerry y por el Presidente-tienen que ser eliminadas el mismo día que se firme el acuerdo; y que de ninguna manera Irán permitirá inspecciones en sus instalaciones militares. NUNCA. Irán permitirá inspecciones en lugares preacordados (y bien conocidos), pero solo voluntariamente.

¿Entonces qué? Se puede pensar que estas declaraciones invalidan cualquier cosa preacordada en París. ¿O no? Según voceros del Departamento de Estado, claro que no. ¿Como es posible? Muy fácil. El Ayatola hace esas declaraciones para consumo doméstico, para contentar a los "duros" (aunque Khamenei ES el duro) en el régimen iraní. Es decir, Khamenei miente. Pero el presidente y Kerry dicen la verdad. No hay problema alguno, todo sigue en pie, y a fines de junio tendremos un gran acuerdo que traerá la Paz Mundial. Como se puede ver claramente, los gobernantes de EEUU viven en un mundo de fantasía. No hay, ni nunca habrá, ningún acuerdo con Irán que pueda ser verificado, que se pueda comprobar.

Pero eso sí, las sanciones internacionales impuestas por la ONU terminarán, porque un acuerdo será firmado, aunque EEUU no sea parte. Ya el 14 de abril Rusia anunció que entregaría cohetes avanzados de superficie-aire (SAMs) a Irán, rompiendo filas con el embargo de la ONU. La venta de estos SAM-300 se hizo en el 2010, pero fue aplazada. Ahora, no solo se entregarán, sino que la Agencia Reuters anunció que forma parte de un acuerdo de $20 billones entre Irán y Rusia que también incluye petróleo y gas natural.

Rusia adicionalmente se ha comprometido a construir dos reactores nucleares en Irán. También China, que ya compra la mayor parte del petróleo que Irán exporta -legalmente y en el mercado negro importado de contrabando por mar- está negociando para construir otros tres reactores nucleares, además de suplir a Irán con metales y químicos prohibidos por el embargo de la ONU, incluyendo uranio. Es decir, ya de hecho Irán está consiguiendo su principal objetivo: eliminar las sanciones internacionales. Empresas europeas están preparadas para comerciar con Irán inmediatamente que un acuerdo se firme. Irán está preparado para rehabilitar su industria petrolera y continuar exportando petróleo. No hay nada que el Presidente pueda hacer al respecto, a pesar de las nuevas y humillantes condiciones que se vio obligado a aceptar en abril 15 por el Senado americano. Antes de firmar cualquier acuerdo, está obligado a presentar todos los detalles, incluyendo cualquier acuerdo secreto, ante el Senado. Pero firme o no EEUU algún acuerdo a fines de junio, las sanciones de la ONU serán levantadas.

La importancia que tiene para Irán otra vez poder comerciar abiertamente con el mundo y lograr importar tecnología hasta ahora prohibida (desde hace casi cinco años, en realidad) es crucial. Por esa razón, Irán abrió las negociaciones con EEUU y el llamado grupo de cinco más uno (EEUU, China, Rusia, Francia, Gran Bretaña y Alemania) hace 20 meses. La economía de Irán estaba devastada, sobre todo por las sanciones bancarias y financieras impuestas por el Departamento del Tesoro de EEUU. En ese preciso momento, cuando Irán se encontraba en su peor situación, el presidente de EEUU decidió acudir en su ayuda.

Quizás algunos lectores se hayan preguntado, como yo mismo lo he hecho por buen tiempo, cómo es posible que una nación grande, rica y poderosa como Irán, que además cuenta con una población relativamente bien educada, no ha podido desarrollar armas nucleares cuando otras más pobres y con menos recursos, como Pakistán y Corea de Norte, Sí lo han logrado.

Hoy, abril 17, el presidente una vez más concedió algo a Irán que por meses -hace solo dos semanas- prometió que nunca haría. Respondiendo a las nuevas demandas del Ayatola Khamenei del pasado sábado 10 de abril de que las sanciones tienen que ser eliminadas el mismo día que se firme un acuerdo, el presidente sugirió que para que Khamenei pudiera cumplir lo prometido a su pueblo y para lograr un acuerdo, EEUU puede considerar levantar las sanciones ese mismo día. Hace una semana, los voceros de la Casa Blanca y Departamento de Estado dijeron que la posición del presidente y del Secretario Kerry era la correcta y Khamenei mentía. Hoy el presidente parece conceder que Khamenei decía la verdad. El acuerdo será firmado con las nuevas concesiones que Irán demanda. Lo que haga el Senado, ya veremos. Pero para el presidente, su legado histórico es más importante que la seguridad nacional y que Irán consiga armas nucleares

De acuerdo con un informativo artículo de Lee Smith publicado en The Weekly Standard (marzo 30, 2015), Iranian Vulnerability, la explicación está en la infraestructura de Irán y en su atraso tecnológico. Corea del Norte pudo construir armas nucleares por la ayuda de Rusia y de China, además de dedicar casi todo su PIB al proyecto, sin importar que murieran millones de coreanos de hambre. Pakistán lo logró de una manera más fácil: comprando la tecnología en EEUU y Europa. Corea del Norte estaba exenta de sanciones de Occidente pudiendo contar con Rusia Y China. Pakistán, nación supuestamente aliada de EEUU, no tenía restricciones para comprar la tecnología necesaria en el mercado abierto. Contaba además con un genio, su gran físico nuclear A. Q. Khan, quien coordinó magistralmente las compras de la tecnología para la construcción de armas nucleares sin que las naciones occidentales, incluyendo EEUU, se percataran hasta que fue demasiado tarde.

Esta es la obsesión y la desesperación de Irán en lograr que se levanten las sanciones internacionales. Solo de esa manera puede tener acceso a la tecnología nuclear. Solo de esa manera se puede recuperar económicamente para preparar la infraestructura que apoye la construcción de armas nucleares.

¿Por qué entonces este presidente ha desperdiciado las ventajas que tenía hace 20 meses, cuando Irán, obligado por su crisis económica por las sanciones internacionales y la caída del precio del petróleo, fue obligado a negociar? Una sola razón: Buscando su legado histórico, un acuerdo y acercamiento con Irán, algo que cinco presidentes anteriores trataron y no lograron.

No existe aquí una negociación guiada por el sentido común. El presidente sabe bien, por sentido común, que Irán fue obligado a negociar por las sanciones. Pero ahora niega que mantener las sanciones sea útil. Hay que suspenderlas y aceptar un acuerdo que de nada sirve, ya que no se puede aplicar y deja a Irán listo para producir armas nucleares cuando el Ayatola Khamenei quiera. Es ilógico, es irracional, carece de sentido común. Pero es su legado. Caso cerrado.

Por fin llegamos a Cuba y a las negociaciones que también se han sostenido entre diplomáticos americanos y cubanos por 20 meses. Este es el caso más curioso de todos. Con Cuba también se ha tratado de aplicar las teorías de Kupchan, pero contrario a Irán y a Rusia, donde se puede decir que EEUU ha recibido ALGO, por poco que sea, a cambio de todas las concesiones unilaterales recomendadas por el profesor y último mentor del presidente, con Cuba no se ha conseguido NADA a cambio. ¿Que valor tiene para EEUU -para los intereses americanos- una mejor relación con Cuba? Absolutamente ninguno.

Algunos pueden decir que un acercamiento con Cuba representa una gran mejora en las relaciones con Latinoamérica y el Caribe, evidenciado por la recién terminada "Cumbre" en Panamá. ¿Pero que logró EEUU en Panamá? NADA. ¿Como se mejoraron las relaciones con el resto de América por la "histórica" conversación entre el presidente y Raúl Castro (al menos no se produjo el esperado fraternal abrazo) en esa reunión? De ninguna manera. ¿De que sirvió todo el esperado espectáculo en Panamá? Sirvió como ocasión para tomar buenas fotografías (históricas, recuerden), y sirvió, sobre todo, para hablar, para dialogar, la actividad preferida por el presidente.

Concretamente, EEUU ha concedido a Cuba lo que más anhelan los dictadores: legitimidad. Las negociaciones prometen el restablecimiento de relaciones diplomáticas entre los dos países después de más de medio siglo. En abril 14 se anunció que Cuba sería retirada de la lista de países terroristas (después de 45 días), de manera que pronto también anunciará la reapertura de las embajadas.

Queda un problema: el Congreso no aprobará a ningún embajador, ni tampoco los fondos para operar la embajada en La Habana. En abril 15 se anunció que Cuba y EEUU están negociando sobre los terroristas internacionales refugiados en Cuba. De manera que se está demostrando que hay "progreso" en las negociaciones.

EEUU ha hecho también al menos dos valiosas concesiones. Primero, permitirá a compañías americanas de telecomunicaciones (en cuanto existan las condiciones, especialmente las relaciones bancarias) hacer negocios en la isla. Si Cuba lo consiente; ya veremos. Segundo, permitirá a miles de turistas americanos viajar a Cuba, lo que ya está sucediendo. Hay ciertas limitaciones, pero esas se relajarán cada día más, hasta que ni se apliquen. Tercero, y de mucha mayor importancia, ha permitido un aumento de las remesas a Cuba de $500 a $2000 trimestralmente Esto significa que cada cubano en la isla puede potencialmente recibir $ 8,000 al año.

Se sabe bien que cada cubano no recibirá esa cantidad. Pero muchos recibirán una ayuda comparativamente mayor. Eso, como he escrito antes, puede en sí revolucionar la economía de Cuba y transformar más que ninguna otra política la situación interna en la isla.

De manera que las concesiones de EEUU a Cuba han sido significativas, mientras que Cuba ha liberado a un rehén político y a un espía que nadie conoce ni recuerda. Pero EEUU también liberó los tres presos que faltaban, tres criminales convictos, mejor dicho, tres espías, incluyendo uno acusado de conspiración para asesinar a varios ciudadanos americanos.

¿Que más? Nada más. Quizás en el futuro próximo se relajen un poco más las regulaciones y algunas empresas americanas puedan hacer algunos negocios menores con funcionarios cubanos -recuérdese que en Cuba no existe la propiedad privada y casi todas las empresas están controladas por los altos militares de régimen.

De hecho, algunos cubanos del sur de la Florida casi seguramente realizarán cierta actividad comercial con la isla. Pero ¿que ventajas trae algo de eso a EEUU, cómo beneficia los intereses americanos, sobre todo del gobierno de EEUU?

De ninguna manera. ¿Entonces para qué esta nueva política de acercamiento con Cuba? Obviamente, como con Irán, porque es un legado histórico del presidente, porque ÉL logró lo que once previos presidentes no pudieron.

Además, con Cuba, al parecer, se pueden vindicar las teorías del profesor Kupchan. Concesiones unilaterales, a cambio de nada.

Aunque no en realidad. Después de todo, el propósito de la teoría del profesor está diseñado para convertir enemigos en amigos.

Eso nunca se logrará mientras los Castro vivan.

EL ACUERDO CON IRÁN: EXPLICACIÓN Y CRÍTICA

Por fin consiguió el Presidente de Estados Unidos su segundo gran legado: un acuerdo con la República Islámica de Irán para supuestamente evitar que Irán posea bombas nucleares. El primer gran legado fue el "acercamiento" con Cuba, el cual se consumó el 20 de julio con la apertura de embajadas en La Habana y en Washington respectivamente. Pero el acuerdo con Irán es mucho más "trascendental" que un acercamiento con Cuba. Esa es la clave para el Nuevo Orden Mundial que el presidente quiere crear, especialmente en el Medio Oriente. Pero antes de pasar a explicar lo que hasta ahora se conoce del acuerdo firmado con Irán el pasado martes 14 de julio, es necesario ofrecer un breve sumario del proceso que culminó con el acuerdo firmado hace unos días.

EXPLICACIÓN DEL ACUERDO

Irán originalmente firmó el Tratado de No Proliferación de Armas Nucleares en 1967 y ratificó un acuerdo suplementario en 1974 que permitió las inspecciones en su territorio. Durante la administración del Presidente Eisenhower, EEUU proclamó el programa de "Atomos para la Paz" y bajo ese programa, Irán recibió un reactor nuclear en 1967 (conjuntamente con Israel y Paquistán), pero no fue hasta el final de la guerra entre Irán e Irak en 1988 que Irán probablemente primero consideró la adquisición o desarrollo de armas nucleares por primera vez. Sin embargo, las sanciones económicas comenzaron mucho antes, como resultado de la revolución de 1979 que derrocó al régimen del Shah Reza Pahlavi y trajo al poder al Ayatollah Khomenei y sus clérigos fanáticos (junto con la toma de 52 rehenes americanos y la ocupación de la embajada de EEUU en Teherán en noviembre de 1979). Poco después, el Presidente Carter congeló billones de dólares en activos de Irán depositados en bancos americanos. Las sanciones continuaron aún después que los rehenes fueron liberados en enero de 1981 debido al apoyo de la República Islámica a diversos movimientos terroristas en el Medio Oriente y en 1984, se incrementaron por el ataque de terroristas financiados y apoyados por Irán a las barracas de Marines americanos en Beirut en 1983 donde 240 militares de EEUU murieron en la explosion.

En ese año de 1984, Irán fue también colocado en la lista de países terroristas, donde aún se encuentra. En 1987, EEUU tomó una serie de acciones militares contra Irán poco conocidas cuando el régimen islámico amenazó con cerrar el Estrecho de Hormuz. Barcos iraníes fueron hundidos, plataformas de petroleo en el Golfo Pérsico fueron destruídas y un avión de pasajeros fue derribado por error. Irán se "tranquilizó". Esto sucedió hacia el final de la cruenta guerra entre Irak e Irán, que comenzó en septiembre de 1980 y duró ocho años (cubriendo las dos administraciones de Reagan), la guerra convencional más larga del siglo 20. Desde el principio, EEUU se inclinó hacia Irak, primero excluyendo a la dictadura de Saddam Hussein de la lista de países terroristas en 1982. De esa manera, EEUU proporcionó a Irak billones de dólares en ayuda económica, incluyendo la venta de tecnología de uso dual, armas no fabricadas en EEUU, inteligencia militar, entrenamiento de fuerzas especiales, créditos agriculturales, y hasta armas químicas y biológicas. Toda esta ayuda masiva se hizo abiertamente, incluyendo dos visitas del enviado especial de Reagan (y luego Secretario de Defensa de Bush hijo) Donald Rumsfeld en 1983 y 1984.

Estas políticas del Presidente Reagan (al igual que la política de armar a los mujahedeen en Afganistán en su lucha contra los invasores soviéticos) han sido severamente criticadas en retrospecto, pero en aquel entonces, se consideró que Irán era un peligro y una amenaza mucho mayor que Irak para EEUU. Desafortunadamente, casi todas las decisiones militares tienen consecuencias inesperadas, y estas las tuvieron también, pero en la década de los 1980s, fueron las correctas. Por otro lado, la administración, tratando de lograr la liberación de rehenes en Líbano, se involucró en negociaciones ilegales con Irán que produjeron el escándalo conocido como Irán-Contra (armas para Irán via Israel, dinero ilegal para ayudar a la oposición en Nicaragua, via Arabia Saudí y Brunei). Una vez más, Irán aprovechó esas "negociaciones" para continuar la exportación de la revolución islámica en el Medio Oriente, algo que ha sido política de estado de Irán desde 1979. Pero es muy importantante resaltar que las sanciones económicas se impusieron originalmente contra Irán (y se han mantenido desde 1979) por las actividades terroristas del régimen, mucho antes que se impusieran sanciones adicionales por el programa nuclear.

En el 2002, se descubrió, gracias a denuncias de grupos opositores, que Irán trataba de producir armas nucleares y que ya contaba con 163 centrífugas para enriquecer uranio. El año siguiente, inspectores de la Agencia Internacional de Energía Atómica (IAEA) descubrieron trazas de uranio enriquecido en el centro nuclear de Natanz. El proceso de enriquecer uranio es muy complicado hasta para explicarlo de la manera más simple. La mayor cantidad de uranio que se encuentra en la naturaleza es uranio 238. El enriquecimiento lo convierte en uranio 235. Es ese uranio el que se utiliza para fabricar armas nucleares, pero también para producir energía en reactores nucleares. Los reactores solo necesitan el uranio 235 enriquecido en un 3% a 5%. Pero la producción de armas nucleares necesitan ese mismo uranio enriquecido hasta un 90%. Por otro lado, al menos 5000 centrífugas son necesarias para producir suficiente uranio 235 enriquecido para fabricar una sola bomba. Irán ahora tiene más de 20,000. Las centrífugas se utilizan para enriquecer el uranio. ¿Para que necesitan tantas? Esa es una de las preguntas cruciales desde el 2002.

Precisamente porque Irán es un país riquísimo en petróleo y gas natural, no tiene sentido el gasto de implementar un programa nuclear para producir energía. Es algo redundante para un país que NO necesita fuentes energéticas adicionales. Esa es la razón por la cual EEUU siempre se ha opuesto al programa nuclear de Irán, considerando que lejos de ser un programa pacífico para producir energía, está diseñado para producir armas nucleares. Además, Irán continua siendo el estado terrorista principal en el mundo. Pero las relaciones entre Irán y EEUU desde 1979 han pasado por una serie de altibajas continuas. Las sanciones económicas de EEUU nunca han sido levantadas. Bajo la administración de George Bush padre, las sanciones económicas impuestas por el Presidente Reagan se mantuvieron, pero Irak ocupó mucho más tiempo al Presidente Bush padre que Irán, especialmente con la primera guerra del golfo después que Irak invadió Kuwait en 1990. Durante la administración del Presidente Clinton, sin embargo, las sanciones se incrementaron. Se prohibió todo tipo de negocios con la industria petrolera de Irán y en 1997, se prohibieron inversiones americanas en la República Islámica y casi todo el comercio que todavía existía entre los dos países. Clinton también trató que tanto la ONU como la Unión Europea se unieran a las sanciones, pero con poco éxito.

Finalmente, durante la administración de George Bush hijo, al principio hubo un acercamiento con Irán, especialmente en la preparación del ataque contra el Talibán en Afganistán después de los sucesos de 9/11 y el derribo de las Torres Gemelas en New York. Irán, de hecho, proporcionó alguna inteligencia y facilitó ciertas operaciones militares. Algunos consideran que EEUU perdió entonces una verdadera oportunidad de mejorar las relaciones hostiles entre ambos países, especialmente cuando el Presidente Bush incluyó a Irán como parte de un "Eje de Terror" junto con Irak y Corea del Norte, pero esto es dudoso. Irán siempre ha logrado manipular muy hábilmente las relaciones con EEUU y salir con ventajas. Bush hijo continuó las sanciones económicas y congeló activos adicionales de Irán y de países y empresas que continuaban comerciando con Irán. Nuevas sanciones bancarias fueron impuestas en muchas transacciones comerciales entre Irán y el resto del mundo. Pero, la administración de Bush hijo no logró ni siquiera frenar el programa nuclear de Irán una vez descubiero, a pesar de ofrecer hasta ayuda económica a los mullahs a cambio de que renunciaran al enriquecimento de uranio. Tal como sucedió con Corea del Norte, otro hábil manipulador, esta política de "zanahorias y palos" fue un fracaso. Por otro lado, la Agencia Internacional de Energía Atómica (IAEA) de la ONU determinó en 2005, tras una inspección en la planta nuclear de Natanz que descubrió trazas de uranio enriquecido, que Irán no estaba cumpliendo con sus compromisos internacionales. Nuevas sanciones internacionales y el primer intento de negociar con Irán para que suspendiera el programa nuclear, comenzaron por parte de Gran Bretaña, Francia y Alemania en el 2006. Esas negociaciones continuaron, sin éxito, hasta el 2009. Un juego de gato y ratón en el cual Irán es un experto.

Así llegamos al presente y al acuerdo con Irán del 14 de julio. De manera que, por difícil que sea, trataremos primero de explicar el acuerdo. De entrada, es muy largo (159 páginas más seis anexos secretos—los más importantes) y extremadamente complejo y técnico. También es muy ambiguo, especialmente en referencia a fechas, inspecciones y obligaciones específicas de las partes que firman el acuerdo. Además, no sabemos (y quizás nunca sabremos) ciertos detalles secretos que NO serán revelados, ni siquiera al Congreso durante el período de 60 dias que hay para aprobar o rechazar el acuerdo. Pero básicamente, existen dos elementos primordiales: el levantamiento de las sanciones económicas de EEUU y la ONU a cambio de la suspención del programa de enriquecimiento de uranio y el cierre de miles de centrífugas por Irán (nótese: cierre quiere decir que las centrífugas se apagarán, que dejarán de producir uranio enriquezido, pero NO serán destruidas). Veamos los detalles que se han dado a conocer hasta ahora.

Sobre las obligaciones de Iran: 1) Irán se compromete a dejar de producir uranio enriquecido a un nivel mayor del 5%. 2) A no instalar centrífugas adicionales y a no construir ninguna otra facilidad para enriquecer uranio. 3) A no instalar ninguna otra centrífuga en los centros nucleares (militares) de Natanz y Fordow (subterraneo). 4) A parar la construcción de una planta para producir "agua pesada" (primer paso para producir uranio para armas nucleares) en el reactor nuclear de Arak. 5) A no construir ninguna facilidad adicional para reprocesar uranio. 6) A permitir monitoreo del programa nuclear y abrirlo con "completa tranparencia". 7) A reducir las reservas de uranio enriquecido que ahora posee, de 2000 kilogramos a 300 kilogramos, y que este no pase del 3.67% de enriquecimiento. Pero esto es durante los 15 años del acuerdo y no se especifica cuando la reserva será reducida a 300 kg. Nótese de entrada que las clausulas 5 y especialmente 6, son casi imposibles de verificar y la 3, como son facilidades militares y la de Fordow es subterranea, el proceso de inspección es realmente imposible, como se verá cuando se cubra la parte de las sanciones.

Sobre el levantamiento de las sanciones a Irán: El acuerdo tiene 33 clausulas y dos de esas clausulas tienen más de 25 subclausulas, todas muy técnicas, de manera que, en resumen, todas las sanciones impuestas por EEUU y la ONU desde el 2006 serán levantadas en cuando la IAEA certifique que Irán ha comenzado a cumplir ALGUNAS de sus obligaciones. Pero nótese que esta semana (julio 20-24) el Consejo de Seguridad de la ONU y la Unión Europea aprobaron unánimemente el acuerdo firmado el 14 de julio. Las sanciones técnicamente pueden comenzar a ser levantadas gradualmente ahora mismo. La fecha en que el acuerdo entra en vigor es 90 dias después que el Consejo de Seguridad de la ONU apruebe el acuerdo, pero esto ya sucedió esta semana, de manera que la fecha de implementación debe ser alrededor de octubre del 2015. Muchos analistas esperan que para diciembre de este año, Irán habrá recibido hasta $150 billones de dólares ($150,000,000,000). Además, Rusia ya ha anunciado que resumirá el acuerdo firmado en el 2006 para vender los más adelantados cohetes antiaéreos a Irán y comenzará a entregarlos inmediatamente, a pesar de la supuesta prohibición a Irán de comprar o vender armas y cohetería por cinco años. Todas las demás sanciones bancarias (las que más han afectado al régimen islámico) y comerciales también serán levantadas. Las fechas varían de acuerdo con ciertos factores, pero si el dinero congelado (los $150 billones) es recibido por Irán en diciembre, como se espera, es de suponer que TODAS las sanciones impuestas desde 1979 dejarán de existir a fines del 2015. Esto incluye, por supuesto, las prohibiciones a la exportación de petróleo y gas natural por parte de Irán al mundo entero, incluyendo eventualmente a EEUU. Las entradas que el régimen iraní puede esperar en el próximo año, cuando además recibirá casi todos los fondos congelados ($150 billones) posiblemente alcanzarían hasta un 20% del Producto Interno Bruto (PIB) de Irán, el cual en el 2013 (el último año que hay cifras confiables, ya que la economía iraní ha tenido un crecimiento negativo en el 2014 y 2015) fue de $980 billones ($980,000,000,000).

Sobre las inspecciones y verificación del acuerdo: Esta es la parte de mayor importancia—y la más poblemática y difícil de implementar. Después de prometer por meses que los inspectores de la IAEA tendrían acceso a todas las instalaciones nucleares en Irán "24/7" (aunque ahora lo niegan, pero está grabado y filmado), el acuerdo limita cualquier inspección a ciertas instalaciones aprobadas por Irán, y solamente después de un plazo anticipado de 24 dias. Además, el equipo de inspectores de la IAEA no incluye miembros de EEUU. El número de inspectores de la IAEA será de 150, solamente de países que tienen relaciones diplomáticas con Irán y se llegará a ese número a través de 9 meses. Los inspectores NO tendrán acceso a ninguna instalación militar en Irán. Finalmente, muchos de los detalles en los seis anexos secretos se refieren al régimen de inspecciones y esos cruciales anexos no serán revelados ni siquiera al Congreso. Es decir, ni sabemos, ni sabremos nunca, lo que se acordó sobre lo más importante del acuerdo: las inspecciones sobre el terreno en Irán. Sin ese elemento, es imposible verificar NADA en el acuerdo.

Antes de proceder a la crítica objetiva del acuerdo, es necesario describir brevemente como se llegó al acuerdo; cual a sido la trayectoria seguida por la presente administración desde el 2009 hasta julio 14 del 2015. Hay que destacar que aún antes de asumir la presidencia, Barack Obama había prometido dialogar con los dirigentes del régimen iraní. La implicación siempre ha sido que su política hacia Irán sería drásticamente diferente a la de todos sus predecesores. Un acercamiento fue implícitamente ofrecido en el conocido discurso en Cairo, Egipto, el 4 de junio del 2009: "Estamos dispuestos a ofrecer una mano amiga a cambio de que se abra el puño cerrado". Además, limitar el programa nuclear de Irán siempre fue parte de cualquier mejora en las relaciones. Irán ignoró las ofrendas de paz, y el programa nuclear continuó a toda máquina, obligando al presidente poco después a prometer por varios años que su intención era que Irán nunca tuviera armas nucleares y que su programa nuclear fuera totalmente desmantelado.

Pero sin importar la multitud de nuevas ofertas, Irán continuo ignorándolas todas. El presidente hasta se negó a ofrecer ningún apoyo a la oposición en Irán cuando las elecciones presidenciales de junio del 2009, las cuales fueron fraudulentamente ganadas por el candidato oficial, Mahmoud Ahmadinejad, el más radical de todos. Miles de iraníes, sobre todo los jóvenes, salieron a las calles a protestar y fueron golpeados, arrestados, y muchos murieron en las protestas que dudaron varios dias. Pero el presidente guardó silencio y dias después, ofreció la justificación de que no quería malograr los esfuerzos de un acercamiento haciendo declaraciones "incendiarias". Tampoco nunca mencionó (todavía no lo ha hecho) las bases de su polítca hacia Irán, en realidad de TODA su política externa. Pero ahora esto lo sabemos muy bien.

Como he revelado antes, desde la campaña presidencial del 2008, Barack Obama decidió adoptar las extravagantes teorías del profesor de la Universidad de Georgetown Richard Kupchan, ex funcionario de la Agencia Nacional de Seguridad (NSA) durante la administración del Presidente Clinton. Kupchan expuso sus teorías en su libro publicado en el 2010, How Enemies Become Friends: The Sources of a Stable Peace (Como los Enemigos se convieten en Amigos: Las Bases de una Paz Estable). Brevemente, Kupchan propone, se deben hacer grandes e importantes concesiones unilaterales a los enemigos, no exigiendo ni esperando nada a cambio, suspendiendo toda conducta hostil o que siquiera se pueda concebir como tal, y no tratando bajo ningún concepto de cambiar la naturaleza de esos regímenes adversarios. Como se puede ver claramente, es exactamente lo que la presente administración Americana ha hecho en su política hacia Irán (lo mismo que hacia Cuba y Rusia, entre otras).

Pero la estrategia de este presidente hacia Irán va mucho más allá que la aplicación de las teorías del profesor Kupchan (quien también ahora es miembro de la NSA, fungiendo como Director de Asuntos Europeos). Probablemente desde que tomó el poder en enero del 2009, el presidente ha planeado convertir a Irán en la nación hegemónica del Medio Oriente, en el árbitro de esa peligrosa e inestable region. Esa es LA razón de todas sus políticas hacia Irán y obviamente, para lograr esa meta, era necesario un acomodamiento con la República Islámica en referencia a su programa nuclear. Básicamente esto equivalía a permitir a Irán conservar el programa nuclear, que eventualmente resultaría, por supuesto, en un Irán con armas nucleares.

El presidente, sin embargo, cifra sus esperanzas en que un "nuevo" Irán (pero que todavía sigue—y será—siendo unal república islámica) integrado por primera vez desde 1979 a la comunidad internacional y a la economía global, aceptado como un país "normal" que además será rico y própero, cambiará sus "malas costumbres", dejará de ser un régimen agresivo, represivo, expansionista—un gran peligro y una amenaza real para el resto del mundo, simplemente porque esas son las esperanzas del presidente. Inclusive espera que los Shia y Sunni en la region se reconcilien, algo que no ha sucedido en 1500 años. Este "nuevo" enfoque es algo perversamente similar al fracasado detente elaborado por Henry Kissinger y que fuera la política oficial de dos presidentes, Nixon y Ford. Cuando aquel entonces, esas también eran las esperanzas de Kissinger y sus seguidores, que la Unión Soviética cambiara, que gracias al comercio y a la tecnología que un benévolo Occidente compartiría con ese monstruoso y criminal régimen, la URSS también se convertiría en una nación "normal" capaz de convivir en paz y armonía con el resto del mundo. Lamentablemente todos sabemos que no fue así, que nunca pudo ser así. Esta nueva política del presidente, que es en verdad nueva en el sentido que rompe con ciertos principios siempre seguidos por todos los presidentes desde 1945, también fracasará. Recordemos al gran filósofo español-americano Jorge Agustín Ruiz de Santayana y Borrás, más conocido como George Santayana, quien famosamente escribió que 'aquellos que no recuerdan el pasado, están condenados a repetirlo". La historia es valiosa y quien la estudia puede aprender grandes lecciones. Pero quien la ignora, quien cree ciégamente en una ideología progresista que busca las utopias, está necesariamente condenado al fracaso.

En el 2010, la inactividad de la administración con respecto al programa nuclear de Irán se hacía cada vez más alarmante, hasta el punto que la Cámara de Representantes aprobó sanciones industriales y bancarias contra Irán por un voto de 408 a 8 y el Senado prosiguió luego a también aprobarlas por voto de 99 a 0, haciendo imposible un veto del presidente. Poco después, se presentó en el Senado (controlado entonces por los demócratas), un proyecto de ley patrocinado por Robert Menéndez (demócrata de New Jersey) y Mark Kirk (republicano de Illinois), imponiendo sanciones mucho más estríctas contra el Banco Central de Irán. El Secretario del Tesoro Tim Gaithner escribió al Senador Menéndez expresando la oposición de la administración a la propuesta ley "porque amenaza con socavar las políticas que hemos formulado para construir presiones internacionales contra Irán". No obstante, el Senado aprobó la ley por un voto de ¡100 a 0!, una humillación para el presidente, quien tuvo que firmarla contra su voluntad. Esas sanciones aprobadas en el 2010, unidas a nuevas sanciones que incluyeron por primera vez a Rusia y China y que además impusieron por vez primera un embargo en las exportaciones de petróleo de Irán, su mayor fuente de ingresos, y sobre todo las sanciones bancarias, devastaron la economía de Irán de tal manera, que en el 2013, el régimen consintió en negociar seriamente con el grupo de naciones conocido como 5 + 1 (los cinco miembros permanentes del Consejo de Seguridad de la ONU, Rusia, Francia, China, Gran Bretaña y EEUU, más Alemania).

Pero antes de llegar a la mesa de negociaciones en el 2013, hubo una situación de gran peligro para Irán a principios del 2012, año de elección presidencial. Muchos de los expertos y analistas más prominentes en EEUU, incluyendo el mismo Secretario de Defensa Leon Panetta, esperaban un ataque de Israel a Irán antes de la elección en noviembre. El presidente, desesperado y atemorizado con esa posibilidad (además, estaba detrás en muchas encuestas), la cual podia afectar su reelección de maneras imprevistas, pidió a Israel que NO atacara a Irán antes de noviembre. A cambio, le ofreció resolver el asunto del programa nuclear iraní, y más, mucho más: Ayuda militar masiva, la cual aún se desconoce, pero que indudablemente incluyó, al menos, aviones de ataque adicionales (F-15 y F-16, los más avanzados en el mundo), tanqueros aereos, cohetes intermedios y cruceros, y las nuevas bombas gigantes de 30,000 libras, capaces de penetrar hasta 200 metros de concreto bajo tierra. Israel suspendió sus planes militares. Obama fue reelecto. Pero NO cumplió sus promesas a Israel de resolver el "problema" nuclear de Irán.

Aún antes que las negociaciones con Irán comenzaran en noviembre del 2013, miembros de la administración declararon abiertamente el propósito americano. Por ejemplo, el vocero del Consejo Nacional de Seguridad Tommy Vietor declaró en abril del 2012 que "nuestra posición es clara: Irán debe cumplir sus obligaciones internacionales, incluyendo la suspención completa del enriquecimiento de uranio, como es requerido por multiples resoluciones del Consejo de Seguridad de la ONU". Para septiembre del 2014, todavía se demandaba que Irán redujera el total de centrífugas a 1500 y se mantenía la posición del grupo 5 + 1 de que Irán tenía que eliminar su programa nuclear completamente.

CRÍTICA DEL ACUERDO

Para empezar, debo admitir que una crítica objetiva a este acuerdo, en verdad de cualquier programa o política que este presidente ha implementado, es extraordinariamente dificil. No para mi. Mi obligación como historiador profesional es la búsqueda de la verdad, sin importar mis opiniones ni mis ideas previas. El problema es con los que creen en lo que dice y hace el presidente. Para casi todos ellos (y no se puede olvidar que ha sido electo DOS veces), cualquier pronunciamiento o acción del presidente es una cuestión de fe y la creen ciégamente. Es, en realidad, como el famoso chiste del cómico americano Groucho Marx cuando una mujer se encuentra a su esposo en la cama con otra mujer. La mujer exclama: ¿Como me puedes hacer esto, como me puedes engañar con otra? El hombre se levanta airado y le dice a su esposa: Estás loca, aquí no ha pasado nada. La esposa contesta: ¡Pero si te estoy viendo! Entonces el hombre le pregunta calmadamente: ¿A quien vas a creer, a mi o a tus propios ojos que mienten?

Este es dilema con tratar de analizar y criticar nada que diga o haga este presidente: sus seguidores lo creen a él absolutamente, como cuestión de fe y prefieren simplemente ignorar toda evidencia o prueba que se ofrezca. No solo eso. Tanto el presidente como sus seguidores han hecho muchas declaraciones desde el 2009 que ahora niegan, a pesar de que están grabadas y filmadas. ¿Que hacer entonces? No queda más remedio que seguir adelante, porque a veces hay personas razonables que al menos están dispuestas a examinar la evidencia y a considerar las críticas objetivas antes de formar un juicio. Mi expectación, por difícil que sea tenerla, es que muchos que lean este análisis me den el beneficio de la duda. De manera que procedamos a la crítica.

Como he explicado muchas veces en mis varios escritos sobre la Guerra Fría (mi especialidad), por más de 30 años, diplomáticos americanos negociaron con sus adversarios soviéticos para lograr algún control de las armas nucleares que ambas naciones poseían. Varios acuerdos se lograron en estos años, sobre todo para limitar las pruebas nucleares en la atmósfera. Durante las administraciones de Nixon y Ford, bajo la influencia de Henry Kisinger y su política de detente se lograron limitaciones de algunos armamentos estratégicos, pero el grave problema, en realidad insoluble, siempre eran las inspecciones. La Unión Soviética (URSS) consistentemente se negó a permitir ninguna inspección en su territorio. Lo cual no era muy extraño, pues casi todos los regímenes totalitarios y dictatoriales temen a que se descubran sus secretos. La razón (en verdad, la excusa y justificación) que ofrecía la URSS era precisamente que los inspectores americanos aprovecharían su presencia en territorio soviético, para espiar—o peor. Por eso, nada se pudo lograr nunca en términos de acuerdos efectivos y verificables.

Solamente al final del segundo período del Presidente Reagan, cuando sus asesores militares convencieron a Mikhail Gorbachev que la URSS no podia ganar una nueva carrera armamentista (como se lo dijo también Reagan en su cara en la reunión de Ginebra en 1888), fue que Gorbachev finalmente accedió a permitir las inspecciones en la URSS (aunque lamentablemente NO se permitió acceso a las instalaciones para producir armas biológicas). Entonces y solo entonces, se logró no solo limitar, sino destruir, clases enteras de armas nucleares y reducir considerablemente los arsenales de EEUU Y la URSS. Ese convencimiento de los militares soviéticos se produjo cuando comprendieron muy bien que EEUU había logrado una superioridad militar numérica enorme en los años de Reagan, debido al programa de rearme que implementó el presidente EEUU casi desde que asumió el poder en 1981. Por supuesto, también le temían al programa de la Iniciativa Estratégica del Espacio y el potencial de las nuevas tecnologías de este incipiente plan. Recordaban muy bien la respuesta americana al lanzamiento del satétite Sputnik en 1957, que resultó en el programa Apollo que puso un astronauta americano en la Luna en 1969 y revolucionó al mundo por las tecnologías que colateralmente se desarrollaron. Además, el principio férreo de Reagan de doveryay, no proveryay (confiar pero verificar) se impuso. En resumen: sin inspecciones irrestríctas en el terreno, es imposible verificar ningún acuerdo, especialmente con regímenes totalitarios que siempre mienten y hacen trampas—como el de Irán.

Este acuerdo, sin importar todas las garantías que según la administración (pero NO el texto del acuerdo) existen, no ofrece verificación verdadera. Ese es el primer grave problema y también el más grande, porque sin un mecanismo de inspecciones efectivo, no es posible verificar el cumplimiento de las obligaciones asumidas por Irán. Pero es solo el principio. El acuerdo, crucialmente, ni siquiera menciona ninguna prohibición a Irán de desarrollar cohetes intercontinentales (los cuales, según algunos reportes, ya Irán tiene desde principios de este año). El acuerdo tampoco menciona y por consiguiente, no exige, la liberación de cuatro rehenes presos en Irán hace más de un año. Irán NO está obligado a renunciar a su apoyo a movimientos terroristas internacionales, ni tampoco se menciona el reconocimiento por Irán a Israel o a su derecho de existir. En fin, este acuerdo está limitado a "controlar" el programa nuclear de Irán, no a terminarlo, como el mismo presidente ha prometido tantas veces desde el 2009. El acuerdo, de hecho, garantiza que Irán tendrá armas nucleares a su final en 15 años. Pero lo más irónico y problemático de todo es que tanto el presidente como el Secretario de Estado Kerry, además de numerosos miembros de la administración, han declarado que NO se puede confiar en Irán y que ellos esperan que Irán haga trampas. Cabe entonces la pregunta: ¿Por que siquiera negociar con un régimen que todos saben ignorará sus compromisos, que mentirá, que falsificará y encubrirá sus actividades secretas, y que es imposible verificar su cumplimiento bajo lo acordado

Además, se deben considerar las declaraciones del presidente el dia que anunció la firma del acuerdo, específicamente cuando afirmó que solo existían únicamente dos alternativas: "O la cuestión de que Irán obtenga armas nucleares se resuelve diplomáticamente por medio de negociaciones, o se resuelve por la fuerza, por medio de la guerra". ¿Pero es verdad que solo existían esas dos alternativas? Definitivamente NO es verdad. Existían al menos otras dos alternativas adicionales a las que el presidente mencionó. ¿Cuales? Primero, hacer nada, dejar las cosas como estaban, aún después de malgastar 20 meses negociando para producir el acuerdo que resultó. Como se cansaron de repetir, un acuerdo malo es peor que ningún acuerdo. Exactamente, pero el acuerdo firmado es, de hecho, peor que dejar las cosas como estaban. Segundo, se podia regresar al status quo ante, a las condiciones que existían antes de noviembre del 2013, cuando comenzaron estas negociaciones que resultaron en el acuerdo firmado el 14 de julio. Es decir, reaplicar las sanciones que existían en noviembre del 2013. En ese momento, Irán estaba a punto del colapso económico debido al régimen de sanciones internacionales impuesto en el 2010. Pero el presidente niega eso, que era posible regresar a ese punto porque, entonces, Irán continuaba empeinadamente con el programa nuclear y estaba a quizás solo un mes de tener una bomba nuclear. Puede ser, pero el presidente no niega (o al menos se pasó años diciendo que las sanciones habían obligado a Irán a negociar) que las sanciones fueran efectivas, sino que solamente las sanciones no podían lograr evitar que Irán obtubiera la bomba nuclear. Otra vez, puede ser; no lo sabemos. Pero contradictoriamente el presidente ahora dice que no, que las sanciones NO estaban teniendo el efecto deseado y que reimponerlas no tendría efecto alguno puesto que Irán de nuevo continuaría el programa nuclear hasta tener la bomba. Bueno, pero las dos cosas no pueden ser. O una es verdad, o la otra, pero no las dos a la vez. ¿En que quedamos?

El hecho es que SI habían otras opciones, no solo las dos que el presidente ofreció. Más quedaba la última opción, la impensable, pero la que el presidente siempre mantuvo "estaba sobre la mesa". Me refiero, por supuesto, a una acción militar, lo cual enfáticamente NO implicaba ir a la guerra. Tampoco implicaba bombardear las instalaciones nucleares de Irán, puesto que existe, ahora como siempre, la opción de destruir la infraestructura de Irán. Eso es posible y ya funcionó una vez en 1888, cuando un ataque parcial contra la infraestructura tuvo éxito y frenó a Irán en su amenaza de cerrar el estrecho de Hormuz. Sin embargo, ahora se puede ver claramente que la opción militar NUNCA estuvo en realidad sobre la mesa, y que para el presidente, ya no existe.

Finalmente, debemos considerar la revision del acuerdo que el Senado, gracias a una ley aprobada el 2 de mayo pasado (Corker-Cardin Law), que require la autorización del Senado en un período de 60 dias para permitir la implementación del acuerdo. Pero de inicio hay que aclarar que nada que haga el Senado afectará la implementación del acuerdo. El presidente anunció, el mismo dia que se firmó el acuerdo, que vetará cualquier resolución del Senado desaprobando el acuerdo. Más importante, como ni siquiera se esperó (y la Ley Corker-Cardin NO lo demandó) a la resolución del Senado antes que la ONU y la Unión Europea aprobaran el acuerdo unánimemente esta semana, las sanciones internacionales serán levantadas, sin importar que una resolución del

Senado lograra sobrepasar un veto presidencial. La razón es muy sencilla y obvia: una vez que Rusia, China y la Unión Europea levanten las sanciones económicas y el comercio con Irán se permita abiertamente, no hay manera en el mundo que ese comercio se pueda frenar, mucho menos reimponerlas en caso que Irán no cumpla sus obligaciones como exige el acuerdo. Por lo que la ficción incluída en el acuerdo y proclamada por el presidente y quienes lo apoyan de que las sanciones se pueden reimponer (snap-back) en caso que Irán incumpla sus obligaciones, es solo eso: una ficción.

Además, el presidente puede, legalmente, utilizando su "arma" favorita, el decreto ejecutivo, suspender cualquier sanción de EEUU que quede después que las internacionales se levanten. Nadie debe ni puede esperar que el Senado evite la implementación del acuerdo, porque además, recuérdese que el Senado ni siquiera tendrá acceso a revisar los seis anexos secretos. No solo eso. Hay reportes, confirmados por el mismo Secretario Kerry, que la IAEA ha llegado a ciertos acuerdos secretos con Irán que están fuera del acuerdo y Kerry ni siquiera sabe que contienen. También, por lo poco que se ha dado a conocer, uno de los anexos secretos parece referirse al complejo militar de Parchin, la instalación supersecreta donde algunos analistas piensan que Irán, hace al menos dos años, está activamente trabajando en la militarización de armas nucleares. En fin, para lo único que servirá la revisión es para ganar 60 dias antes que todo el acuerdo se implemente.

Por supuesto, la bonanza económica que Irán recibirá muy pronto debido al levantamiento de las sanciones económicas, la exportación de petróleo sin restricciones, y el comercio con todo el mundo, tendrá varias consecuencias importantes. No serán las esperadas por los ilusos. No serán utilizadas para mejorar las condiciones del pueblo iraní. Siguiendo la Ley de Consecuencias Inesperadas, un Irán próspero y rico incrementará la ayuda al movimientos terroristas, no solo en el Medio Oriente, sino en Hispanoamérica, especialmente en Venezuela. Cuba también se verá afectada favorablemente. Los nexos entre Irán y Cuba van bien atrás. Castro fue uno de los primeros líders que reconoció la revolución de 1979 y su régimen islámico, diciendo que la religion no era irreconciliable con la revolución. Varios convenios comerciales se firmaron entre los dos países desde entonces. En la década de los 1990s, cuando Cuba pasaba por tremendas dificultades economicas, Irán le ofreció créditos y petróleo. A principios del nuevo siglo 21, Cuba ayudó a Irán a montar plantas químicas y biológicas. El propósito anunciado fue de producir vacunas y fertilizantes, pero según el conocido científico Ken Alibek, quien dirigió el programa de armas biológicas de la Unión Soviética por 10 años hasta su deserción a EEUU en 1992, Cuba tiene la capacidad de producir armas biológicas. Es muy posible que Irán la tenga también gracias a la tecnología cubana. Además de eso, Irán ha continuado a través de muchos años, su ayuda económica a la isla. Por ejemplo, en el 2008, Irán le otorgó a Cuba un préstamo de casi $300 millones de euros para comprar carros de ferrocarril; en el 2009 le abrió una linea de crédito de $500 millones de euros; y en el 2010, le entregó 3000 sistemas de irrigación al régimen castrista. Con el control de agentes de seguridad cubanos de las minas de uranio en Venezuela, Irán seguramente recibirá buenos resultados con nuevas inversiones en esas minas. En el futuro, recientemente la revista The Economist predijo grandes inversiones de Irán en Cuba, una vez las sanciones terminen e Irán cuente con nuevas fuentes de ingreso. Suministros adicionales de petróleo a Cuba son posibles. Pero lo peor de todo es que Irán logrará su meta de más de tres décadas: ser una nación nuclear. ¿Por qué? Porque lo esencial para un país producir armas nucleares es tener la infraestructura que lo permita. Con suficiente dinero, Irán lo logrará. De no poder lograrlo, comprará, tal como lo hizo Paquistán, la tecnología necesaria para hacerlo.

El presidente asegura que la unidad de la comunidad internacional se estaba quebrando y que las sanciones pronto se levantarían, de manera que EEUU estaba obligado a finalizar un acuerdo que según él, no solo es el mejor, sino que era el único posible; no quedaba más remedio que aceptarlo. Eso era una posibilidad, claramente, pero ahora es una seguridad, después del voto unánime en la ONU y de los miembros de la Unión Europea esta pasada semana. Pero aún así, de manterse las sanciones por parte de EEUU, eso hace muy dificil que la economía de Irán se recupere. ¿Por qué? Porque tan solo las sanciones bancarias del Departamento del Tesoro americano practicamente garantizan que Irán no se pueda integrar a la economía global. Pero nada de eso sucedería porque no se ajustaba a las políticas del presidente hacia Irán.

Ni siquiera una tremenda reacción popular (aunque algunas encuestas muestran que el 77% de la opinion ahora está en contra del acuerdo) puede cambiar el hecho que el acuerdo sea consumado. El presidente simplemente ignorará TODA la oposición al acuerdo. ¿Por qué? En primer lugar, es lo que este presidente hace: solo su voluntad importa—y siempre le recuerda a la oposición que ganó DOS elecciones presidenciales. Pero lo principal y más importante es que este acuerdo es su legado histórico más grande. Para él, eso es primordial y nada ni nadie se interpondrá en su camino a lograr lo que considera será su lugar único en la historia. La ironía final es que indudablemente logrará su legado y será recordado y reconocido por mucho tiempo. Pero no por lo que él cree. Al contrario. Será porque este acuerdo, irremediablemente, a pesar de la opinion de los que lo defienden y a pesar de que todos, desde el presidente en adelante, ignoren la realidad y los hechos, provocará una carrera armamentista en el Medio Oriente. En pocos años, varios países como Arabia Saudí (que quizás YA tenga bombas nucleares compradas a Paquistán), Turquía, posiblemente hasta Egipto, tendrán bombas nucleares. Un mundo mucho más peligroso, en otras palabras, será el gran legado histórico de este presidente.

SANTIAGO CARRILLO: LA SANGRE, LA MENTIRA, LA HISTORIA

El martes 18 de septiembre del 2012, murió en Madrid, España, el despreciable asesino comunista Santiago Carrillo. Murió en su cama. Murió tranquilo. Y lo peor, murió en su país natal como un hombre admirado y hasta querido por muchos.¡Que distinto a los miles de inocentes que murieron en Paracuellos del Jarama, en las afueras de Madrid, entre noviembre 6 y diciembre 4 de 1936, condenados a muerte por ese mismo Santiago Carrillo! Hay que leer los obituarios en la larga lista de periódicos "colaboradores" como The New York Times, The Guardian de Londres (escrito por el apologista mayor de la Izquierda en cuestiones de la Guerra Civil Española, el "historiador" británico Paul Preston, gran difamador de Franco) y hasta El País de Madrid, para darse cuenta hasta que punto la Izquierda Eterna trata—y logra— falsificar la historia. En ninguno de los tres periódicos citados se menciona la responsabilidad de Carrillo por la muerte de tantos seres inocentes e indefensos. Se menciona que fue acusado de tales crímenes por "franquistas" pero la abierta implicación es que tales acusaciones son falsas. Ya veremos lo que muestra la evidencia histórica.

Primero, algunos datos y hechos históricos. La Guerra Civil Española comenzó el 18 de julio de 1936 con el levantamiento de las tropas de Ultramar en Marruecos bajo el liderato del General Francisco Franco, quien se unió a la conspiración semanas antes. El movimiento estaba dirigido por el General Emilio Mola, quien se levantó en el norte de España y rápidamente conquistó a Burgos, donde estaba basado, y la provincia de Guipúzcoa inicialmente. El movimiento insurreccional fracasó en casi el resto de España, especialmente en las grandes ciudades de Barcelona, Valencia y Madrid. Pero sorprendentemente triunfó, gracias a la osadía del General Gonzalo Queipo de Llano, en Sevilla—a pesar de que la provincia de Andalucía generalmente apoyaba al gobierno del Frente Popular. Muchos pensamos que la Guerra comenzó en realidad en 1934, cuando casi todos los grupos de izquierda—los socialistas, los anarquistas y los comunistas—se rebelaron contra el legítimamente electo gobierno de centro-derecha de la República. Ese levantamiento fue derrotado, excepto por las varias semanas en que Asturias estuvo bajo el control de los mineros izquierdistas. Pero por los próximos dos años, la Izquierda conspiró contra el gobierno republicano continuamente hasta que en las elecciones de febrero de 1936, una coalición de todas las izquierdas, incluyendo a los anarquistas, formaron el Frente Popular y, aunque perdieron por más de 700,000 votos contra las derechas y el centro, las turbas se lanzaron a las calles antes de que los votos fueran contaron y el pusilánime gobierno de Casares Quiroga le entregó el poder al Frente Popular.

Santiago Carrillo nació en Gijón, Asturias en 1915. Su padre Wenceslao fue desde joven un importante líder socialista y durante la dictadura del General Primo de Rivera (1923-1930) colaboró, junto con el principal líder socialista Francisco Largo Caballero con ese gobierno. Su hijo Santiago también formó parte de las Juventudes Socialistas desde los 13 años y eventualmente llegó a ser su Secretario General. Al comenzar la Guerra, Santiago estaba en París exiliado, Al regresar a España, a los pocos meses traicioneramente unió a las Juventudes Socialistas, de las cuales era todavía su líder, al pequeño Partido

Comunista Español, a espaldas del Jefe del Partido Socialista Popular (PSOE) Largo Caballero.

En noviembre de 1936, las fuerzas nacionalistas, ahora comandadas por el General Franco, estaban a las puertas de Madrid. El 6 de noviembre es nombrado Santiago Carrillo, con solo 21 años, como Consejero de Orden Público en Madrid. Esa misma noche, comienza la tragedia de Paracuellos del Jarama y las grandes "sacas" de las cárceles de Madrid, sobre todo la más grande, la Cárcel Modelo. Pero antes de detallar el íntimo involucramiento de Carrillo en el asesinato de miles—quizás 9,500—de víctimas inocentes en Paracuellos, tenemos que describir brevemente la situación en España desde que el Frente Popular tomó el control del gobierno de la República en febrero de 1936.

El primer gobierno estuvo dirigido por Manuel Azaña hasta que este pasó a la presidencia de la República en mayo. Santiago Casares Quiroga fue Primer Ministro de mayo a julio y desde el comienzo de la Guerra en julio, el Farmacéutico José Giral dirigió al gobierno, todavía presidido por Azaña (el presidente tenía limitadísimos poderes en la República). Giral era fundador, con Azaña, del pequeño Partido de Acción Republicana. En su primer gabinete no había ni un solo socialista, mucho menos anarquistas o comunistas. Todos eran republicanos de la extrema izquierda. Y Giral, desde que estalló la Guerra, lo primero que hizo fue darle armas a las milicias, sobre todo en Madrid. Pero ya desde febrero, casi en cuanto el Frente Popular tomó el gobierno, los desmanes y los crímenes comenzaron a través de toda España. En abril de 1936, el líder de las Derechas (CEDA) en las Cortes (Parlamento), José María Gil Robles, pronunció un famoso discurso donde declaró que "la mitad de la nación no se resigna a implacablemente morir". Y en junio, ofreció las siguientes cifras: 160 iglesias destruidas, 43 sedes de periódicos destrozados, 381 edificios privados atacados y dañados, 140 bombas explotadas, 269 muertos y 1287 heridos, solamente en Madrid. Pero lo más grave de todo fue la creación de las "checas", de las que llegaron a existir más de 220 nada más en Madrid.

¿Qué eran las checas? Originadas por Lenin a los pocos días de tomar el poder en Rusia en noviembre de 1917 y desde el primer momento dirigidas por el maniaco homicida polaco Feliks Dzerzhinsky, son las siglas de las tres primeras palabras en ruso significando "Comisión Panrrusa Extraordinaria de Lucha contra la Contrarrevolución, la Especulación y el Sabotaje. En realidad, una organización de policía secreta diseñada para implementar el terror bolchevique, para robar y matar a todos los opositores de la revolución rusa simplemente por pertenecer a unas clases distintas, sin importar el grado de oposición al régimen comunista ni la culpabilidad de las victimas, si es que existía alguna. Y esto fue un plan de Lenin desde al menos 1908 (al igual que contemplado por Marx en sus "teorías científicas") para proteger su dictadura del proletariado y exterminar a todas las clases incompatibles con ese fin. En Rusia solo hubo una gran Checa, pero llegó a ser gigantesca (al finales de 1918, tenía 40,00 esbirros y al final de 1920, contaba con 280,000 burócratas represivos) y con el tiempo se convirtió en las más conocidas GPU, OGPU, NKVD, MVD y finalmente KGB. Pero siempre fue la misma checa original creada por Lenin y dirigida por Dzerzhinsky.

Pero en España, la creación de las checas fue distinta. Primero porque hubo cientos—en Madrid nada más llegaron a 226. Segundo, porque nunca tuvieron sanción oficial del gobierno del Frente Popular. En Rusia, la Checa siempre fue un organismo represivo oficial del régimen. No en España, donde cada checa si, estaba afiliada con uno de los partidos izquierdistas que formaban parte del gobierno del Frente Popular (tenía que ser así; nada en España en 1936 funcionaba sin afiliación con alguno de los partidos de izquierda y no tenerla significaba, hasta para los individuos, una condena de muerte),o alguno de los sindicatos gubernamentales como la CNT (Anarquista) o UGT (Socialista) pero ninguna era parte oficial del régimen. Y las había de todos tamaños, algunas de solo tres o cuatro personas, otras de cientos.

Algunas trabajaban directamente bajo las órdenes y control de ciertos altos funcionarios del gobierno. Por ejemplo, una de las principales, la conocida como Checa de Bellas Artes (luego Checa de Fomento), trabajaba directamente bajo las órdenes del Director General de Seguridad (que a su vez respondía al Ministro de Gobernación) Manuel Muñoz Martínez. A veces existían varias checas en una misma cuadra, todas establecidas en casas particulares, iglesias o edificios privados, todos robados a sus dueños legítimos. Los "chequistas" tenían la autoridad y el poder de detener a cualquier ciudadano en las calles y de no producir documentación de pertenecer a alguna organización del Frente Popular, podían ser—y eran muchas veces—asesinados en la misma calle, aunque usualmente esperaban a la noche y los mataban en lugares apartados. Podían igualmente entrar en cualquier domicilio privado y robar impunemente a sus ocupantes—o despojarlos del domicilio—sin ninguna orden judicial o permiso de ningún cuerpo policial. Y por supuesto, podían asesinar sin consecuencia alguna a cualquiera donde fuera. Esas eran las checas de España en la República gobernada por el Frente Popular desde febrero de 1936.

El mismo 6 de noviembre en que Santiago Carrillo fue nombrado Consejero de Orden Público en Madrid, huyó todo el gobierno del Frente Popular de la capital hacia Valencia, temiendo que las tropas nacionalistas de Franco tomaran la ciudad. Carrillo firmó esa misma noche una serie de órdenes destinadas al exterminio de miles de inocentes presos en las cárceles madrileñas, principalmente la más grande, la Cárcel Modelo. Pero algo importante se debe notar: nunca autorizó directamente la muerte de nadie. Por eso después pasó el resto de su vida negando responsabilidad alguna por los asesinatos de Paracuellos y por eso todavía muchos historiadores izquierdistas en España y Europa (casi no en Estados Unidos, donde el interés por este siniestro personaje es mínimo) lo eximen de responsabilidad. Pero cabe aquí preguntar por qué se produjeron las matanzas masivas entre noviembre 6 y diciembre 4 bajo la autoridad de Carrillo en su función de Delegado de Orden Público a cargo de la seguridad personal de todos los madrileños.

En efecto, existen varias teorías. Primero, como ya se ha explicado, las tropas franquistas estaban en las afueras de Madrid el 6 de noviembre. Segundo, como se temía la caída de Madrid y como el General Mola llevaba tiempo, desde octubre, alardeando de los 25,000 "quintacolumnistas" que había en Madrid listos para unirse a las tropas nacionalistas, las autoridades que quedaron en la capital lo tomaron suficientemente en serio no solo para buscar casa por casa a esos "quintacolumnistas" de Mola, sino para comenzar a eliminar a quienes pensaran se podían unir a las tropas franquistas—sobre todos los militares presos. Tercero, desde la entrada de cuatro ministros anarquistas en el segundo gabinete del Primer Ministro socialista Largo Caballero el 4 de noviembre, la presión para comenzar la política de exterminio contemplada por el Frente Popular desde el comienzo de la Guerra se incrementó. De hecho, el nuevo Ministro de Justicia anarquista Joan García Oliver, en la noche del 4 de noviembre llamó al Secretario de Prisiones Antonio Fernández para preguntar cuantos presos había en la Cárcel Modelo. Fernández contestó que había 10,500. García Oliver contestó, "serán 500". No señor, aclaró Fernández comprendiendo enseguida la implicación. "Habrá 10,500, pero en pocos días solamente tienen que quedar 500" dijo García Oliver, añadiendo "Está visto que usted o no me entiende o no quiere entenderme" Fernández fue destituido poco después y lo dicho por García Oliver por supuesto se cumplió. Cuarto, a principios de noviembre llegó a Madrid el agente soviético Mikhail Koltsov, nominalmente corresponsal de Pravda, pero realmente un alto funcionario de la Komintern y enviado especial de Stalin al gobierno de Largo Caballero. Koltsov se reunió con el Comité Central del Partido Comunista Español en la tarde de noviembre 6 y les "instó" a que fusilaran a todos los presos en las cárceles de Madrid. ¿Orden o sugerencia? ¿Qué tuvo más peso, cual de estas teorías fue la más decisiva?

Probablemente todas fueron importantes en la decisión de comenzar la matanza esa noche de noviembre 6. Pero algunas consideraciones. Aunque no todas eran tropas profesionales, había más de 40,000 defensores del Frente Popular en Madrid y habían comenzado a llegar las Brigadas Internacionales, organizadas y equipadas por Stalin y la Komintern y con importante presencia en Madrid a principios de noviembre. Equipo militar ruso, incluyendo tanques de guerra y aviones también estaban en Madrid desde octubre (cuando todas las reservas de oro del Banco de España, entre las mayores del mundo, fueron enviadas a Moscú). ¿Qué tan importantes entonces serían 10,000 presos desarmados en la conquista de Madrid? Los anarquistas querrían comenzar el exterminio, pero esa era de hecho la política del Frente Popular y solo fue accidental que se implementara en noviembre de 1936. La intervención de Koltsov puede haber sido decisiva, pero no se puede probar. La verdad es que los que permanecieron en Madrid estaban dispuestos a pelear hasta la muerte, de manera que la posibilidad de perder no pudo haber sido tan decisiva en la matanza. Pero no, hay una explicación más razonable y concordante con la historia: la influencia decisiva de los comunistas en el gobierno del Frente Popular, especialmente de la Komintern y su presencia en Madrid desde octubre de 1936.

Como es bien conocido, la implantación del terror siempre va conjunta con la dominación de los comunistas en cualquier gobierno del que, o forman parte, o controlan. En Rusia, por supuesto, donde todo empezó, ya hemos visto como Lenin y Dzerzhinsky introdujeron la Checa casi desde que los bolcheviques tomaron el poder en noviembre de 1917. Bueno, en España sucedió igual y esa presencia cada vez más dominante de los comunistas en el gobierno del Primer Ministro socialista Francisco Largo Caballero coincidió con el comienzo de las exterminaciones masivas en noviembre en Madrid. Aunque debe señalarse que los asesinatos habían comenzado casi desde febrero, y que especialmente desde agosto, ya se habían hecho algunas "sacas" de las cárceles de Madrid para asesinar a los presos.

Largo Caballero sucedió a Giral como premier el 4 de septiembre y en ese nuevo gobierno ya hubo la inclusión de dos ministros comunistas—más seis socialistas—en contraste con el anterior de Giral donde no había ni socialistas ni comunistas. El 4 de noviembre entraron cuatro ministros anarquistas como se ha mencionado antes y el gobierno se radicalizó aún más. Casi todos los elementos del Frente Popular visualizaron la eliminación de la oposición desde que tomaron el poder en febrero, pero con los comunistas, eso siempre fue parte de su agenda política, incluyendo la exterminación física de manera masiva. Cuando el gobierno de Largo Caballero huyó a Valencia el 6 de noviembre, la oportunidad se presentó al fin, y Santiago Carrillo estaba presente para ejecutar la política de exterminio del partido comunista.

Como es sabido, en cualquier organización, el ejecutivo da una orden, y sus subalternos la hacen cumplir. Cuando la orden llega al nivel de su aplicación, el que la aplica es directamente responsable, aunque claro, toda la cadena, desde el ejecutivo principal, comparten la responsabilidad. En el Madrid del 6 de noviembre, la cadena de responsabilidad comenzaba con Largo Caballero, luego pasaba a su Ministro de Justicia, García Oliver, a su Director de Seguridad Manuel Muñoz Martínez, y finalmente, al Consejero de Orden Público, Santiago Carrillo. Pero Largo Caballero y todos los demás habían huido a Valencia en la tarde, de manera que en Madrid, como jefe militar quedó el General Miaja, quien recientemente se había afiliado al Partido Comunista Español. Miaja, sin embargo, estaba muy ocupado con la defensa de Madrid, y los asuntos de seguridad interna, por ende, quedaban solamente bajo la autoridad de Carrillo. No solo eso, Carrillo, Miaja y toda la Junta de Defensa a cargo de la seguridad y el orden en Madrid estaban en verdad bajo el control directo del General de la NKVD y enviado especial de Stalin, Alexander Orlov (nombre real, Aleksandr Kopatzky), especialmente después de la huída del gobierno en pleno a Valencia la noche de noviembre 6 y ya sabemos cual era la política de exterminio masivo inventada por los soviéticos. ¿Cuál fue, exactamente, la responsabilidad de Carrillo en los asesinatos de Paracuellos? ¿Fue Carrillo culpable de ordenar los asesinatos? La evidencia, incluyendo la evidencia documental, es irrefutable.

Como se ha señalado, no existe ningún documento con la firma de Carrillo que ordenara los asesinatos. Pero esto es claramente la norma histórica. Con la posible excepción de Lenin y Stalin, quienes de hecho firmaron en muchas ocasiones las órdenes de exterminio, casi nunca en la historia esto ha ocurrido. Pero Carrillo si firmó muchos documentos dirigiendo a sus subalternos, sobre todo a su asistente Segundo Serrano Poncela (a quien Carrillo, típicamente culpa de todo lo sucedido) a sacar a los presos de las cárceles para trasladarlos a otras prisiones fuera de Madrid y evitar que se unieran a las tropas franquistas en caso de caer Madrid. Todos los dirigentes a cargo de Madrid sabían perfectamente que tales "sacas" y "traslados" de los presos implicaban su eliminación física. Además, hay una multitud de testigos que han identificado a Carrillo, quien como jefe directo en todo caso era, de hecho, el responsable, como quien dio las órdenes de los asesinatos entre el 6 de noviembre y el 4 de diciembre de 1936 (naturalmente, Carrillo no fue responsable de la mayoría de los asesinatos de Madrid desde agosto, cuando ni se encontraba en la capital, pero si lo fue de los muertos de Paracuellos).

Existe además un documento firmado nada más y nada menos que por Georgi Dimitrov, el búlgaro que fue jefe de la Komintern entre 1934 y 1943, identificando específicamente a Carrillo como responsable directo de todos los asesinatos de Paracuellos. Escribe Dimitrov en una carta a Kliment Voroshilov (ministro de defensa ruso desde 1934) el 30 de julio de 1937) "Carrillo, que era entonces gobernador (en realidad, Consejero de Orden Público, pero en verdad, el jefe de seguridad de Madrid) dio la orden de fusilar a los funcionarios fascistas detenidos". Esta fue una carta secreta entre importantes funcionarios comunistas en la que Dimitrov, desde Valencia, informa a Voroshilov en Moscú sobre la situación en España. De ninguna manera esta carta, que tiene varias páginas y que solo menciona a Carrillo de paso, puede ser considera como algo que implica y culpa a Carrillo por algún ánimo contra él, sino como un simple reporte. Esta, en mi opinión, es la prueba definitiva de la culpabilidad de Carrillo. Esta es la prueba que cubre sus manos de la sangre de los 9,500 muertos de Paracuellos del Jarama en noviembre de 1936.

No obstante, Carrillo siempre negó, después de la Guerra, ninguna responsabilidad por el crimen de Paracuellos, mucho menos su culpabilidad o alguna orden firmada por él autorizando el asesinato de los presos de la Cárcel Modelo y otras en Paracuellos entre noviembre 6 y diciembre 4 de 1936. Muy bien, ahora entonces es tiempo de examinar la mentira y su diseminación, hasta el punto que todavía la enorme mayoría de la Izquierda, de los social demócratas europeos—y de muchos historiadores izquierdistas—niegan que Carrillo fuera responsable de la matanza de Paracuellos excepto en el sentido que era el Delegado de Orden Público. Claro que ese hecho innegable por si mismo lo implica en todo lo sucedido como jefe, pero como Carrillo culpó a su asistente Serrano Poncela, todos sus defensores prefieren creer a Carrillo que confrontar la enorme evidencia histórica. Un historiador específicamente, el irlandés Ian Gibson, quien ha escrito mucho sobre la Guerra Civil, incluyendo una de las primeras investigaciones sobre la muerte de Federico García Lorca, SI responsabiliza a Carrillo de lo que pasó en Paracuellos, pero malamente, y exime a casi todos los demás, especialmente a Muñoz Martínez, y básicamente culpa a los comunistas dirigidos por Moscú (como si Carrillo no hubiera sido un agente comunista en primer lugar, lo cual, por supuesto, fue verdad. Gibson y el historiador francés Max Gallo entrevistaron a Carrillo y creyeron sus mentiras, de manera que sus "historias: al respecto tienen que ser consideradas como, al menos, sospechosas. Por supuesto, el propagandista "historiador" inglés Paul

Preston tiene que ser descartado—pero no lo es. Un hombre que odia tan intensamente a Franco y que miente abierta y probadamente debe estar descalificado, pero no lo está.

El historiador más conocido y prestigioso de la Guerra Civil es probablemente el inglés Hugh Thomas, pero solo dedica UNA página a Carrillo y malamente cubre el crimen de Paracuellos. Otros historiadores españoles más jóvenes igualmente exculpan a Carrillo. Contra todos ellos, la cabalgata de otros historiadores españoles como el gran Ricardo de la Cierva (cuyo padre fue ejecutado en Paracuellos el 7 de noviembre), César Vidal y Pío Moa, han escrito ejemplares historias generales de la Guerra Civil. Otros como los hermanos Salas Larrazábal, José Manuel Martínez Bande y Rafael Casas de la Vega (cuyo padre también fue fusilado en la provincia de Madrid en 1936), han escrito magníficas monografías sobre aspectos específicos de la Guerra. Los datos de los hermanos Salas Larrazábal sobre las pérdidas de vidas en la Guerra y de Casas de la Vega sobre el terror en Madrid en 1936 son inigualables. Pero en inglés, hay dos historiadores muy especiales. Primero, Stanley Payne, eminentemente objetivo y de ninguna manera favorable a Franco, quien ha escrito varios libros sobre la Guerra Civil. Y el más grande de todos, Burnett Bolloten, quien dedicó 40 años de su vida a escribir la monumental y definitiva historia de la Guerra Civil Española, Spanish Civil War, un libro de más de mil páginas documentando todo lo que sucedió en esos tiempos. Todos estos historiadores exponen la gran mentira de que Santiago Carrillo no fue culpable.

En honor a la justicia, se debe apuntar que el reino de terror de Carrillo terminó el 4 de diciembre de 1936 gracias al re nombramiento ese día del anarquista Melchor Rodríguez como Director de Prisiones en Madrid (había sido inicialmente nombrado el 12 de noviembre, pero sus gestiones para parar las sacas fue exitosamente obstaculizada por Carrillo). Este hombre puso su nobleza y su alto sentido de la justicia ante su ideología anarquista y su valiente y enérgica actuación salvó la vida de miles de inocentes en Madrid a finales de 1936. Su memoria debía ser recordada en lugar de la del asesino Carrillo, pero desgraciadamente no ha sido así.

Finalmente, ¿Cuál es el juicio de la historia sobre Santiago Carrillo? Culpable, absolutamente culpable de la masacre de al menos 9,500 inocentes seres humanos en Paracuellos del Jarama en 1936. Ese es el juicio histórico y esa es la sangre que siempre cubrirá su memoria y la mentira que es su herencia—mentira ahora definitivamente expuesta. Santiago Carrillo fue uno de los grandes asesinos en la historia española y es una gran vergüenza para España que todavía su nombre, lejos de estar cubierto de ignominia, sea celebrado por muchos españoles casi como un héroe. Quizás algún día se le recuerde solamente por sus crímenes y por su infamia.

EL CONCEPTO DE RULE OF LAW

Con motivo de la presentación del libro Rule of Law: The Path to Freedom, del distinguido autor cubano-argentino Armado Ribas, he decidido ampliar mis comentarios del pasado sábado en la Librería Books and Books de Coral Gables, pensando en una Cuba del futuro. Este concepto de Rule of Law es muy difícil no solo de traducir al español, sino de explicar. ¿Qué es? ¿Qué significa? ¿Cómo se aplica? Las respuestas a estas preguntas son cruciales y trataremos de explicarlas de la mejor manera posible.

Primero, la traducción. Rule se traduce al español primero como regla, no solo regla de medir, sino regulación. Por eso, después de probar traducciones como imperio de la ley, o dominio de la ley, decidí usar regulación porque pienso que se ajusta mejor a lo que tenemos que explicar. El concepto de la regulación por la ley es muy elusivo, aún para el mundo de habla inglesa, el mundo anglo americano, del cual surge.

La regulación por la ley es tan remota como la Grecia Antigua, cuando Aristóteles primero proclamó que "la regulación por la ley es mejor que la de cualquier individuo". Siglos después, el gran jurista inglés Lord Edward Coke, en una decisión judicial que se produjo en 1610

(Proclamations, 77 ER 1352), escribió: "El Rey mismo no debe estar sujeto al hombre, sino a Dios y a la ley, porque la ley lo hace Rey".

Todavía dos siglos después, otro gran jurista británico, el profesor A. V. Dicey, amplió mucho más el concepto de regulación por la ley y señaló nueve características esenciales sobre la regulación por la ley. Dicey fue además quien popularizó la frase "rule of law" en su libro "An Introduction to the Study of the Law of the Constitution" ("Una Introducción al Estudio de la Ley de la Constitución") en 1885. Estas características son las siguientes:

Primera: La supremacía de la ley, lo que significa que todas las personas (individuos y gobierno) están sujetos a la ley y todos son iguales ante la ley.

Segunda: Un concepto de la justicia que enfatiza (a) juicios interpersonales -los derechos y deberes entre las personas y la resolución de los conflictos entre individuos; (b) leyes basadas en normas; y (c) la importancia de los procedimientos legales -el debido procedimiento de la ley

Tercera: Restricciones en el ejercicio de los poderes discrecionales, es decir, un gobierno de leyes, no de hombres. Y la clave de un gobierno de leyes es el control de la discreción de la personas.

Cuarta: La doctrina de precedentes judiciales -decisiones de los jueces a través del tiempo.

Quinta: La metodología del derecho común -inglés y americano- complementado por legislación parlamentaria.

Sexta: Toda legislación debe ser presuntiva -leyes promulgadas en y para el presente y futuro, nunca retroactivas. Las leyes no pueden ser aplicadas retroactivamente.

Séptima: Un poder judicial independiente.

Octava: El ejercicio por un Parlamento (en Gran Bretaña) o un Congreso (en Estados Unidos) del poder legislativo considerando principios generales, no detalles y políticas. Las leyes deben ser lo más simples posible. El poder ejecutivo debe ser limitado por el legislativo y viceversa. En otras palabras, la división de poderes contenida, por ejemplo, en la Constitución americana. Ambos poderes deben ser balanceados por el poder judicial, que decide finalmente qué leyes promulgadas por la legislatura y aprobadas por el ejecutivo son constitucionales.

Novena: Todas las leyes deben tener una base moral.

Como se puede ver, el concepto de la regulación por la ley es algo muy complejo y que contiene muchos elementos. Pero básicamente el concepto se puede definir como el respeto de todos a las leyes -a todas las leyes, desde las ordenanzas municipales, a las leyes estatales (de carácter regional) y finalmente, a las federales (nacionales). Pero hay que destacar que debido a que en Estados Unidos en particular la soberanía reside en el pueblo -un concepto novel de la Constitución americana promulgada en 1787- se espera por el pueblo que las leyes bajo las que viven y es gobernado ese pueblo sean leyes justas.
Aunque en la Constitución americana no hay mecanismos directos para violar una ley injusta, si existen mecanismos para enmendar y cambiar las leyes. El proceso de la Regulación por la ley, que en este caso se puede también definir como un Estado de Derecho, está entonces basado en el respeto a las leyes justas. El pueblo no puede decidir qué ley es injusta o qué ley se debe desobedecer, pero tiene el poder para -eligiendo nuevos legisladores y otro ejecutivo- eventualmente cambiar las leyes injustas o que puedan convertirse en obsoletas. El sistema está

diseñado para depurarse continuamente. No siempre funciona perfectamente, pero eventualmente funciona lo mejor posible: siempre y cuando la ley se respete. Esa es la clave de todo.

En Estados Unidos se creó algo único en la historia cuando se ratificó la Constitución de 1787. Se creó la primera república constitucional federal. Es decir, se creó una división del poder entre el nuevo gobierno federal o central, y los distintos gobiernos estatales (o regionales). Y también se creó una división entre el poder legislativo, el ejecutivo y el judicial, todos interdependientes e iguales, con la soberanía residiendo en el pueblo. Por eso, el preámbulo de la Constitución comienza con las palabras WE THE PEOPLE OF THE UNITED STATES –Nosotros, el Pueblo de los Estados Unidos.

El preámbulo no es decorativo ni simbólico. Todo lo contrario, es crucial, ya que describe, específicamente, la razón de ser del nuevo gobierno. Continua el Preámbulo: "para formar una Unión más perfecta, establecer la Justicia, asegurar la Tranquilidad doméstica, proveer la Defensa Común, promover el Beneficio (Welfare) General, y garantizar las Bendiciones de la Libertad para nosotros y para nuestra Posteridad, ordenamos y establecemos esta Constitución para los Estados Unidos de América". Estas no fueron meras palabras: han perdurado por 226 años, más que ninguna otra constitución escrita. La razón porque han perdurado y porque han traído más libertad a la mayor cantidad de personas en la historia, es precisamente porque se forjó bajo la regulación por la ley.

De la misma manera, la república federal constitucional americana es única entre todos los demás sistemas de gobierno en que fue creada por una constitución "negativa", es decir, la constitución limita los poderes del gobierno mientras protege los derechos del pueblo.

De la Declaración de Independencia de 1776 viene otra novedad. Se reconoce que los derechos del pueblo -de cada ciudadano, en efecto- son otorgados por Dios, no por el gobierno. Este reconocimiento del Derecho Natural también es único de Estados Unidos.

La Constitución, de hecho, solamente enumera 18 poderes permitidos al Congreso. Vale la pena citarlos:

1-- el poder de imponer y cobrar impuestos (no impuestos sobre ingresos; esos fueron permitidos después de aprobarse la Enmienda 16 en 1913).

2-- obtener préstamos con el crédito de Estados Unidos.

3-- regular el comercio con otras naciones extranjeras, entre los Estados y con las Tribus Indias.

4-- establecer reglas uniformes para obtener la ciudadanía americana y para las bancarrotas a través de Estados Unidos.

5-- acuñar la moneda, regular el valor de la misma y fijar las normas de pesos y medidas.

6-- castigar la falsificación de los activos y los valores de Estados Unidos.

7-- establecer oficinas de correos.

8-- promover las artes y ciencias asegurando por un tiempo limitado los derechos exclusivos de los inventores y autores.

9-- constituir tribunales menores a la Corte Suprema.

10-- definir y castigar la piratería y las ofensas contra las leyes de las naciones.

11-- declarar la guerra, otorgar permisos de corso, formular reglas para las capturas en tierra y mar.

12 -- organizar y mantener ejércitos, pero las apropiaciones de dinero para tales ejércitos estarán limitadas a dos años.

13 -- organizar y mantener una marina de guerra.

14 -- reglamentar y regular las fuerzas militares en tierra y mar.

15 -- organizar una milicia para ejecutar las leyes de la Unión, para suprimir insurrecciones y para repeler invasiones (esto se convirtió en la Guardia Nacional de cada estado).

16 -- organizar, armar y disciplinar la milicia, reservando para los estados respectivos el nombramiento de oficiales de la milicia y el entrenamiento de las milicias.

17 -- ejercer la legislación exclusiva para establecer la sede del gobierno (lo que se convirtió en el Distrito de Columbia, donde se encuentra la capital de Washington) y la edificación de fuertes, arsenales, astilleros y todo tipo de edificación en la sede del gobierno.

18 -- aprobar todas las leyes que sean propias y necesarias para llevar a cabo la ejecución de los mencionados poderes y todos los demás poderes otorgados por esta Constitución al gobierno de los Estados Unidos.

Estos son TODOS los poderes enumerados y otorgados por la Constitución al Congreso. Todos los demás poderes no delegados a los Estados Unidos por la Constitución o prohibidos a los Estados por la Constitución, quedan reservados a los Estados respectivamente o al pueblo. Esta es la Décima Enmienda a la Constitución (parte de la Declaración de Derechos) aprobada, como las primeras nueve, en 1791.

Otra diferencia del nuevo sistema de gobierno creado por la Constitución de 1787 es que no se menciona ni una sola vez la palabra democracia -como tampoco se menciona en la Declaración de Independencia. Tampoco se menciona en la Constitución la regulación de las elecciones, excepto las reglas para la composición del Senado y la Cámara de Representantes y para la elección del presidente y vicepresidente.

Las acostumbradas frases como elecciones por el voto secreto y universal de los ciudadanos no aparecen en la Constitución. La regulación de las elecciones quedó a cargo de las legislaturas estatales, de manera que cada estado establece sus propias normas para la elección de oficiales estatales y locales, tales como la edad mínima y otros requisitos como poseer cierta cantidad de propiedad o saber leer y escribir.

La franquicia electoral era muy limitada al principio de la creación de Estados Unidos. Probablemente no más del 10% de los ciudadanos podían votar, y las mujeres y los esclavos estaban excluidos. De manera que la república federal constitucional creada en 1787 no puede ser llamada una democracia bajo ninguna interpretación de esa palabra. Es más, en los debates de la Convención Constituyente en Filadelfia en el verano de 1787, hay múltiples menciones de la palabra democracia, pero todas y cada una son críticas o condenatorias.

Los fundadores de Estados Unidos tenían una gran desconfianza y un gran temor a todo tipo de democracia y trataron por todos los medios que la nueva nación NO fuera una democracia, sino una república. El temor al desorden y al caos que existía en algunos estados -las antiguas colonias todas se habían convertido en estados independientes con sus respectivas constituciones, agrupadas en una especie de Liga bajo los Artículos de Confederación- mayormente creados por las legislaturas estatales y sus irresponsables y demagógicas políticas, fue precisamente lo que dio lugar a la Convención Constituyente de 1787.

Los fundadores se aseguraron que la nueva nación tendría un gobierno central suficientemente fuerte, pero limitado por la Constitución, con los derechos individuales firmemente protegidos. Ese complicado sistema de frenos y balances y división de poderes que resultó de la Convención en Filadelfia, fue la nueva nación de los Estados Unidos de América.

Ahora, el nuevo sistema creado, la nueva república constitucional federal, como es una nación de leyes, bajo la regulación por la ley, que se crea y aprueba por el Congreso, necesita otro mecanismo para aplicar las leyes.

Este es el sistema de cortes, desde las municipales, pasando por las condales y estatales, y finalizando en las federales. La Corte Suprema decide la constitucionalidad de todas las leyes aprobadas en todos los niveles. Pero el sistema judicial federal se compone además de las cortes de distrito y las cortes de apelación, o de circuito.

La Constitución NO le otorgó a la Corte Suprema el poder de interpretar las leyes y de decidir la constitucionalidad de ellas. Esto resultó de uno de los primeros casos juzgados por la Corte Suprema bajo la presidencia del más grande de todos los jueces que jamás se sentaron en esa Corte, el Juez John Marshall, quien presidió la Corte Suprema por 35 años, de

1801 a 1835. En el famoso caso Marbury V. Madison, el primer caso importante que la Corte de Marshall decidió en 1803, el gran Juez escribió la opinión unánime de la Corte, invalidando el Judicial Act de 1789. La frase clave es esta: "Es enfáticamente la provincia y el deber del Departamento Judicial decir que es la ley". Con esas palabras nació lo que se conoce como Revisión Judicial, la habilidad y el derecho de la Corte Suprema de ser el árbitro final sobre la constitucionalidad de las leyes.

La Corte de Marshall fue además enormemente importante en la creación y consolidación de una gran república comercial, puesto que la mayoría de sus decisiones importantes afirmaron lo casi sacrosanto de los contratos en Estados Unidos. Marshall además fue un gran defensor de los derechos individuales y de las corporaciones, a las cuales les otorgó casi los mismos derechos que a los individuos. De manera que fue uno de los más importantes arquitectos de la nueva república.

El otro invaluable arquitecto de la república comercial, el hombre más responsable de lo que se convirtió Estados Unidos a través de su larga historia, fue el primer Secretario del Tesoro, Alexander Hamilton.

Hamilton en realidad convirtió a la nueva nación en una república comercial, primero con su plan de asumir todas las deudas, estatales y federales, incurridas durante la Guerra de Independencia. Esto le dio seriedad y validez a la república instantáneamente, y le aseguró el crédito futuro a Estados Unidos.

Quizás igualmente importante fue su Reporte sobre Manufacturas. Con este plan, que no fue adoptado (la asunción de las deudas, muy opuesta por Jefferson y Madison, resultó de un acuerdo mediante el cual el Congreso aprobó la ley, y la capital del país, que era New York, fue trasladada, eventualmente, a un distrito sureño entre Maryland y Virginia, lo que sería Washington, D. C.), Hamilton ideó una república industrial y comercial, con tarifas proteccionistas que se convirtieron en la principal cuestión electoral por más de un siglo, con el Partido Demócrata apoyando el libre comercio y el Federalista, Whig y

Republicano, apoyando aranceles para proteger a las nacientes industrias americanas.

Hamilton trató de utilizar -primera vez que esto se hizo- la llamada cláusula "propia y necesaria", la última de las 18 enumeradas y permitidas al Congreso por la Constitución y una cláusula muy flexible. Madison, uno de los creadores de la cláusula, se opuso, porque consideró muy amplia la interpretación de Hamilton.

La visión de Hamilton triunfó -y ayudó a crear los primeros partidos políticos: Republicano-Demócrata de Jefferson y Madison, Federalista de Washington, Hamilton y John Adams -aunque curiosamente el partido de Jefferson y Madison dominó la política de la nueva nación por casi la primera mitad del siglo, eligiendo a tres presidentes consecutivos por dos términos cada uno. Aún John Quincy Adams, hijo de John, el segundo presidente, se consideraba Republicano-Demócrata, y cuando el verdadero Partido Demócrata nació con la elección de Andrew Jackson en 1828, dominó la vida política de la nación hasta la elección de Abraham Lincoln en 1860, el primer presidente Republicano.

Su partido habrá triunfado políticamente, pero la visión de Jefferson de una república agraria con pocas grandes ciudades y poca industria, quedó enterrada para siempre. Las decisiones de Marshall se ocuparon del resto: Estados Unidos sería una gran república comercial-industrial por el resto de su historia, donde la libertad y la creación de riquezas producidas por ese sistema dual de libertad bajo un gobierno de leyes, creó y sigue creando la mayor cantidad de riquezas que el mundo ha conocido.

Posible aplicación del concepto de Regulación por la ley y de la Libertad creada bajo ese sistema en una futura República Constitucional en Cuba.

Las lecciones y las ventajas de este sistema dual para Cuba en un futuro son obvias. Pero primero se debe indicar que estos conceptos fueron desconocidos aún en la primera República de Cuba inaugurada en 1902.

Los americanos reconstruyeron a una Cuba totalmente devastada después de la Guerra de Independencia que culminó con la Guerra Hispano-Americana y la ocupación de la isla por Estados Unidos entre 1898 y 1902.

El gobierno de ocupación construyó la infraestructura de la isla, terminó con las epidemias de fiebre amarilla y malaria (con buena ayuda del descubrimiento del médico cubano Carlos Finlay de que el mosquito era en trasmisor de las epidemias) y creó un sistema de sanidad en toda Cuba, implantó un nuevo sistema educacional y las primeras escuelas públicas, y fue instrumental en la redacción de la primera Constitución cubana, que fue modelada en la americana, pero que estúpidamente, por parte de Estados Unidos, incluyó la funesta Enmienda Platt en su texto.

Todo eso le dio un buen impulso a la nueva nación independiente. En realidad, se crearon una serie de condiciones propicias y favorables al éxito de la nueva república, condiciones bastante más favorables que las de casi todas las demás repúblicas hispanas independizadas de España en el siglo anterior.

Pero el concepto de regulación por la ley no fue aprendido por los cubanos. El primer presidente de Cuba independiente, Tomás Estrada Palma, no solo insistió en su reelección en 1906, sino que al producirse una rebelión liderada por José Miguel Gómez y el Partido Liberal, quienes se sintieron defraudados del triunfo presidencial en 1906 al Estrada Palma ganar por un fraude masivo, renunció junto a todo su gabinete, dejando a Cuba sin gobierno y obligando a Estados Unidos a intervenir bajo la Enmienda Platt, a pesar de que el Presidente Theodore Roosevelt estaba opuesto a la intervención

Por el resto del medio siglo, los políticos de la Cuba republicana vivieron en un país donde los hombres y no las leyes gobernaban, y donde las leyes se burlaban abiertamente, todo lo opuesto a un gobierno bajo la regulación por la ley.

Luego los cubanos nunca aprendieron estos grandes principios creados por sus vecinos del norte. Por supuesto, desde 1959, Cuba ha sido gobernada también por un sistema no de leyes ni de hombres, sino de un solo hombre. Un siglo de ignorancia de los principios que crearon la libertad y la riqueza en el mundo.

No importa cuando el sistema político en Cuba permita cambiar las fortunas del país, no es solo cuestión de adoptar cambios, reformas o un nuevo modelo (chino, vietnamita, lo que sea) para crear un sistema más eficiente, libre y abierto, sobre todo económicamente, sino de crear una nueva república de la nada (pero en condiciones mucho más favorables que las existentes en 1902).

Aplicar los conceptos y principios de la Regulación por la ley le permitiría a Cuba rápidamente ocupar un alto lugar entre las naciones más prósperas del mundo. Pero si no se instaura una nueva república bajo estas normas, que han probado con creces a través de casi tres siglos (pues las colonias inglesas en Norte América ya llevaban muchos años viviendo bajo la Regulación por la ley antes de nacer Estados Unidos en 1787) que son las únicas que producen la mayor libertad y la mayor prosperidad para todos los individuos que viven bajo el sistema, Cuba seguirá condenada a nunca cumplir la gran promesa que siempre ha podido ser.

No la que soñó Martí, porque eso nadie lo puede saber exactamente ni en realidad importa tanto, sino una nación moderna, libre y próspera, lo que debe ser, lo que casi todos los cubanos de buena voluntad queremos que sea. ¿Cómo se puede lograr esto? Veamos un ejemplo muy sobre-simplificado.

Como en China en 1979, se puede comenzar con zonas industriales en selectos enclaves costeros. Obviamente, las inversiones tienen que ser garantizadas por el gobierno. Pero el gobierno cubano puede recibir ayuda de Estados Unidos inmediatamente. Solo es necesario cumplir los mínimos requisitos para eliminar la Ley Helms-Burton, celebrando elecciones libres (las primeras podrían ser "cosméticas", con partidos semi-gubernamentales) y liberar los presos políticos. Así se puede contar de inicio con créditos americanos y seguros a las inversiones por parte de organismos americanos e internacionales.

Luego se abren otras nuevas zonas comerciales-industriales y se permiten nuevos partidos políticos. Sería de esperar que la prosperidad casi inmediata indujera al gobierno a mayores aperturas políticas, que culminarían en la elección de una Convención Constituyente para adoptar una nueva Constitución. En esa Constitución se pueden incorporar los principios y conceptos mencionados. No es imposible y no tienen que pasar 35 años como en China, donde todavía no hay libertad política.

No importan nuestras diferencias políticas, si los herederos de la "revolución", algo en que nadie ya cree, no se aferran al poder indefinidamente y si eventualmente (uno esperaría y quisiera que no demorara mucho) abren sus mentes a la realidad, a la verdad histórica, todos estos beneficios son inevitables y Cuba podría comenzar a ser, por fin, una república de todos y para el bien de todos.

CIVILIZACIÓN Y BARBARIE: La Lucha por la Libertad frente al Terrorismo (*)

La civilización y la barbarie están con nosotros desde que seres humanos primero caminaron en este mundo. Para los que creen en la Biblia, despues de la expulsión del paraiso de Adán y Eva, la primera barbarie fue cometida cuando Cain asesinó a su hermano Abel. Para los que creen en la evolución, desde que el hombre es hombre, ha cometido barbaries contra sus semejantes. La civilizacion eleva al hombre, pero la barbarie siempre lo trae hacia abajo, hacia lo mas bajo y bestial de su existencia y de su especie. Son las dos caras del ser humano, la nobleza y los instintos barbáricos. La tendencia a través de la historia ha sido la elevación paulatina del ser humano hacia niveles cada vez mas altos de civilización. Pero el proceso no ha sido continuo y constantemente ha incluido interludios de una barbarie tal, que parece como que volvemos a los principios de las sociedades organizadas en tiempos de los cavernícolas. Despues, poco a poco continua el proseso de ascendencia a niveles superiores de civilización. Pero la marcha es lenta y larga, y algunas veces parece que el hombre está condenado como especie a su destrucción final.

Hace ocho años, la angustiosa pregunta fue por que sucedieron los ataques de estos bestiasles terrorístas islámicos. Con la adicional pregunta de por qué nos odian tanto. En realidad, la respuesta fue, y es, muy facil. Nos odian por lo que somos. Nos odian por nuestra libertad, principalmente. Nos odian por nuestro progreso material. Nos odian por nuestro éxito—y por el fracaso de las sociedades islámicas en comparación con las sociedades occidentals, cristianas y judías en su enorme mayoría, de contra. Nos odian, en resumidas cuentas, porque sus creencias los obligan a eso: la religion que fundó Mohamed hace 15 siglos es una religion absolutísta y absolutamente intolerante de ninguna otra creencia. En si, el significado de la palabra Islam en arábico es sumisión; olviden lo que dicen los apologístas del Islam, que aún aquí locamente son muchos. Esto quiere decir que el Islam obliga a la sumisión de todos los no creyentes en la fe, o infieles, a someterse y convertirse al Islam o ser destruidos. Literalmente. Para ser todavía mas claro, si no se convierten al Islam, tienen que ser muertos. En el caso de los creyentes en "el libro", o sea, en la Biblia, cristianos y judios, hay una otra alternativa a la conversión forzada: convertirse en ciudadanos de segunda clase pagando impuestos onerosos y con mínimos derechos. Para los no creyentes o paganos, solo existen dos caminos, la conversion o la muerte.

Poco después de los ataques a las torres gemelas de New York y al Pentágono en Washington, el asesor del presidente George Bush Jr. sobre el Islam, el profesor David Forte, de Cleveland-Marshall College, quien no habla arábico y admite su diletantísmo en asuntos islamíicos, aconsejó a Bush contra el uso de la palabra "cruzada" en su primer discurso ante el Congreso, la cual nunca más se mencionó y que los "extremístas" islámicos eran solo eso, una mínima minoría, mientras todos los demás islámicos son generalmente "buenos" y pacíficos". Pero eso no es verdad. Lo que enfrentamos, desde años antes de los ataques del 9-11, es una guerra santa, un Jihad contra EEUU y el modernísmo, lo que incluye a Europa, Hispanoamérica, y por supuesto, a Israel. Y esos islámicos pacíficos, esa enorme mayoría que nos quieren hacer creer no apoya la violencia y la barbarie de los "extremistas", aunque sea por miedo SI aprueba y apoya y hasta admira la barbarie que comete esa "minoria extremista", la cual en el peor de los casos, con 1.3 billones de musulmanes en el mundo, si fuera tan solo un 10% de la poblacion islamica, constituiría 130 millones de guerreros feroces cuyo único deseo es destruirnos.

La barbarie es endémica en las sociedades islamicas, desde el trato hacia las mujeres, que solo son objetos para ser utilizadas al capricho de los hombres y que son consideradas por debajo de los perros y los más útiles camellos, hasta el trato hacia los demás infieles o no creyentes. Pero tambien viene de las sociedades tribales cerradas, donde la violencia y la enemistad de sangre entre tribus tambien son endémicas. Con seres como estos, ya en el plano social o religioso, y recuerdese que el Islam es toda la sociedad, todos los actos, todo en la vida de sus creyentes, NO se puede negociar, ni dialogar, ni llegar a ningun acuerdo sobre nada. El Islam EXIGE la sumisión. Como ya se ha mencionado, ese es el significado de la palabra Islam. El apaciguamiento es peor y contraproducente, pues para los islámicos el honor, la verguenza y el respeto lo es todo. Las consecuencias, tanto de la retirada del Líbano durante la administración del presidente Reagan en 1983, hasta la inactividad del presidente Clinton antes los diversos ataques en los años 1990s, llevaron a un liderzuelo sin importancia como Osama Bin Laden a concluir que EEUU era un tigre de papel, un pais cobarde y sin honor. Las consecuencias las conmemoramos hoy.

En el Islam hay tres etapas, la del Jihad, Guerra Santa o la Senda de la Guerra de Mohamed, llamada Dar al-Harb. Una etapa intermedia, donde, mientras los islámicos son una minoria y se preparan para la conquista de los infieles, es permitido adoptar una actitud pacifica, o sea, una tregua, mientras el Islam se consolida y llega a ser el poder dominante para conquistar a un pueblo o territorio. Esto viene desde tiempos de Mohamed cuando se trasladó a Medina y fue aumentando sus fuerzas hasta que pudo conquistar la más populosa Meca y se llama

Dar al Sulh. Finalmente, cuando mediante el Jihad, el Islam conquista y somete, se llega a Dar al-Salam, el estado de paz mediante el sometimiento total de toda la población.

El Jihad no formaba parte originalmente de los cinco pilares del Islam, pero se agregó durante las primeras conquistas de Mohamed, sobre todo despues de la conquista de Meca. Eventualmente, el Jihad se convirtió en el pilar principal y casi la razón de ser del Islam, hasta conquistar el mundo entero. La libertad es asimismo anatema para el Islam, el concepto de libertad es incompatible con los preceptos islámicos y con la Sharia, o ley islámica, tanto en el plano general como en el individual. El propósito de los hombres creyentes es someterse a la voluntad de Allah (que enfáticamente NO es el mismo Dios judeo-cristiano) y como sus vidas estan predestinada ¿libertad para que? Además, es una contradicción de términos, y por lo mismo, esta proscrita. Hasta la misma razón es ajena al Islam. El Quran no es solo la palabra de Dios, ES DIOS, fue escrito por de DIOS y existe una copia original en el Paraíso Islámico, no esta sujeto a ninguna interpretacion por NADIE, tiene que ser creido y aceptado tal como es, tal como se escribió hace 1400 años. El mero hecho de intentar aplicar razonamientos al contenido del Quran está prohibido, constituye una blasfemia, lo cual está condenado por la muerte. Donde hay una orden explicita de Allah (Quran) o un precedente establecido por su profeta Mohamed (Sharia y Haddith, o tradiciones) ningun hombre y ninguna institución humana, tal como legislaturas o tribunales no islámicos, pueden emitir juicios independientes. La noción de la soberania popular es una herejía, ya que todo el poder pertenece a Allah.

El escritor Serbio Serge Trifkovic explica de la manera siguiente como el terrorísmo de estado practicamente comienza, historicamente, con la religión islámica: "El Islam ha creado el Jihad y esta definido por el Jihad. Es la única de las grandes religiones monoteístas en la historia de la humanidad con una doctrina, una teología y un sistema legal de violencia obligatoria contra todos los infieles o no creyentes. Este hecho hace del Islam la ideología política mas antigua que ha adoptado el terrorismo como una herramienta sistemática de su política y no como un expediente temporal inoportuno". Defeating Jihad, 2006, p. 57.

Por otro lado, el origen del terrorismo islámico moderno proviene de la Guerra los Seis Dias, en la cual Israel derrotó aplastantemente a los ejércitos combinados de Egipto, Siria, Jordania e Irak en junio de 1967. La Unión Soviética (URSS), al ver como todos estos estados clientes (menos Jordania) no solo habían sido derrotados militarmente, sino que su influencia en la region casi había desaparecido, elaboró una estrategia multiple entre 1967 y 1972. Primero, comenzaron a rearmar nuevamente a Egipto, Siria e Irak, con más y mejores armamentos. Segundo, crearon a un lider, Yasser Arafat, con la ayuda de Gamal Abdel Nasser de Egipto, para encabezar una organización "sombrilla" contra Israel y contra su mayor aliado y apoyo--EEUU--la Organización para la Liberación de Palestina (PLO). Tercero, comenzaron a entrenar y financiar a comandos terroristas palestinos en la Universidad Patrice Lumumba en Moscú en los 1960s. Más adelante, campos de entrenamiento se organizaron en varios países de Europa comunista como Checoslovaquia y Bulgaria, ademas de Argelia y eventualmente Cuba. En sus orígenes, entonces, el terrorismo islámico tuvo como base política a Rusia y sus satélites comunistas. Esta operación, denominada "SIG", fue diseñada por Yuri Andropov, jefe de la KGB, en 1972, de acuerdo con el general búlgaro Ion Pacepa, quien desertó en 1987. ("The Kremlin's Killing Ways", National Review, Noviembre 28, 2006).

Despues de la caida del comunismo, pero en si desde la toma de Irán por los extremistas islamicos del Ayatolah Khomeini en 1979, la lucha tomó rasgos religiosos islámicos más que ideología política. La URSS siguió financiando a los terroristas, pero Irán tomó una posición cada vez más importante como pais líder del terrorismo, junto con Siria, Libia e Irak. Las distintas organizaciones terroristas surgieron, en los años 1960s, eventualmente culminando en el PLO con Arafat al frente. Arafat fue jefe del PLO desde 1969 hasta su muerte en 2004. De familia económicamente próspera, nacido, crecido y graduado de ingeniero en Egipto, era "cristiano", segun el. Fue comunista por muchos años, controlado por la KGB, de acuerdo con el general Pacepa, y murió de SIDA, algo siempre ocultado por sus seguidores y hasta sus enemigos; su predileccion por jovencitos fue bien conocida y notoria (ver Ion Pacepa, Red Horizon, 1987), pero como la homosexualidad es una gran deshonra para los árabes, aunque muchos la practican, esto un tema tabú.

Desde el surgimiento de Al Qaeda (La Base) y su liderazgo por Bin Laden, Arafat fue básicamente suplantado como el principal lider terrorista mundial. Bin Laden fue un guerrero anti comunista en Afganistán, pero primordialmente islamísta, defensor de la fé practicada por la secta basada y prevalente en Arabia Saudí, el Wahhabismo, una de las mas feroces y fundamentalistas del Islam y co-fundadora y legitimadora del régimen Saudí desde su creacion en los años 1920s (la asociación entre el clan Saudí y el Wahhabismo viene desde el siglo 18 y la creacion de la secta por su fundador Muhammad al-Wahhab), despues de la Primera Guerra Mundial, por el "principe" beduino Ibn Saud. Bin Laden peleó en Afganistán contra la invasión rusa en los 1980s y despues de la retirada rusa, siguió su lucha por el fundamentalismo islámico, ahora contra la familia Saudí y EEUU. Sus planes, al no poder o no querer EEUU durante la administración del presidente Clinton, capturarlo o matarlo, culminaron en los ataques de septiembre 11, 2001. Por cierto, todavía tan recientemente como el 2006, la nueva policía secreta rusa, FSB, sucesora de la KGB, seguía entrenando a terroristas islamicos, ahora de Al Qaeda, incluyendo a Ayman al-Zahawiri, segundo de Bin Laden. (Pacepa, "The Kremlin's Killing Ways", p. 1).

Pero el Islam, aunque desde hace años es la más grave amenaza que enfrentamos aquí en EEUU y en todos los paises más libres y avanzados, más civilizados del mundo si se quiere, no es, ni nunca fue remotamente el más grande exponente de la barbarie en la historia. No, ese deshonor pertenece al comunismo. Bajo su reino de terror incomparable en la historia, murieron entre 150 y 200 millones de seres humanos, principalmente bajo los dos grandes asesinos del sistema, Stalin y Mao Tse Tung (Libro Negro del Comunismo, varios autores, 1999). La bestialidad y barbarie de los comunistas no tiene paralelo en la historia. Los islámicos, aun en los 15 siglos de su existencia, no se aproximan a los crímenes comunistas. Y despues de todo, su barbarie es casi natural, dado que salieron de la barbarie de una sociedad primitivísima en el desierto de Arabia y todavía, culturalmente hablando, se mantienen en ese medio ambiente social e histórico. O sea, son criaturas de su propia naturaleza. Pero los comunistas son "científicos" que matan bajo la bandera del racionalismo y que cometen los mas bárbaros crímenes para hacernos "mejores" seres humanos. Nos matan para salvarnos. Vean el contenido de una orden escrita a mano y firmada por Lenin en agosto de 1918 "Cuélguenlos para que la gente los vea, por los menos a 100 kulaks, ricos, sanguijuelas chupasangre . . . Háganlo de manera que la gente por cientos de kilómetros vea, tiemble, sepa y grite: están ahorcando por centenares a estos kulaks chupasangre". Casi 20 años despues, al principio de la Guerra Civil Española, un líder comunista responsable de una matanza mucho menor, entre 130 y 200 soldados y civiles cuyo único crimen fue estar en contra de la barbarie comunista, escribió con regocijo: "Castro (su nombre era Enrique Castro Delgado) sonrie al recordar la fórmula . . . Matar . . .Matar . . . seguir matando hasta que el cansancio impida matar más. . . Despues. . . despues construir el socialismo. . . Que salgan en filas y se vayan colocando junto a aquella pared de enfrente, y se queden allí, de cara a la pared. . . ¡Daos Prisa! (Cesar Vidal, Paracuellos-Katyn, 2005, p. 128).

Durante las purgas de Stalin en los años 1930s, al menos 9 millones de rusos, casi todos ex comunistas, fueron asesinados por la

NKVD, antesesora de la KGB. Y habrá caido el comunismo y desaparecido la mal llamada Unión Soviética, pero los terroristas comunistas y sus sucesores siguen matando. Tan recientemente como en el 2006, fue asesinado en Londres el ex-agente de la KGB/FSB Alexander Litvinenko, envenenado con Polonio radioactivo, precisamente para que no revelara el entrenamiento de comandos de Al Qaeda por agentes de la FSB rusa. Y claro, los comunistas cubanos, coreanos y chinos, para no mencionar a las FARC colombianas, a la ETA vasca y el IRA irlandes, todas organizaciones comunistas apoyadas y financiadas por estados terroristas como Corea, Cuba y otros estados no identificados como terroristas, pero tan dañinos a la paz y la libertad en el mundo, siguen cometiendo barbaries y atrocidades todos los dias. Hace solo dos meses, los chinos comunistas masacraron a miles de chinos Uigurs, una minoría racial en su propio pais, solo por reclamar ciertos derechos básicos.

La barbarie china comunista, si esto es posible, fue mucho peor que la de los fundadores rusos, ya que Mao Tse Tung mató a muchos más millones de chinos que Stalin mató rusos. Pero con una diferencia. Al principio, los comunistas rusos eliminaron a clases sociales enteras, ya que la doctrina exigía eso para crear un mundo mejor. Muchos deben recordar la célebre frase de Lenin que para hacer una tortilla hay que romper huevos. A lo que contestó alguien, con la pregunta: ¿Y si no queremos tortilla? Además, en su paranoia, Stalin mató a millones de comunistas y otros grupos sociales indeseables. Pero Mao mató a millones de indefensos ciudadanos por pura maldad. Para el los millones de chinos eran como un lastre. Una vez, considerando la posibilidad de otra guerra mundial en los 1960s, después que los chinos habían adquirido (de la URSS, que luego lo lamentó amargamente) bombas nucleares, famosamente dijo, cuando se enteró de los millones de muertos que causaría una guerra nuclear mundial, que China se podía dar el lujo de perder 300 millones en tal guerra y todavía le sobrarían chinos para conquistar el mundo. Para no hablar de los millones de chinos que murieron de hambre debido a la megalomanía de Mao con la implementación de su llamado Gran Salto Adelante en 1958 y su Gran Revolucion Cultural en 1965. Cuando millones de chinos morían en hambrunas anuales en los 1960s, China exportaba—y hasta regalaba—a países africanos mayormente, por propaganda y para competir con Rusia por el liderazco comunista en el mundo, millones de toneladas de trigo. (Toda la información citada se encuentra en el libro de Jung Chang y Jon Halladay, The Unknown Story: Mao, 2005). Y no olvidemos que sucedió cuando se combinaron la barbarie comunista con la barbarie asiática, donde la vida tiene mucho menos valor que en occidente. En Cambodia, cuando el Khmer Rouge conquistó el poder en 1975, entre 2 y 3 millones de indefensos seres humanos, hombres, mujeres, niños y ancianos, murieron al ser expulsados al campo, cuando las bestias comunistas desalojaron las ciudades como si estuvieran expulsando ratas. A los que no morían de hambre y enfermedades, los asesinaban a culatasos de rifle, para ahorrar balas. Mataron a quizás un 20% de la población.

Lo que pasó hace ocho años, no lo podemos olvidar. Y no lo debemos perdonar. Nunca. Es posible que el terrorismo isáamico no pueda ser completamente erradicado de este mundo en que vivimos en el transcurso de nuestras vidas. Mientras tanto existan bestias barbáricas y fanáticas, hombres, mujeres y hasta niños, que esten dispuestos a dar sus vidas a cambio de destruir otras vidas y las sociedades que tanto odian, probablemente no sea posible exterminar a todos los terroristas, tanto islámicos como seculares. Pero es nuestro deber tratar por todos los medios de, por lo menos, neutralizar el terrorismo en nuestro tiempo. Esto quiere decir matar a todos los terroristas que sea posible. Lo cual podemos lograr no solo nosotros en nuestras sociedades, sino esas mismas bestias islámicas en las de ellas. ¿Como? Recuerden que los islámicos se odian tanto entre ellos como nos odian a nosotros. Y los terroristas no viven en un vacío. Viven en sus respectivos paises islámicos, cuyos gobiernos los apoyan, los financian y los protegen. Si las sociedades amezanadas deciden hacer suficientemente costoso—en términos económicos y en vidas humanas—a los gobernantes de esos paises islámicos ese apoyo a los terroristas, ellos mismos se encargaran de exterminarlos. Veamos si la historia tiene algo que enseñarnos al respecto. A fines del siglo 19 y principios de siglo 20, se desató en el mundo occidental, es decir, Europa y EEUU, no casi en Hispanoamerica, una verdadera oleada de terrorísmo anarquísta y en Rusia y otros paises de Europa oriental una comparable violencia terrorísta por los movimientos nihilistas. Mataban desde civiles inocentes hasta reyes, presidentes y prelados, incluyendo mujeres y niños. Asesinaban con cualquier arma disponible, pero principalmente usaban bombas, con lo que mataban aun a más inocentes. Pero eventualmente esa violencia fue controlada, utilizando los medios más drásticos, y aunque muchos factores contribuyeron al final de aquel terrorismo, incluyendo ese intervalo trágico y bárbaro que fue la Primera Guerra Mundial, ese terrorismo basicamente se terminó. Si, despues surgieron otros movimientos terroristas, como hemos visto, sobre todo con el triunfo del comunismo en Rusia, pero se pudo y se puede hacer. Solo hay que tener la voluntad para hacerlo. ¿La tenemos nosotros? Esa es la pregunta a contestar.

Para terminar, quiero citar unas lineas del poeta ruso Vasily Grossman, escritas acerca de una de las peores barbaries cometidas por los comunistas en tiempos de Stalin, la hambruna en Ucrania que mató de hambre y enfermedades a más de tres millones de personas. Esta barbarie se ordenó como política del régimen a propósito, para someter a los ucranianos que no aceptaban la colectivización forzada ordenada por Stalin.

"¿Y a donde se ha ido la vida? ¿Y que ha sido de todo ese pavoroso tormento y tortura? ¿Será posible que nadie pague por todo lo que sucedió? ¿Que todo sea olvidado sin siquiera palabras para conmemorarlo? ¿Que la hierba crezca sobre toda la infamia y la barbarie?" Por eso estamos aquí hoy. Para que nunca se olvide esta gran barbarie cometida hace ocho años aquí, en lo que es nuestro último refugio y hogar hasta que Cuba sea libre, si por fin llega ese día.

(*) Extractado de una conferencia ofrecida en Casa Bacardí, Universidad de Miami, conmemorando el octavo aniversario del ataque a las torres gemelas de New York. El escritor Armando Ribas y el ex alcalde de Miami Maurice Ferré estuvieron conmigo esa noche.

EL DERECHO DE PROPIEDAD Y SU PAPEL
EN EL FUTURO DE CUBA

El derecho a la propiedad privada es uno de los tres grandes derechos naturales, junto con la vida y la libertad, que el Creador le otorgó a los seres humanos cuando los creó. Combinados con los derechos suplementarios del libre albedrío y la búsqueda de la felicidad, este grupo de derechos básicos es lo que diferencia a los seres humanos de los demás animales en la creación y los hace especiales, sobre todo ante los ojos de Dios.

El diccionario legal Black's, la autoridad aceptada en la comunidad legal americana, define Derecho Natural de la manera siguiente: "Un sistema filisófico de principios morales y legales derivados de una concepción de la naturaleza humana o justicia divina, opuesto a derechos legislativos o judiciales". Pero una definición legal no es suficiente, porque los derechos antes que nada tienen que ser percibidos, tiene que haber conciencia de que los poseemos. Además, es necesario que sean aplicados. De lo contrario, de nada valen, para nada sirven. Y para aplicarlos, es necesario que una fuerza social independiente exista y que se respete esa aplicación por el resto de la sociedad.

Todo esto es lo que hace que los derechos naturales en realidad SEAN. Es decir, aunque los derechos naturales sean otorgados por un Ser Supremo, los seres humanos necesitan tener conciencia de ellos. y necesitan ser aplicados para que tengan efecto.

La Antigüedad

El concepto de propiedad privada (que no es exactamente lo mismo que el derecho a la propiedad privada) es antiquísimo. En si, los primeros humanos, cuando se congregaron en pequeños grupos, ya tenían conciencia de la propiedad privada. ¿Como? Pues somos dueños de nuestros propios cuerpos, de nuestros pensamientos, de nuestras palabras. Todo esto ya estaba presente antes que la propiedad de la tierra apareciera cuando las pequeñas tribus se asentaron y se convirtieron en sociedades agricultoras.

Pero cuando cazaban y pescaban, aunque a veces compartían sus instrumentos, eventualmente los arcos, las flechas, y las estacas, pasaron a tener dueños individuales, así como el producto del trabajo. Así nació la propiedad privada: de una manera obvia y necesaria. El historiador y filósofo alemán del siglo 19 Heinreich Von Teietchke señala que las palabras "mía" y "tuya" existen en todos los idiomas para indicar derechos de propiedad, por lo que la propiedad se funda en el impulso natural del hombre a extender su propia personalidad; lo cual tiene mucho sentido. Curiosamente, hasta un comunista como Leon Trotsky reconocía que las libertades civiles vienen de los derechos de propiedad privada. Pero ¿como se extendieron, como se desarrollaron esos derechos de propiedad privada, sobre todo a la tierra?

En tiempos de Grecia Antigua, Aristóteles escribió que la propiedad privada está implantada en la naturaleza humana, siempre ha existido y es lo que ofrece a los humanos la manera de actuar moralmente. Ya en Grecia -y antes- en la civilización Micenea, se reconocía el derecho a la tierra como propiedad privada individual. El reconocido autor de los Clásicos Victor Davis Hansen teoriza que cuando la civilización Micenea desapareció entre el 1600 y el 1200 AC, ya fuera por un cataclismo o por conquistas externas, los grandes latifundios desaparecieron también.

Con el tiempo, las nuevas sociedades se reorganizaron, y aunque las mejores tierras en los valles todavía eran controladas por terratenientes que las cultivaban con esclavos, otras tierras menos codiciadas, situadas en las laderas, de mucha menor extensión -quizás promediando 10 acres y cultivadas por pequeños agricultores con ayuda de pocos esclavos- llegaron a predominar en la Grecia Antigua. Se conocían como georgos. Eran dueños de sus pequeños lotes y del cultivo que producían. Es más, esos lotes individuales producían más que los grandes latifundios.

Además, los georgos tenían el derecho al voto y eran militarmente autosuficientes, formando parte de los grandes guerreros griegos, los hoplitas, temidos en la antiguedad por sus innovativas tácticas militares que hicieron a ciudades estados como Corinto y Atenas dominantes en esa parte del mundo antiguo (En Esparta NO existía el derecho a la tierra como propiedad privada individual; la tierra era propiedad comunal).

En tiempos bíblicos también existía alguna tierra como propiedad privada, aunque para ese entonces la tierra pasaba a ser propiedad de los reyes y grandes señores. En el libro de Génesis (23: 1-20), se encuentra una interesante anécdota atribuída a Abrahám. Al fallecer su esposa Sara, Abrahám trata de comprar un pedazo de tierra a su vecino hitita Efrón, para enterrarla. Efrón ofrece regalar el lote a Abrahám como un favor, pero este rehúsa, pesa y cuenta un poco de plata y le paga a Efrón ante testigos. ¿Por qué lo hace? Para, primero, establecer su derecho a la propiedad del lote en perpetuidad; Efrón ya no tendría nunca derecho a la tierra que había vendido. Segundo, los testigos aseguraban que no habría reclamaciones de otros al lote. Tercero, al pagar, Abrahám, no tenía obligación de devolver ningún favor.

Este tipo de transacción probablemente no es típica de la antigüedad, aunque la sociedad hebrea siempre fue muy legalista. Pero en Egipto y en Sumeria, desde 2500 AC, existen registros de propiedad, culminando en el famoso Código Hamurabi de 1750 AC. En las grandes civilizaciones comerciales de los fenicios y de Cartago, entre el 2000 AC y 1200 AC, también se afianzaron mucho los derechos de propiedad, y así se encuentran registros hasta los tiempos de Roma, especialmente bajo la República, donde se reconocían plenamente todos los derechos a la propiedad privada, no solo a la tierra.

Bajo el Imperio, muchos de esos derechos individuales se perdieron, a pesar que siempre hubo leyes estríctas sobre la propiedad de la tierra y otras propiedades privadas. Pero el enorme gasto público, las políticas de "Pan y Circo", los grandes latifundios cultivados solamente por esclavos (los que cada vez daban menos abasto), y los impuestos que nunca dejaban de aumentar, finalmente socavaron la sociedad romana y la destruyeron, incluyendo, por supuesto, casi toda la propiedad privada. Cuando el Imperio sucumbió al caos y la ley y el órden dejaron de existir, la propiedad privada simplemente no pudo sobrevivir.

Muchos historiadores nos han tratado de convencer de que con el fin del Imperio Romano "se apagó la luz en el mundo", pero esto nunca fue así. En primer lugar, el Imperio Romano existió por mil años más, solo que basado en el Este, centrado en la nueva capital de Constantinopla. El Emperador Constantino adoptó al Cristianismo como religión estatal y más adelante, el Emperador Justiniano codificó todas las leyes del Imperio, incluyendo las más antiguas del Imperio occidental. Por consiguiente, lejos de "apagarse la luz", la civilización siguió su lento paso adelante y los derechos de propiedad, aunque mucho más limitados bajo el Imperio Bizantino, recibieron alguna protección, a pesar que la tierra en general era propiedad de grandes señores y gente muy rica.

Incluso el Imperio Romano Occidental continuó existiendo, solo que los Emperadores muchas veces ni siquiera residían en Roma, y su poder era muy limitado. La población de Roma raramente fue menor de 100,000 habitantes. Además, el Papa hizo de Roma su sede, y eventualmente el poder y la riqueza del Vaticano trajeron gloria a Roma de nuevo.

También se debe mencionar el breve período del Califato de Córdoba en España en el siglo 10. Duró menos de un siglo, pero fue glorioso, al menos culturalmente. Grandes como Maimónides y Avicena se destacaron como genios en aquel tiempo. Pero eran judíos, y tuvieron que emigrar eventualmente. Por una buena razón. Todos los grandes imperios orientales, China, India, Persia y el Islámico, siempre fueron gobernados por monárcas absolutos. Probablemente existieron algunos derechos de propiedad para los allegados a las cortes. Pero como no exisistían Estados de derecho, los monarcas podían disponer arbitrariamente de cualquier propiedad de cualquier ciudadano, inclusive miembros de la nobleza. Es decir, no se pueden identificar los derechos de propiedad en esos imperios orientales como tales, porque dependían enteramente de la voluntad del soberano.

Es un gran misterio, además, por qué el Imperio Islámico quedó atras de Occidente tecnológicamente desde el siglo 16. Hay varias teorías. La religion islámica es antitética a la propiedad privada y, como se ha mencionado, en las sociedades gobernadas por déspotas los derechos de propiedad y la libertad en general, malamente pueden sobrevivir. Es más, donde la religion de Estado predomina, como la católica en España en la Edad Media, sucede lo mismo. Pero hay más. El gran historiador y sabio de la civilización islámica, Ibn Khaldun (siglo 14, Túnez) hizo un comentario devastador en su Introducción a la Historia sobre el Islam y los árabes (no todos los islámicos son árabes). "La civilización siempre colapsó en lugares que los árabes conquistaron".

Además, según Richard Pipes, uno de los más prominentes expertos sobre el Islam, cuando los árabes conquistaron el norte de

África en camino a España, en el siglo 8, las tribus ancestrales de bereberes adoptaron la posesión comunal de la tierra. El resultado, como siempre que esto sucede, fue que el desierto reclamó las tierras fértiles que existían antes de la conquista (sobre todo en Tripolitania, en la actual Libia). Finalmente, por extraño que parezca, los islámicos nómadas, en general, por costumbre, dejaban a los rebaños de chivos vagar por las tierras comunales. Esto en sí es indicativo de los efímeros derechos de propiedad de la tierra. Los chivos son notoriamente destructivos. Comen todo lo que encuentran, y la hierba y arbústos pequeños, a diferencia del ganado bovino, los arrancan de raiz. Esto contribuye a la erosion del subsuelo y a la infertilidad de la tierra.

Súmese a eso que cuando Europa comenzó a separar la Iglesia del Estado, en tiempos del Renacimiento, la modernidad y el desarrollo inicial de lo que serían las futuras sociedades capitalistas modernas en Europa y América del Norte, el Islam, que sin dudas había constituido durante siglos, tras la caída de Roma, una vanguardia tecnológica y cultural de la civilización, se aferró hasta con las uñas a todo lo contrario, resistiéndose absolutamente, en el nombre de Alá, a la separación de ambos factores, y privilegiando la intromisión del clero en los asuntos del Estado, con el resultado durante varios siglos del atraso y las posiciones conservadoras, reaccionarias y retrógradas que pueden apreciarse en la actualidad en todo el mundo islámico, tanto árabe como no árabe.

Los aportes de Inglaterra

Los derechos de propiedad proliferaron en Inglaterra después de la caída del Imperio Romano Occidental. Primero, cuando algunas tribus germánicas, principalmente los anglos y los sajones, emigraron lentamente al sureste de Inglaterra entre el 400 DC y el 1066, cuando los normandos conquistaron Inglaterra. Esas tribus anglo-sajonas trajeron a Inglaterra muchas de sus costumbres y tradiciones, incluyendo la elección de sus líderes, el respeto a la propiedad privada y a los contratos, y el consentimiento de los gobernados por el rey, aunque fuera de una manera limitada. Pero la invasion normanda eliminó muchos de esos derechos y convirtió a Inglaterra en un reino absolutista como el resto de Europa.

Todo comenzó a cambiar 200 años después, cuando el Rey John fue obligado a aceptar la limitación de sus poderes absolutos con la Carta Magna en 1215 (revisada en 1225 bajo el Rey James I). El capítulo 29 de la Carta Magna establece específicamente muchas protecciones de ciertos derechos individuales y de propiedad.

La lenta marcha de la protección de los derechos de propiedad continua así en Inglaterra hasta que surge el gran Juez Lord Edward Coke a principios del siglo 17. Ya el Derecho Común Inglés llevaba 400 años acumulando precedentes, pero el Juez Coke, en una serie de decisiones judiciales entre 1606 y 1615, cuando también escribió los Institutos de las Leyes de Inglaterra, fue enormemente instrumental en adelantar y cementar todas las leyes que protejen los derechos individuales y de propiedad de los ingleses. Una decisión específica en 1610 se considera como la base en sí del concepto del Estado de Derecho y de un Gobierno Regido por la Ley (Rule of Law). Escribió Coke en Proclamations, 77 ER 1352: "El Rey mismo no debe estar sujeto al hombre, sino a Dios y a la ley, porque la ley lo hace Rey".

Entre los años 1215 y la Carta Magna en Inglaterra, y la Revolución Gloriosa de 1688, también avanzaron mucho los derechos de propiedad en otras partes de Europa, prominentemente en las ciudades-estado del norte de Italia (Venecia, Génova, Pisa, Florencia) en el período que se conoce como Renacimiento. En esas pequeñas repúblicas revivieron la Grecia Antigua y los derechos individuales que los griegos crearon. El comercio en especias y seda con el Imperio Otomano Turco, sobre todo de Venecia, y la creación de la banca internacional en Florencia bajo los Médici, trajo mucha prosperidad a estas ciudades-estado y adelantó mucho los derechos de propiedad.

Similarmente, gracias al comercio, la república holandesa en los siglos 15 y 16 también vió florecer los derechos de propiedad. Claramente, existe una conexión directa entre la libertad, la protección de los derechos de propiedad, y la prosperidad.

Con el Renacimiento inglés, encabezado por John Locke, quien primero identifica los derechos de propiedad como Derechos Naturales, junto con la vida y la libertad, en su libro Dos Tratados Sobre Gobierno (1689) y los grandes filósofos morales de Escocia (Adam Smith, David Hume, Lord Kames, John Hutchinson, Thomas Reid) un siglo después, los Derechos de los Ingleses se establecen totalmente en Inglaterra y se exportan a las colonias inglesas en Norteamérica, donde encuentran su terreno más fértil para enraizarse.

La supremacía del Parlamento y la limitación de los poderes absolutos de los reyes asímismo se consolidadn en Inglaterra. El resultado es la prosperidad de Inglaterra.

En América del Norte

La primera expedición inglesa con propósitos de colonización de Norteamérica fue en 1585, y se asentó en la isla de Roanoke, en la presente Carolina del Norte. Sir Walter Raleigh recibió la carta (charter) o estatutos para establecer la colonia de parte de la misma Reina Elizabeth I, quien era su socia en la empresa. Al parecer, además de una colonia, los dos planeaban que fuera una base de expediciones de corsarios para expoliar las flotas de tesoro españolas. Poco se sabe de esta colonia, la cual desapareció sin muchos rastros en 1590.

Pero en 1607, otra expedición desembarcó en Jamestown, en la presente Virginia. Fue una empresa privada -la carta otorgada a la Virginia Company of London- con varios socios inversionistas de la aristocracia inglesa -y Jamestown perduró. Pero a pesar de ser una empresa privada, la tierra en los primeros cuatro años fue propiedad comunal. El resultado fue que el 80% de los colonos murieron de hambre y enfermedades. ¿Por qué?

Todos los colonos estaban obligados a servir a los inversionistas (mala traducción de indentured servants) por siete años. Fueron los inversionistas de la compañía Virginia (nombrada en honor de la Reina Vírgen, Elizabeth I) los que decidieron que por esa razón, toda la propiedad debía ser comunal -hasta que se pagara la inversión a los siete años. Gran error. Pero en 1613, el Gobernador Thomas Dale -sin consentimiento de los accionistas- otorgó lotes de 3 acres a cada colono, y lotes más pequeños a los nuevos colonizadores. El resultado del cambio de propiedad comunal a propiedad privada de la tierra salvó a la colonia, una demostración dramática del poder de la propiedad privada.

Algo similar ocurrió en la más famosa colonia de Plymouth, en el presente estado de Massachusetts, fundada en 1620 por pequeños inversionistas, mayormente religiosos. Aunque esos colonos se conocen como Peregrinos (Pilgrims) y también como Puritanos, en verdad eran varios grupos de separatistas protestantes de la Iglesia Anglicana.

Viajaron desde Holanda 102 pasajeros en el pequeño barco Mayflower (100 pies de eslora) y 41 de ellos firmaron el Mayflower Compact, un acuerdo para establecer un gobierno donde serían gobernados por "leyes iguales y justas", en el cual todos los colonos participarían. Probablemente, aunque el Compact no lo menciona, por motivos religiosos (es decir, el motivo principal de la colonia era buscar libertad religiosa, no ganar dinero), a pesar que eran ciudadanos privados, la tierra al principio fue también propiedad comunal. Los resultados fueron parecidos a los de Jamestown: cerca del 50% de los colonos murieron de hambre y de enfermedades.

Tomó la decision del gobernador William Bradford de otorgar lotes a los colonos sobrevivientes para que todo cambiara. Explicó Bradford en su libro clásico sobre la colonia de Plymouth, On Plymouth Plantation: "Dios en su sabiduría vió otro camino más adecuado para ellos [los colonos] -y ese camino fue la propiedad privada" (el énfasis es mío,- DT).

Bradford fue más lejos, culpando a la desastrosa política colectivista de la propiedad comunal, basada en las enseñanzas de Platón, por el gran fracaso inicial de la colonia. Poco más tarde se decidió otorgar 50 acres de tierra a todos los colonos que pagaran sus gastos de viaje desde Inglaterra. El sistema de propiedad privada en la América Colonial había comenzado. La gran moraleja en ambos casos: la propiedad comunal no funciona; produce hambrunas y muerte. La propiedad privada funciona: produce prosperidad.

La ilimitada abundancia de tierra en el nuevo continente siempre hizo de las colonias un lugar especial donde la propiedad de la tierra floreció. Después del desastrozo comienzo de las colonias de Jamestown y Plymouth gracias a la prática de establecer la propiedad comunal de la tierra en los primeros años, las autoridades coloniales desde entonces establecieron generosas políticas de otorgar concesiones de terrenos privados a los nuevos inmigrantes.

A los inversionistas de la compañía Virginia se le otorgaban 100 acres de tierra, y como ya se ha mencionado, 50 acres a los nuevos inmigrantes que pagaran sus gastos de viaje (opuesto a la prática más común de obligaciones por siete años de trabajo para los inmigrantes que no podían costearse el viaje transatlántico).

Una vez que los agrimensores comenzaron a medir la tierra y crear mapas, todo se facilitó y los títulos de la tierra se pudieron otorgar. Toda la tierra inicialmente pertenecía a las colonias (de acuerdo con las cartas coloniales) y desde el principio, tanto las legislaturas coloniales como los gobernadores (nombrados por el Ministro de Ultramar en Londres) vendieron la tierra a precios muy baratos, ya que el propósito era atraer la mayor cantidad de inmigrantes.

Naturalmente, hubo mucho fraude siempre, y los amigos de los funcionarios responsables de vender la tierra, sobre todo cuando se vendían enormes cantidades en el oeste de las colonias, se benificiaban por esos contactos. Pero en general, como había tanta tierra disponible, los precios permanecieron bajos por mucho tiempo.

Además, en muchos casos, sobre todo antes que la tierra en el oeste de las colonias fuera medida, todo lo que tenía que hacer un colono era trasladarse más allá de las fronteras colonizadas y construir una cabaña. Lo cual continuamente provocó serios conflictos con las tribus de indios del interior.

Dos peculiaridades en las colonias afectaron la propiedad privada y los derechos de propiedad de la tierra. Naturalmente, el derecho de ocupación y posesión otorgaba el derecho de propiedad. ¿Pero que pasaba -como siempre pasaba- cuando los indios también ocupaban la tierra codiciada por los colonos? Usualmente los conflictos terminaban en derramamiento de sangre. Las autoridades a veces trataban de intervenir, pero en verdad era imposible.

Además, muy lamentablemente, cada vez que se firmaba un tratado con alguna tribu de indios, o los colonos o los gobernantes lo violaban. Los indios simplemente se atravesaban en el camino del "progreso", a la manera de ver de los colonos. Pero los indios, de hecho, tenían ciertos derechos por su previa ocupación de la tierra, aunque no conocían el concepto de la tierra como propiedad privada. Era tierra donde desde siempre las tribus cazaban y pescaban, y hasta cultivaban la tierra en muchos casos. Esto nunca se resolvió de manera equitativa, y los indios terminaron por ser expulsados de todas sus tierras. Legalmente, un gran robo, y un gran abuso de los derechos de los indios, indudablemente.

La otra peculiaridad en las colonias fue la esclavitud. Es decir, los esclavos eran propiedad, legalmente. Al principio, los primeros esclavos eran los indios (además de los sirvientes obligados, pero eso era por solo siete años, y NO eran considerados propiedad).

Las mismas tribus tenían esclavos, y una vez que llegaron los colonizadores, a veces se los vendían. Cuando se empezaron a importar africanos, sucedió lo mismo, y surgió (más bien continuó) lo que se conoció como la "institución peculiar": la esclavitud.

Pero entiéndase bien: los esclavos eran propiedad privada de los dueños, que tenían títulos de propiedad legalmente registrados y podían comprar y vender esclavos como cualquier otra propiedad privada personal. Todo eso terminó con la Guerra Civil, la emancipación de los negros esclavos, y la adopción de las Enmiendas 13, 14 y 15 a la Constitución.   Pero la esclavitud como propiedad permaneció -legalmente- más de dos siglos en las colonias, y luego en Estados Unidos de América por más de otro siglo.

Los Estados Unidos de América

La Constitución de 1787, por supuesto, protegió el derecho a la propiedad privada absolutamente, excepto que bajo la Quinta Enmienda, se reconoce el llamado eminent domain, que quiere decir el derecho del gobierno a confiscar propiedad privada, pero únicamente para "uso o beneficio público", y cualquier confiscación debe ser justamente compensada.

Casi tan importante como la protección de los derechos de propiedad en la Constitución fueron las decisiones de la Corte Suprema -sobre todo entre 1801 y 1835 cuando el gran Juez John Marshall presidió la Corte- santificando la ley de contratos. Los contratos también están reconocidos y protegidos en la Constitución, especialmente el reconocimiento de las obligaciones contractuales por todos y en todos los Estados, lo mismo que por el gobierno federal. Pero Marshall decidió una serie de casos sobre contratos que cambiaron a la nueva nación desde el principio.

Los hombres que escribieron la Constitución Americana, los fundadores de este gran país, se basaron en una serie de teorías sobre los principios de la libertad y de un gobierno republicano.   Entre estos teóricos que fueron base conceptual de la Constitución figuran muy prominentemente el inglés John Locke y el francés Barón de Montesquieu. Como ya se ha mencionado antes, también las teorías de los filósofos morales escoceces influenciaron mucho a los fundadores.

Madison estudió en detalle prácticamente todo lo que se había escrito sobre las repúblicas de la antiguedad y otras más recientes, como las de las ciudades-estado italianas y la holandesa.

Sin embargo, es necesario enfatizar que nada fue más importante para asegurar todos los derechos de propiedad, primero en las colonias y luego en la nueva nación independiente, que el Derecho Común Inglés y los derechos garantizados a todos los ingleses. Nadie tuvo mayor importancia en el establecimiento del Derecho Común Inglés que el Juez Edward Coke. Sus Institutos sobre las Leyes Inglesas fueron la base de todo el sistema judicial inglés, y en las colonias de América fueron aún más importantes que en Inglaterra. Con su decision de 1606 que estableció el principio de un gobierno de leyes y el sometimiento del Rey a la ley, Coke aseguró los derechos de propiedad más que nadie y que nada. Después de todo, solamente bajo un gobierno de leyes puede existir el derecho a la propiedad, a cualquier propiedad.

Finalmente, se deben mencionar dos leyes, la primera aprobada por el Congreso Continental en 1787, una semana después de proclamada la Declaración de Independencia Americana en Filadelfia. Esta fue la ley más importante aprobada por el Congreso Continental y la más memorable. Conocida como Northwest Ordinance, la ley cedió al gobierno federal todo el enorme territorio del llamado Noroeste (que eventualmente se convirtió en los estados de Ohio, Indiana, Illinois, Michigan, Minnesotta y partes de Iowa y Wisconsin), adquirido por Inglaterra de Francia después de la Guerra de los Siete Años en 1763. Anteriormente, este territorio pertenecía a varios Estados de la costa atlántica, y algunos, basados en las cartas constitutivas otorgadas por el Rey a las distintas colonias, se extendían teoricamente del Atlántico al Pacífico.

Se establecieron una serie de precedentes bajo esta Ley. Primero, fue la base de toda la política del gobierno federal sobre la tierra por mucho tiempo. Es decir, la Ley estableció como se organizaría la tierra para venderla a los nuevos inmigrantes. Segundo, la Ley estableció la manera en que nuevos Estados se formarían, y los mecanismos para que fueran admitidos a la Unión. Tercero, se prohibió la esclavitud en el territorio, lo cual afectó directamente los derechos de propiedad. Cuarto, se separó tierra para establecer escuelas públicas. Quinto, adelantándose a la aprobación de la Declaración de Derechos (Bill of Rights), se establecieron los Derechos Naturales, incluyendo los de propiedad, en todo el territorio. Finalmente, se despojó -"legalmente"- a las tribus que habitaban el territorio, de todo derecho de propiedad al mismo. Obviamente un caso de robo legal a los indios, que ni siquiera acordaron a la cesión del territorio, ni firmaron el acuerdo o la Ley.

La segunda ley fue el Homestead Act de 1862, firmada por el Presidente Abraham Lincoln durante la Guerra Civil. En realidad, una serie de leyes entre 1862 y 1866 que otorgaban hasta 640 acres a cualquier ciudadano mayor de 21 años o cabeza de familia que no hubiera tomado las armas contra la Unión, incluyendo antiguos esclavos, que aplicara a la cesión bajo la Ley. Esto, después de la Guerra Civil, creó una gran emigración hacia el Oeste y causó, indirectamente, la construcción del ferrocarril intercontinental. Con esta Ley, millones de acres de tierra pasaron a ser propiedad privada. El efecto de los derechos de propiedad en el desarrollo del país fue obvio.

El siglo 20 en Estados Unidos

A principios del siglo 20, con el movimiento progresista comenzado por Theodore Roosevelt y exacerbado por Woodrow Wilson, limitó grandemente no solo los derechos de propiedad, sino las mismas libertades individuales. Bajo Roosevelt, millones de acres de tierra en los estados del oeste fueron apropiados por el gobierno federal para crear parques nacionales. Es verdad que mucha tierra quedó protegida de posibles depredaciones de la industria privada, pero por otro lado, los derechos de propiedad sufrieron. Roosevelt también atacó vigorosamente lo que entonces se consideraban semi monopolios y logró, en ciertas decisions judiciales, que se disolvieran grandes compañías, como la Standard Oil de John D. Rockefeller. Bajo Wilson, sobre todo durante la Primera Guerra Mundial, el gobierno intervino en la economía como nunca antes, la burocracia federal creció enormemente, y una serie de medidas tomadas por Wilson, mediante decretos ejecutivos, afectaron las libertades civiles dramáticamente.

Afortunadamente, durante los gobiernos de Warren Harding y Calvin Coolidge se recuperaron mucho tanto las libertades individuales como los derechos de propiedad, y eso dió lugar a la mayor prosperidad en la historia de Estados Unidos. Pero otra vez, con la Gran Depresión de los 1930 y la entrada de EEUU en la Segunda Guerra Mundial bajo Franklin D Roosevelt, el estatismo en la economía americana no ha dejado de crecer, culminando en el primer Estado de Bienestar (Welfare State) bajo Lyndon Johnson y su "Gran Sociedad".

La administración de Ronald Reagan, entre 1980 y 1988, recortó en algo ese Estado de Bienestar, pero no lo eliminó. Una vez más, ese período de los años 1980 fue el de mayor prosperidad en la postguerra. Desde entonces, los derechos de propiedad y las libertades individuales han sufrido cada vez más hasta el presente.

Los derechos de propiedad, que han tomado años en desarrollarse, y que lograron su mayor extension y seguridad en el mundo creado por los colonos ingleses en América del Norte, son muy frágiles, como se ha visto. Tan frágiles como la libertad que los protege.

Hace 100 años, la mayor plaga que azotó al mundo, el comunismo internacional, amenazó con extinguir los derechos de propiedad y la libertad misma en todo el mundo. Una larga y costosa lucha entre la libertad y la esclavitud terminó hace poco más de 25 años, con un costo monumental que se dice de 200 millones vidas y trillones de dólares en recursos malgastados.

O eso pensábamos en 1989. Algunos intelectuales ilusos proclamaron el Fin de la Historia y el Triunfo de la Democracia Liberal. Solo que tenían en mente la Social Democracia. O sea, el Socialismo. ¡Tanto nadar para morir en la orilla!

La idea del colectivismo, la Izquierda Eterna, que es inmortal como toda idea, de nuevo levantó la cabeza. En Europa, el estado de bienestar ha sofocado en buena parte tanto los derechos individuales y de propiedad privada como la libertad y la prosperidad.

El Islam, tan enemigo de todas las libertades individuales como el comunismo, ha resurgido también con la intención de establecer un Nuevo Califato Mundial y llevar al mundo a la Edad Media otra vez.

Aquí mismo en Estados Unidos, los derechos de propiedad se han erosionado considerablemente con peligrosas decisiones como la de Kelo v City of New London en el 2005 por una Corte Suprema dividida, y aunque la decision fue de 5 a 4, resultó en un fuerte golpe contra los derechos de propiedad privada.

En el 2008, un electorado soporífico y mal informado, decidió optar por promesas vagas y vacías de "cambio y esperanza". El resultado ha sido la más terrible supresión de las libertades individuales que los fundadores nos legaron con la Constitución de 1787.

Hay esperanzas de recuperarlas, pero el futuro es incierto. La libertad cuesta muy cara. Perderla cuesta más caro todavía. La batalla es contínua, larga y dura. Depende de nosotros si la libertad, los derehos de propiedad y la búsqueda de la felicidad sobrevivirán en el mundo y sobre todo donde importan tanto, aquí en la cuna de la libertad, en Estados Unidos de América.

El Derecho de Propiedad en el futuro de Cuba

Como debe ser obvio, nada puede ser más importante en el futuro para Cuba, cualquiera que este sea, que el restablecimiento de la propiedad privada y el respeto a los derechos de propiedad. En estos momentos, el presente régimen ni respeta ni mucho menos garantiza el derecho de propiedad, y las leyes en Cuba se aplican arbitrariamente. Esa es la razón principal de la carencia de inversiones privadas en la isla, sin importar las recientes nuevas leyes aprobadas por Cuba que supuestamente fomentan esas inversiones. Tampoco la razón es el embargo económico americano.

En Cuba, por supuesto, el derecho de propiedad fue siempre bien reconocido y protegido bajo el Código Civil Español en tiempos coloniales y bajo las Constituciones de 1901 y 1940 durante la república. La Constitución de 1940, inclusive, aunque permitía confiscaciones de propiedad siempre y cuando se compensara al dueño, incluía una claúsula poco conocida que hacía las confiscaciones práticamente imposibles, ya que la compensación tenía que ser en efectivo, y el gobierno raramente contaba con fondos suficientes para pagar.

Pero la prosperidad de una nación no se logra solamente con derechos de propiedad garantizados, y en Cuba, como las grandes industrias estaban en manos de extranjeros -mayormente españoles en el comercio y americanos en la industria azucarera- el pueblo en general no participaba de los beneficios económicos. Fue durante el gobierno de Gerardo Machado cuando en Cuba se comenzó a diversificar la economía, con el establecimiento de nuevas industrias, las cuales estaban cada vez más en manos de cubanos. Los capitales cubanos igualmente fueron penetrando la industria azucarera, y para 1958 la mayoría de los ingenios azucareros pertenecían a cubanos. Machado habrá terminado como un sangriento dictador, pero fue el primer presidente cubano que llegó al poder con un plan de gobierno definido. Su "nacionalismo económico" no tuvo tiempo de funcionar debido a la depresión mundial, pero tan solo con la construcción de la carretera central, contribuyó mucho a una mayor integración económica en la isla.

Sin embargo, los gobiernos cubanos, desde el primero de Fulgencio Batista en 1940-44 (cuando ganó la presidencia en una elección honesta), hasta el ultimo de 1952 a 1958, cuando gobernó como dictador, pasando por los gobiernos auténticos de Grau y Prío, fueron muy intervencionistas en la empresa privada, y regularon la economía de manera tal que obstaculizaron en buena parte el desarrollo económico, que continuaba a pesar del estatismo y la corrupción de los gobernantes. Por ejemplo, la industria azucarera era la más regulada en Cuba, y en la industria cigarrera hasta el precio de las cajetillas de cigarros estaba controlado por ley: no se podia aumentar a más de 10 centavos. Pero Cuba floreció. Hasta que en 1960, el nuevo régimen revolucionario expropió toda la propiedad privada cubana.

La "revolución cubana"

El tema del embargo ha resurgido en el último mes -como lo hace periódicamente. El régimen anhela desesperadamente el levantamiento del embargo y los nuevos créditos internacionales que eso representaría, además de la posibilidad de comeciar directamente con Estados Unidos y las ventajas que eso trae.

Pero, irónicamente, el embargo fue inicialmente aplicado -en julio de 1960- gracias a las políticas del régimen que violaron abiertamente el derecho de propiedad de varias compañías americanas. Como ha escrito hace poco el professor José Azel del Instituto de Estudios Cubanos y Cubanoamericanos de la Universidad de Miami, los gobiernos tienen el derecho y la obligación de defender las propiedades de sus ciudadanos en el exterior. Esto es un principio bien reconocido en el Derecho Internacional.

Estados Unidos implantó el embargo -al principio limitado a la reducción de la cuota azucarera cubana en un 70%- en represalia cuando el regimen castrista "nacionalizó" (en verdad se apropió, sin compensación) las refinerías de petróleo Esso, Texaco y Shell (inglesa), al negarse estas a refinar petroleo ruso.

Pero las refinerías no se negaron, aunque eso fue lo anunciado por el régimen. No, el hecho es que en verdad no podían procesar petróleo ruso, mucho más pesado que el venezolano que normalmente refinaban. Esto lo sabía el régimen. Es más, según el economista de Miami Marzo

Fernández, ese petróleo soviético que llegó en el verano de 1960 permaneció en Cuba tres años ante que pudiera ser refinado después que las refinerías de Cuba fueron adaptadas para ese propósito.

De manera que la crisis fue deliberadamente provocada por el régimen castrista (según Marzo Fernández, Castro esperaba una reacción mucho más enérgica que la tomada por Eisenhower, quizás hasta una invasión americana) con el fin de crear una crisis para apoderarse de las propiedades americanas y provocar al gobierno de Estados Unidos. Ese siempre fue su plan, y la excusa de que las refinerías se habían negado a procesar el petróleo ruso por órdenes de Washington fue el principio del rompimiento final con EEUU.

Estas expropiaciones comenzaron una espiral de represalias y contra-represalias por parte de los dos gobiernos, que eventualmente culminó en el rompimiento de las relaciones diplomáticas entre los dos países en enero de 1961. Poco después, ya bajo la administración del Presidente Kennedy, se implantó un embargo económico total (excepto medicinas y alimentos) con el propósito ya no solo de represalias, sino como parte de un programa diseñado para derrocar al régimen (pero de conjunto con el aislamiento diplomático y una acción militar al final).

Cuba nunca compensó a los dueños de las propiedades confiscadas (primero americanas, luego, entre octubre 13 y 24 de 1960, casi toda la propiedad privada, incluyendo la de cubanos) y así continuó todo.

Luego entonces fue Cuba y las políticas deliberadas del régimen castrista lo que ocasionó el embargo. Todo lo que Cuba ha tenido que hacer en 54 años de embargo económico es disponerse a negociar una compensación por esas propiedades (el valor de las cuales, en realidad, ya ha sido descontado al Internal Revenue Service -IRS- a través de los años, por todos los dueños originales, americanos y cubanos). Con eso, todo se hubiera resuelto hace medio siglo, pero ese nunca fue el propósito de Castro.

La aceptación de los derechos de propiedad privada por parte del régimen cubano -ahora o en el futuro- es esencial para atraer inversiones privadas, y el embargo americano nada tiene que ver con eso.

Pero ese es el principio, ya que como se ha visto, el derecho de propiedad tiene que estar acompañado por un sistema legal que respete los contratos y que resuelva los conflictos legales de manera equitativa y justa. Eso únicamente se puede lograr dentro de un Estado de derecho.

En Cuba falta mucho para que nada de eso ocurra. Pero, eventualmente, aunque el régimen trate poco a poco de liberalizar la economía, adaptando modelos como el chino o el vietnamita (en realidad es el modelo ruso -sin "mafias" privadas y oligarquías, excepto los altos funcionarios militares que controlan las grandes empresas- el que el régimen YA ha adoptado), la inversión masiva que el régimen necesita nunca será lograda con términos medios.

Como se ha demostrado plenamente a través de la historia, a mayor libertad económica, incluyendo por supuesto el respeto absoluto al derecho de propiedad, mayor prosperidad.

Esto aplica tanto a Cuba como a cualquier otro país. Un régimen a términos medios puede sobrevivir, sobre todo si lo más importante para él es mantener el poder politico. Pero nunca podrá prosperar.

Esa es una pregunta sin respuesta para el futuro de Cuba. ¿Lo aprenderán a tiempo los eventuales "herederos" del régimen?

EL DIA QUE STALIN PERDIO LA CASA BLANCA

Los que han leido algunos de mis artículos de historia y sobre todo los que me conocen personalmente, saben bien que, como historiador profesional, soy reacio a las teorías conspiracionales de la historia. Casi nunca tienen fundamento y generalmente es una gran pérdida de tiempo siquiera considerarlas. Sin embargo, siempre hago una excepción muy especial. **Si** hubo una conspiración gigante en la historia, y llegó bien cerca de conquistar el mundo entero. Fue la conspiración de la Internacional Comunísta bajo Stalin, sobre todo después del final de la Segunda Guerra Mundial. Pero lo que conocen muy pocos fue que en 1944, una decisión caprichosa pero transcendental del presidente americano Franklin Roosevelt evitó que Stalin lograra su sueño dorado: colocar en la presidencia de EU a su candidato favorito, el Vice Presidente Henry Wallace. Wallace no era comunísta, pero si estaba completamente bajo la influencia comunísta. Con Wallace en la Casa Blanca, Stalin lograría convertir al Comunísmo Internacional en el amo supremo del mundo entero.

La historia comienza al regreso—aparentemente triunfal—del presidente a EU después de la fatídica Conferencia de Teherán, capital de Irán, con Stalin y Churchill entre noviembre 28 y diciembre 1 de 1943. Fue en esta conferencia—y no en la mas conocida de Yalta meses después, donde se tomaron las grandes decisiones de la post-guerra y donde la suerte de Europa Oriental, sobre todo de Polonia, se decidió. Pero el estrés de la conferencia casi acaba con la vida de Roosevelt. Su fragil salud sufrió tremendas presiones debido al enorme esfuerzo realizado por el gravemente enfermo presidente en la conferencia. Prácticamente nadie, fuera del minúsculo grupo de sus médicos personales y un puñado de sus mas íntimos asesores, tenía idea de lo enfermo que estaba Roosevelt. Su gran capacidad para disimular su debilidad y su insuperable vanidad, lograron temporalmente engañar a casi todos los presentes en la conferencia Pero a su regreso a EU fue imposible ocultar a muchos importantes líderes del Partido Demócrata el estado de salud del presidente, sobre todo cuando ya desde entonces se rumoraba seriamente que Roosevelt trataría de conseguir la nominación presidencial del partido por cuarta vez, algo insólito hasta entonces.

Roosevelt, como bien se conoce, padeció de poliomielitis de jóven, enfermedad que lo dejó paralítico de la cintura hacia abajo. Con la edad, muchos padecimientos asociados con esa terrible enfermedad, se fueron incrementando. Pero nada de eso mató a Roosevelt. Lo que eventualmente le costó la vida es lo que todavía se conoce como "el asesino silente", la hipertensión. Algo que hoy en dia y por muchos años ha sido una condición completamente controlable gracias a múltiples medicamentos para mantener la alta presión arterial baja o normal, en 1944 no tenía ni cura ni podia ser siquiera estabilizada. Solo había un tratamiento, el reposo. Pero ¿como mantener en reposo al presidente de EU? Y mas a alguien tan activo como Roosevelt, quien micro-manejaba todo lo que podia y quien tomaba todas las decisiones en la Casa Blanca. Y lo peor de todo, Roosevelt fumaba mucho, lo mas dañino para los que padecen de alta presión arterial. Después de su regreso del largo viaje que no solo lo llevó a Teherán, sino tambien a

Egypto por mar, desde donde voló a Teherán ida y vuelta, Roosevelt aparentemente se acatarró debido al intenso frio en el invierno de Irán. Además, en aquel entonces, los viajes por avión que el presidente ocasionalmente tomaba, no ofrecían la comodidad de los aviones modernos. Normalmente Roosevelt volaba en aviones militares de transporte, que aunque se modificaban un poco para acomodar al inválido presidente, no era mucho lo que se podia hacer para evitar la turbulencia y sobre todo, las bajas temperaturas en la cabina, ya que la calefacción, si existía, era deficiente, de manera que en la cabina se pasaba bastante frio.

Roosevelt, quien aparentemente era muy propenso a los catarros, había contraido influenza en su residencia de Hyde Park en el norte de New York a principios del 1944, lo que pronto se convirtió en bronquitis, por lo que en abril, el presidente se trasladó a la plantación de su buen amigo Bernard Baruch en Georgia, donde permaneció hasta mayo 10. Pero la bronquitis (o lo que padecía, pues nunca se reveló exactamente) no se curaba, y los rumores de que había sufrido una ligera trombosis persistían. De manera que a su regreso a Washington el 10 de mayo, su medico principal, el Almirante Ross McIntire, quien era otorrinolaringólogo, decidió llamar a cinco especialístas para examinar al paciente. Todavía no complacido, los doctores Paullin de Atlanta y Lahey de Boston fueron llamados para consultas adicionales. Finalmente, estos últimos dos declararon a Roosevelt "curado" de una infección de los senos nasales y del pecho, y recomendaron un régimen de estrícto reposo, incluyendo una dieta rigurosa, masajes y rayos ultravioleta. Extrañamente, no se le prohibió fumar, aunque se le recomendó reducir el consumo, lo cual Roosevelt no acató hasta casi el final de su vida. Los doctores le limitaron sus horas de trabajo a solo **cuatro** en el dia, y le prohibieron que trabajara de noche. En efecto, el tratamiento no era para una convalescencia, sino para un semi-retiro por el resto de su vida (solo tenía 62 años en 1944). Era la única manera que podia sobrevivir. Es decir, su salud estaba devastada y era un hombre gravemente enfermo, tanto física como mentalmente. No quiero decir que estaba mentalmente enajenado, sino que su capacidad mental había disminuido radicalmente. (En un libro recién publicado sobre la salud del presidente, los autores especulan, con cierta evidencia, que Roosevelt padecía de melanoma maligno, el cual había degenerado al final en cancer del estómago y un gran tumor en el cerebro, lo cual causó directamente la hemorragia cerebral que lo mató y afectó en mucho su mente). No era un hombre remotamente capaz de tomar las críticas decisiones que había que tomar en aquellos momentos. Pero su colosal irresponsabilidad y fatuidad lo llevaron a ignorar esas realidades. Su pais y el resto del mundo pagaron muy caro las consecuencias.

Lo que no se supo hasta meses después fue que el Dr. McIntire, quien había proclamado que la salud del presidente era "perfecta" en mayo, seis meses antes, en diciembre cuando la"bronquitis" de Roosevelt no mejoraba, decidió consultar a un eminente cardiólogo de Boston, el Dr. Howard Bruenn, quien luego de examinar a Roosevelt, fue llamado a la Marina con el grado de Comandante para que atendiera al presidente constantemente, lo cual hizo hasta su muerte en abril de 1945. Después que McIntire declaró a Roosevelt en "perfecta salud" en mayo, sus medicos le daban, en realidad, un año de vida. Roosevelt sabía bien que moría lentamente, que nada ni nadie lo podia salvar, y que definitivamente no sobreviviría un cuarto período como presidente de EU. (El Dr. Lahey, uno de los últimos medicos que lo atendió, y quien compartía la opinion que Roosevelt tenía cancer, le advirtió, *en 1939*, (según el reciente libro citado antes, "*F.D.R.' Deadly Secret*", que bajo ninguna circunstancia debía aspirar a un *tercer* término, pero si lo hacía, debía escoger al mejor candidato posible como vicepresidente, pues casi seguro no sobreviviría por cuatro años mas). Pero en lugar de escoger al mejor candidato posible, lo que hizo fue otra de sus grandes charadas. De acuerdo con uno de sus mas prominentes biógrafos, James McGregor Burns, la selección del candidato vicepresidencial fue la mas "bizantina" decisión que Roosevelt tomó en su carrera política. Pero Roosevelt insistió en Wallace como su compañero electoral en 1940 y así se hizo.

¿Quien era Henry Wallace? Wallace nació y vivió la mayor parte de su vida en Iowa, uno de los estados mas rurales y uno de los mas grandes productores de granos, especialmente maiz, de EU. Estudió biología y se especializó en la genética de las plantas, creando eventualmente un maiz híbrido que lo hizo millonario. Su familia era republicana y su padre fue Secretario de Agricultura en el gobierno de Harding (1920). Se cambió al Partido Demócrata a fines de los 1920s y cuando Roosevelt ganó la elección de 1932, fue nombrado Secretario de Agricultura, siguiendo los pasos de su padre, pero con un resultado muy distinto. Las políticas que promulgó Wallace durante sus ocho años como Secretario de Agricultura en los dos primeros períodos de Roosevelt fueron atrozmente desastrosas para el pais. Si, era un experto en agricultura, pero no en la política de la agricultura, y como todos los diletantes que nombró Roosevelt a su primer gabinete, comenzó a experimentar a diestra y siniestra para que los precios de los granos aumentaran. Esos experimentos incluyeron destruir millones de pacas de grano (maiz, cereales, harinas, arroz) y tirar millones de galones de leche en tiempos en que tambien millones de americanos pasaban hambre en el pais, para no hablar de los millones de seres humanos que morían de hambre en el resto del mundo. De mas está decir que los precios de productos agrícolas NO aumentaron con estas estúpidas y destructivas políticas. Sin embargo, Wallace se convirtió en el ídolo de los radicales del partido y fue recompensado en 1940 con la vicepresidencia del país. En 1944, Harry Truman, quien terminó substituyéndolo como candidato a Vice Presidente en la última elección de Roosevelt (en una decision que cambió la historia del mundo desde entonces), declaró que Wallace había sido el mejor Secretario de Agricultura en la historia de EU. Pero los resultados de sus "experimentos" dicen otra cosa.

Wallace fue un hombre muy extraño siempre. Experimentó tambien con sus mismas ideas y creencias y muchos lo consideraban un fanático religioso. Pero sus ideas ultra radicales son lo que nos concierne aquí. No se puede decir que fue comunísta, no de partido. Pero sus simpatías y sus asociaciones con comunístas de partido, además de su apoyo incondicional a la linea de la Internacional Comunísta no podían ser mas grandes. Además, hay cierta evidencia de que SI fue agente comunísta. (De acuerdo con Venona-- ver debajo--un agente identificado como *Zamestitel*, que en ruso quiere decir deputado, podia ser, de acuerdo con los expertos descrifradores, o Harry Hopkins o Henry Wallace. Pero Hopkins fue eliminado despues de intensas investigaciones. Lo que deja a Wallace, aunque nunca fue definitivamente identificado como agente). Wallace definitivamente estaba bajo la férrea disciplina de la linea de Stalin durante toda la Segunda Guerra Mundial y después, ya que fue Secretario de Comercio de Truman tambien cuando este ascendió a la presidencia al morir Roosevelt. Sus simpatías y su influencia a favor de los comunístas chinos de Mao Tse Tung fueron decisivas en la victoria de los rojos chinos en 1949. Mucha de la información sobre sus simpatías comunístas, especialmente la posibilidad de que fuera agente de la NKVD (precursora de la KGB) está en las páginas del Proyecto Venona, uno de los mas grandes triunfos de la contra inteligencia militar americana en todos los tiempos. Comenzado en febrero de 1943 por el director del Servicio de Inteligencia Militar del Ejército, Carter Clarke, duró hasta el final de la guerra. Consistió en la intercepción de cables de Rusia y otros paises comunístas a sus agentes en EU. Cuando se comenzaron a descifrar en 1946, por fin se pudo comprobar, si ninguna duda, la enorme penetración comunísta en el gobierno de EU, en todos los niveles. Esto ya se sabía bien, debido al contra-espionage americano y a las deserciones de comunístas durante la Guerra Mundial y después la Guerra Fría. Pero Venona proporcionó la documentación definitiva de donde, cuando, como y quien espió, fue agente, o fue simpatizante comunísta en esos años, comenzando con la primera administración de Roosevelt, cuyo primer acto oficial en 1933 fue reconocer el gobierno comunísta de Rusia. Desde la invasion de Alemania a Rusia en 1941, cuando los comunístas se convirtieron, tragicamente, en alidos de EU, la penetración comunísta de la administración se incrementó tremendamente. Ahora se podía abiertamente apoyar y ser simpatizante de cualquier causa comunísta sin el menor temor de ser tildado traidor. Es mas, ser pro comunísta casi equivalía a ser patriota, por lo menos para muchos seguidores del presidente y sus políticas.

Poco a poco, los comunístas fueron colocando a sus mejores agentes en los mas prominentes departamentos del gobierno federal, incluyendo Estado y Defensa (que hasta 1948 se denominaba el Departamento de Guerra), pero primordialmente muchos de los nuevos organísmos creados durante la guerra. Entre estos, tres muy importantes que trataban con la recolección de información, inteligencia y recopilación de datos económicos, la Oficina de Información sobre la Guerra, la Oficina de Servicios Estratégicos (precursor de la CIA), donde un comunísta llegó a ser el asistente principal de su Director, "Wild" Bill Donovan, y la Junta de Guerra Económica. Para los propósitos de este trabajo, nos concentraremos en algunos de los mas importantes agentes comunísta que llegaron a las mas altas posiciones, y las posibles consecuencias de esto en referencia a Henry Wallace. La importancia de cada una de estas nefastas figuras es muy grande, pero decidir quien fue el mas importante es difícil. El mas famoso porque su caso se convirtió en un escándalo nacional y casi definió una época de la política americana (por ejemplo, de ese caso saltó Richard Nixon a la prominencia—y luego a la presidencia), fue el de Alger Hiss, quien fue agente y espía de la inteligencia rusa y llegó a convertirse, a través de su meteórica carrera, en uno de los mas altos funcionarios del Departamento de Estado durante la guerra. Estuvo al lado de Roosevelt en Yalta como consejero y terminó su carrera presidiendo la creación de la Organizacion de Naciones Unidas en San Francisco en 1945. Cuando fue denunciado por Whittaker Chambers ante un Comité Investigativo de la Cámara de Representantes en 1948 (del que Nixon era miembro), era una figura respetada y prestigiosa, presidente de una gran fundación caritativa. Su juicio por perjurio (no pudo ser enjuiciado por traición debido a que el tiempo necesario para acusarlo había pasado) fue (y no el ridículo juicio de O. J. Simpson) en verdad, el Juicio del Siglo XX. Mucho mas importante que Hiss fue Harry Dexter White, quien llegó a ser Sub Secretario del Tesoro y fue acusado, entre otras cosas, de pasarle las placas de la moneda americana (de los billetes de dolar de todas denominaciones) a Rusia durante la guerra. Su gran influencia sobre el titular del Tesoro, Henry Morgenthau, fue casi fatal para EU (y pudiera haber sido peor, pues White fue el autor del plan para "pastorizar" a Alemania después de la guerra, despojándola de casi toda su industria pesada y desmembrandola en varias partes, que fue aprobado por Roosevelt, pero nunca implementado). Cuando White fue finalmente descubierto (nunca fue enjuiciado, se suicidó antes), Trumas lo destituyó de su alta posición en el Tesoro—¡y lo nombró presidente del Banco Mundial!

Los últimos tres personajes que consideraremos son Lawrence Duggan, Lauchlin Currie y Harry Hopkins. Duggan llegó a ser Jefe del Buró de Sur América en el Departamento de Estado durante la Guerra y diez dias después de ser interrogado por el FBI sobre sus actividades comunístas (de acuerdo con Venona, también, como Hiss y White, fue espía de la NKVD), se suicidó saltando de la ventana de su oficina en el Departamento de Estado en Washington. Currie fue el principal asistente administrativo de Roosevelt y era miembro de la red comunista de Nathan Silverman. Currie regularmente informaba a sus amos de la NKVD hasta lo que Roosevelt *pensaba*. Acusado de espionaje despues de la Guerra, escapó a Colombia, donde se hizo ciudadano colombiano y terminó su vida en paz y tranquilidad. Harry Hopkins, en verdad, fue el espía mas importante que Stalin tuvo en EU, pero esto aún es dudado por muchos, sobre todo académicos. La crítica importancia de Hopkins fue que era el hombre de mayor confianza de Roosevelt y cuando el presidente murió, era su Jefe de Estado (*chief of staff*). Para mi no existe duda alguna: Hopkins está identificado en Venona como agente. Pero aunque esto se dude, su actuación a favor de casi todas las causas comunístas en que intervino, le quita importancia a si fue agente o no, pues el resultado fue el mismo. En una occasion documentada, antes que el Comisario de Relaciones Exteriores de Stalin Vyachevlav Molotov entrara a la oficina de Roosevelt en la Casa Blanca para discutir la invasion aliada a Europa en 1943, Hopkins lo detuvo y le dió instrucciones de que decirle a Roosevelt para conseguir su apoyo a la invasion, la cual era opuesta por el Estado Mayor Conjunto americano en aquel momento. Mas adelante intervino, ordenando la aprobación de la venta de una gran cantidad de uranio a Rusia, la cual había sido negada puesto que estaba prohibida. La orden firmada por Hopkins está en record. Para que se tenga una idea mejor del nivel de penetración comunísta en la administración de Roosevelt y su casi criminal negligencia en ignorar lo que bien sabía, resulta que Whittaker Chambers, en septiembre de 1939, casi diez años antes de su denuncia de Alger Hiss ante un Subcomité Investigativo de la Cámara, le contó a Adolph Berle, entonces Sub Secretario de Estado bajo Roosevelt (luego tuvo el mismo puesto con Kennedy y fue influyente en la política hacia Cuba--favorablemente), que Hiss era comunísta y le dió suficientes pruebas para hacer que Berle le creyera. Dias después, Berle se entrevistó con Roosevelt y le presentó el caso. Roosevelt se rió de Berle. Cuando Berle insistió, Roosevelt, ya molesto, lo mandó al infierno, usando otras palabras mas groseras. En otro caso menos importante, pero que todavía indica mejor la casi criminal negligencia de los servicios de inteligencia americanos en investigar posibles riesgos de seguridad en el gobierno, un comunísta de partido y un asesino confirmado, Gustavo Durán, el ultimo jefe del Servicio de Investigación Militar (SIM) en Madrid antes del fin de la Guerra, general del ejército republicano bajo las ordenes directas del agente de la NKVD a cargo de todas las actividades comunistas en España, el tambien general Alexander Orlov, Durán firmó la sentencia de muerte de miles de inocentes por solo estar opuestos a la dominación comunísta en España y probablemente mató personalmente a muchos, logró escapar de España a Londres, donde se casó con una americana rica y luego terminó en Cuba, donde, recomendado por Ernest Hemingway se convirtió en ayudante del Embajador Spruille Braden. De Cuba, con apoyo de Braden, pasó al Departamento de Estado en Washington, donde alcanzó altas posiciones, y finalmente, a punto de ser desenmascarado, fue trasladado a la ONU en 1945, donde terminó placidamente su carrera hasta los años 1950s.

Roosevelt también ignoró abiertamente la evidencia que le fue presentada por un amigo personal a quien había encargado de la investigación de los asesinatos del Bosque de Katyn en Polonia a principios de la Guerra Mundial, cuando la NKVD rusa ejecutó a mas de 21,000 oficiales polacos después que Rusia invadió a Polonia como resultado del Pacto Ribbentrop-Molotov en 1938 (el amigo fue enviado a Samoa durante el resto de la Guerra para que no hablara de la "inconveniente evidencia" que había descubierto). Pero así era Roosevelt, quien en la Conferencia de Yalta se burlaba de Churchill en público, y junto con Stalin le decía al Premier ingles "imperialísta", mientras que estupidamente llamaba a Stalin "Uncle Joe" en privado. El mismo Roosevelt que imprudentemente decició alojarse, por invitación de Stalin (por no "ofenderlo" con una negativa) en la Embajada Rusa en Tehrán durante esa Conferencia, a sabiendas que todas sus habitaciones estaban cubiertas por micrófonos y grabadoras y que de todo lo que se hablaba allí, Stalin se enteraba en minutos. Todo esto casi seguro dió lugar a que Stalin decidiera que Roosevelt podia ser facilmente manipulado e influenciado. En este caso, Stalin acertó en su juicio (al revés de cuando Khrushchev, en 1961-62, se equivocó con Kennedy y eso casi provoca una guerra atómica en octubre de 1962) y además, se dió cuenta de lo mal que estaba Roosevelt de salud, intensificando sus esfuerzos para que Wallace fuera mantenido como candidato vicepresidencial en 1944 y esperando que Roosevelt quedara incapacitado o muriera antes de la elección presidencial. Inclusive habían sospechas de que Roosevelt había sido envenenado en Tehrán durante su estancia en la Embajada rusa en noviembre-diciembre de 1943, cuando su "bronquitis" no mejoraba después de meses de tratamiento.

Ahora volvemos a la histórica decision de Roosevelt de sustituir a Wallace como su vice presidente en la elección de 1944 por Truman. ¿Por que lo hizo? No se sabe, pero como muchas de sus importantes decisiones, probablemente fue tomada a última hora y por puro capricho. Es verdad que Wallace tenía una considerable oposición entre los politicos principales del Partido Demócrata, quienes lo consideraban muy radical y perjudicial a la re-elección del presidente. Pero para muchos mas seguía siendo el segundo hombre mas popular del país después de Roosevelt. Tenía una influencia muy grande en el movimiento laboral, a través de su íntima amistad y asociación con el lider sindical mas prominente del pais, Sydney Hillman (socio del jefe del Partido Comunísta Americano Earl Browder) y cuando Roosevelt se entrevistó con el a su regreso de un largo viaje de tres meses por Rusia, China y Mongolia, dos semanas antes de la Convención Demócrata en Chicago, el presidente le informó de su impopularidad entre los líderes del partido. A lo que Wallace respondió mostrando a Roosevelt la última encuesta de Gallup, que ponía su aprobación por los votantes en e l **pais** a un nivel del 65%. Pero Roosevelt, en su acostumbrada duplicidad, había prometido a Wallace una carta apoyándolo como su candidato favorito para que se leyera ante la Convención (todavía entonces probablemente no había decidido a quien apoyar, pero su única opinion favorable a Truman es que era desconocido y no tenía muchos enemigos). Cuando se la dió, la carta le daba su apoyo a medias, y decia, importantemente, que tanto Truman como el Juez de la Corte Suprema William Douglas (quien "descubrió" años después las "penumbras" en la Constitución, que eventualmente llevaron a la decision Roe v. Wade, legalizando el aborto) eran aceptables para ser su vice presidente. La víspera de la Convención, Roosevelt viajó por tren secretamente a Chicago. En un vagón especial estacionado detrás del salon de convenciones, se reunió con el presidente del Partido Demócrata Robert Hannegan y selló la traición a Wallace—una mas en su larga colección de triquiñuelas, intrigas y engaños. Pero antes de desplazar a Wallace le advirtió a Hannegan que Douglas o Truman tenían que ser aprobados por Hillman. Hillman se decidió por Truman y así se eligió al nuevo Vice Presidente de EU. Como se hizo obvio que Roosevelt **no quería** a Wallace en definitiva, y aunque Wallace consiguió la mayor cantidad de votos en la primera vuelta, Truman ganó en la segunda. Pero su elección ya había sido garantizada el dia antes, aunque ni el lo sabía. Wallace fue nombrado Secretario de Comercio en el último gabinete de Roosevelt y cuando Truman se convirtió en presidente, lo mantuvo en el cargo por un tiempo. Hasta que tuvo que despedirlo públicamente (Wallace se negaba a renunciar) por las declaraciones cada vez mas pro-comunístas que continuamente hacía a la prensa. En 1948, Wallace aspiró a la presidencia como candidato del Partido Progresista y del Partido Laboral, ambos dominados completamente por los comunístas, pero quedó en cuarto lugar, perdiendo hasta ante el candidato del Partido Dixiecrat sureño Strom Thurmond. Murió olvidado en 1965.

Pero ¿por que Stalin perdió la Casa Blanca ese dia, el 14 de Julio de 1944? Veamos. Roosevelt fue re-electo en noviembre y Truman fue jurado como Vice Presidente en marzo de 1945. Dias después, el 12 de abril, Roosevelt había muerto y Truman era presidente de EU. De no haber decidido Roosevelt sustituir a Wallace por Truman nueve meses antes, Wallace hubiera sido el nuevo presidente, el hombre de Stalin en la Casa Blanca. (Naturalmente, Roosevelt podía haber muerto antes de substituir a Wallace por Truman en 1944, y así Stalin hubiera tenido a su preciada "pieza" en la Casa Blanca). ¿No se cree que Wallace era comunísta? Muy bien. Pero da la casualidad que Wallace, de haber sido presidente, hubiera escogido como su Secretario de Estado a Lawrence Duggan, y como su Secretario del Tesoro a Harry Dexter White. Su Jefe de Estado, al menos en los primeros dias (como lo fue con Truman), hubiera sido Harry Hopkins. Los tres comunistas. Y que estos hubieran sido sus secretarios de gabinete no lo digo yo, lo dijo el mismo Wallace. Los autores Christopher Andrew y Vasily Mitrokhin, que publicaron dos importantes libros hace algunos años basados estríctamente en los archivos de la KGB que brevemente se abrieron en el primer gobierno de Boris Yeltsin en la Rusia post-comunísta de los 1990s, concluyeron lo siguiente en el primero de los dos libros, *"The Sword and the Shield"* ("La Espada y el Escudo"), "El hecho que Roosevelt [...] remplazó a Wallace con Harry Truman como Vice Presidente en enero de 1945, deprivó a la Inteligencia Soviética de lo que hubiera sido su éxito mas espectacular en la penetración de un gobierno Occidental" (pp. 109-110). De manera que aunque Wallace no fuera comunísta, todos estos hombres si lo eran. Y todos, incluyendo a Wallace, hubieran sido controlados por Stalin. Sin guerra. Sin disparar un tiro. Sin muertos. Stalin en control de la Casa Blanca. Los comunístas dueños del mundo ¡al fin! El 14 de Julio de 1944, Stalin perdió la Casa Blanca definitivamente. Después de todo lo que logró en Teherán y Yalta, en buena parte gracias a Roosevelt, Stalin quería mas. Lo quería todo. Pero en vez lo perdió todo cuando Roosevelt se decidió por el "desconocido" Harry Truman en lugar del bien conocido Henry Wallace. ¡Que manera de escoger al próximo presidente, cuando sabía que le quedaba poco de vida! Pero a veces el destino—o Dios— interviene en la vida de los humanos. Esta intervención nos salvó a todos. Y cambió el curso de la historia del mundo. Truman, con todos sus defectos, se le enfrentó a Stalin desde el principio. Luego, bajo su presidencia, se elaboró la Doctrina del Contenimiento del Comunísmo. Después vino el Plan Marshall, la reconstrucción de Europa, la creación de la OTAN. Y en 1953, Stalin estaba muerto. Sin nunca poder lograr su máximo triunfo. Sin embargo, Roosevelt, en lugar de escoger a Truman por pensar que era quien menos daño le haría a sus aspiraciones para un cuarto período, pudo—y **debió**—haber escogido al mejor candidato para tomar su puesto después de su segura muerte durante su ultimo mandato. Este era el llamado "presidente asistente", James Byrnes, quien fungía en 1944 como Jefe de la Oficina de Mobilización para la Guerra, con su propia oficina en la Casa Blanca a solo puertas de Roosevelt. Byrnes, de haber llegado a presidente, hubiera sido facilmente el mejor calificado en la historia de EU. Fue Representante a la Cámara y Senador por Carolina del Sur, Juez de la Corte Suprema por un año (renunció para trabajar directamente para Roosevelt), director de varios departamentos ejecutivos, incluyendo Secretario de Estado bajo Truman, y finalmente, Governador de Carolina del Sur. Además, el mismo Roosevelt sabía que Byrnes era el mejor candidato posible para Vice Presidente en 1944 y así lo dijo públicamente en diversas ocasiones. Pero era demasiado "conservador", sobre todo para los sindicatos laborales y para los ultra radicales del partido. Así que Roosevelt, con su acostumbrada irresponsabilidad y frivolidad, lo descartó en favor de quien en 1944 era poco mas que un cero a la izquierda.

Truman terminó siendo mucho mejor presidente que nadie hubiera pensado. Pero eso no quiere decir que fue un **buen** presidente, sobre todo en el ámbito de seguridad nacional. La penetración comunísta a todos los niveles del gobierno federal continuó sin que el nuevo presidente hiciera mucho al respecto. A Alger Hiss lo defendió hasta el final de su vida, aún después de ser condenado por perjurio al mentir sobre sus actividades comunístas. Uno de sus Secretarios de Estado, el legendario ex-General George Marshall (de fama del Plan Marshall, aunque no fue el quien lo ideó ni tuvo mucho que ver en su creación), fue un desastre como Secretario y aunque no se le debe acusar de comunísta (como lo hizo tontamente el Senador Joe McCarthy, lo que eventualmente le costó su destrucción por un vengativo Presidente Eisenhower), en verdad, su actuación ayudó enormemente a la causa comunísta en el mundo entero. Marshall era un hombre sin un ápice de experiencia política, habiendo sido un militar de carrera. Pero la incredible penetración comunísta en el Departamento de Estado bajo Roosevelt y Truman, aseguró que todo el asesoramiento que Marshall recibía provenía de agentes comunístas infiltrados. Y eso lo reflejó su pésima actuación como Secretario. Truman además cometió muchos errores de juicio (debido en parte a su poca experiencia) y su política doméstica fue pésima, entre otras cosas adoptando la congelación de precios y sueldos, lo cual trajo como resultado que cuando se levantaron esos controles tiempo después, se desató una gran inflación en el pais.

Pero que nadie se equivoque. Nada de esto es especulativo. Ni tampoco es mi interpretación de los hechos. No. **Son los hechos,** los que hablan por si mismos. Todo sucedió como lo han leido. Wallace NUNCA hubiera tomado las decisiones que Truman tomó. Que hubiera hecho Wallace de presidente no lo sabemos, excepto seguir al pié de la letra la linea de Stalin. Pero el mundo hubiera sido muy distinto si Roosevelt no toma su histórica decisión el 14 de Julio de 1944 ¡el dia que Stalin perdió la Casa Blanca!

INTERNACIONALISMO, TERRORISMO Y LIBERTAD PERSONAL: LOS LÍMITES DEL INTERVENCIONISMO Y EL FINAL DE LOS POLICÍAS MUNDIALES

PRIMERA PARTE

El siglo antepasado, en 1898, Estados Unidos declaró la guerra a España para asegurar la independencia de Cuba. Aunque la razón verdadera de la Guerra Hispanoamericana fue la voladura del buque de guerra americano USS Maine en el puerto de La Habana en febrero de ese año 1898, en el mensaje de guerra del Presidente americano William McKinley al Congreso (no hubo "declaración" de guerra como tal) se adujeron razones humanitarias para respaldar esa guerra.

En aquel entonces, buena parte de la opinión pública americana apoyaba la intervención americana en Cuba debido a largos años de propaganda anti-española, sobre todo en la prensa de New York desde el comienzo de la Guerra de Independencia en Cuba en 1895. Pero debe destacarse que New York no era el resto del país, donde la opinión pública probablemente era más bien desinteresada. Hasta en

Washington el apoyo a la guerra contra España estaba dividido. Las clases comerciales casi en su mayoría estaban contra la guerra, el mismo partido republicano también estaba dividido y el Presidente McKinley por un buen tiempo estuvo opuesto a la guerra (McKinley eventualmente tuvo una "revelación divina" y decidió que era el "deber" de Estados Unidos "salvar" a Cuba -y también a Hawaii, que fue anexado después de la guerra con España), al igual que una buena parte del partido demócrata.

Pero había un poderoso movimiento expansionista entre muchos líderes republicanos y varios intelectuales que estaban convencidos del "Destino Manifiesto" de Estados Unidos de expansión mundial. Con la Guerra Hispanoamericana, ese movimiento expansionista se convirtió brevemente en movimiento imperialista bajo las administraciones de Theodore Roosevelt y Woodrow Wilson entre 1902 y 1918. El propósito de EEUU era unirse al resto del mundo occidental (en verdad Europa) en la búsqueda de colonias por todo el mundo. Estados Unidos siempre enmascaró esos propósitos en términos "humanitarios", y se limitó mayormente a inmiscuirse en el Caribe y Centro América (incluyendo México), no en África y Asia, como varios países europeos.

Antes de la Guerra Hispanoamericana en 1898 la política externa de Estados Unidos había seguido los principios proclamados en el mensaje de despedida de su primer presidente, George Washington, en 1796, luego mejor definido por el Secretario de Estado John Quincy Adams en 1821. Estos principios, que han sido mal interpretados desde la Primera Guerra Mundial como "aislacionistas", expresaban claramente el interés nacional y la necesidad de Estados Unidos de mantenerse al margen de las guerras europeas, ocupándose de sentar las bases morales de su sistema republicano constitucional. EEUU debía dar el ejemplo al resto del mundo y apoyar la libertad y la justicia en el mundo, pero solamente en principio, no a manera de intervenciones militares.

Ya Washington había escrito en 1792, cuando no planeaba aspirar a un segundo período presidencial, que Estados Unidos debía mantener un comportamiento basado en principios morales y sentido común, evitando todo tipo de alianzas con naciones extranjeras como la mejor manera de mantener su independencia y su "excepcionalismo" como un ejemplo brillante para la humanidad. El mensaje se publicó después de su retiro en 1796, y pasó a la historia como su despedida oficial. Como luego proclamó Adams en un discurso en 1821, "Donde quiera que el estandarte de la libertad y la independencia sea levantado, el corazón, las bendiciones y las oraciones de Estados Unidos estarán presentes. Pero América no va al extranjero en búsqueda de monstruos que destruir".

Cuando Theodore Roosevelt asumió la presidencia accidentalmente en 1901 después que el Presidente McKinley murió asesinado, las puertas del movimiento expansionista se abrieron de par en par, ahora francamente como simple imperialismo. Pero no se debe confundir el "imperialismo" de entonces con lo entendido por ese término hoy, gracias a la propaganda comunista de más de un siglo. EEUU, sin embargo, de hecho buscaba colonias en su "patio caribeño". Ya tenía a Puerto Rico como resultado de la Guerra Hispanoamericana. Las islas Filipinas y Guam también habían sido adquiridas como colonias previamente españolas en el Pacífico (Filipinas recibió su independencia en 1946; Guam aún es colonia americana; y Puerto Rico tiene un status muy sui géneris desde los años cincuenta del siglo 20 como Estado Libre Asociado).

Durante las dos administraciones de Roosevelt y luego de Wilson (el Presidente Taft, quien sucedió a Roosevelt en la Casa Blanca en 1908, no intervino militarmente en el Caribe, prefiriendo la llamada "Diplomacia del Dólar", es decir, la intervención económica), EEUU intervino militarmente en Panamá (país creado por el Presidente Roosevelt para construir el Canal de Panamá), Cuba, Haití, República Dominicana, Honduras, Nicaragua, y México. Ninguno de esos países fueron "colonias" formalmente, y EEUU eventualmente se retiró de todos ellos, aunque en algunos permaneció por décadas. Pero esas intervenciones militares, por enmascaradas que fueran por razones "humanitarias" o para "proteger" a esos países de otros "depredadores" europeos por no pagar deudas internacionales, cambiaron radicalmente la política externa tradicional de Estados Unidos de mantenerse al margen de intervenciones extranjeras, y sentaron las bases para el intervencionismo americano.

Con la Primera Guerra Mundial, en que el nefasto Presidente Wilson, sin motivos reales y, sobre todo, sin que los intereses nacionales de la nación estuvieran involucrados, se enfrascó en intervenir a favor de Gran Bretaña y Francia, se terminaron las ilusiones, y el intervencionismo, ahora conocido más idealistamente como "internacionalismo" se convirtió en la política oficial de gobiernos sucesivos de Estados Unidos. Desde entonces, la política externa de EEUU ha sido intervencionista (con excepción de 20 años entre 1920 y 1941). Además, Wilson anunció la intervención en la Primera Guerra Mundial en términos de "salvar al Mundo para la Democracia", dándole todavía matices de más "pureza" a la nueva política externa americana. (Wilson era un fanático religioso que estaba convencido que Dios lo había elegido para traer la Democracia al Mundo, además de ser un gran hipócrita y racista empedernido).

Hay que admitir que gracias a la propaganda inglesa (y luego de la administración de Wilson), la enorme mayoría del público americano apoyó la entrada de EEUU en la Primera Guerra, pero esto no duró mucho. Wilson fue culpable directo del cambio. Su insistencia en lograr que el Senado americano aprobara el Tratado de Versalles y, con eso, la entrada de EEUU en su primera alianza en la historia, la Liga de Naciones, terminó devolviendo al país a sus raíces tradicionales de mantenerse fuera de tales alianzas y enredos internacionales. Las derrotas del Tratado y la Liga, que resultaron también en la incapacidad permanente de Wilson cuando sufrió un derrame cerebral por sus esfuerzos en lograr el apoyo popular a sus políticas "internacionalistas", terminó con el internacionalismo/intervencionismo de casi dos décadas en la política externa del país, y el resultado, volver a la normalidad, fue desde entonces calificado como aislacionismo por los "internacionalistas".

En los años 1920s, los más prósperos en la historia de Estados Unidos hasta entonces y después, existió en el país, sobre todo en los estados del oeste y del sur, una verdadera aversión a inmiscuirse en el extranjero. Pero una buena parte de la opinión pública continuó al menos ostensiblemente favoreciendo el internacionalismo. De hecho, en agosto de 1928, bajo la administración del Presidente Calvin Coolidge, quien de ninguna manera se puede describir como internacionalista, se firmó sin embargo el Tratado Briand-Kellogg, que, increíblemente, ilegalizó la guerra, y logró que sus firmantes, incluyendo Estados Unidos, renunciaran a la guerra como instrumento de Política Nacional. Once años más tarde, la Segunda Guerra Mundial mostró la ridiculez y futilidad de legislar comportamientos internacionales. Las naciones usualmente obedecen a sus intereses nacionales, y no importan las buenas intenciones: los comportamientos internacionales se rigen por el interés nacional de cada país.

Para que Estados Unidos entrara en la Segunda Guerra Mundial, fue necesario el ataque japonés a la Base de Pearl Harbor, en Hawaii, en diciembre de 1941. La opinión pública, sin importar todos los esfuerzos de los internacionalistas y hasta del Presidente Franklin Roosevelt, quien francamente favorecía a Gran Bretaña en su solitaria lucha ante la alianza de los países del Eje (Alemania, Italia y Japón) desde la derrota de Francia en 1940, estaba abrumadoramente en contra de la entrada en la guerra. Alemania, imprudentemente, declaró la guerra a Estados Unidos días después del ataque japonés a Pearl Harbor, y nuevamente los internacionalistas controlaron la política externa americana.

Pero ahora Estados Unidos se convirtió en aliado de la peor dictadura en la historia, cuando se unió a Gran Bretaña y la Unión Soviética para pelear contra el Eje. Otra vez terminaron las ilusiones. En definitiva, los intereses prevalecieron. Estados Unidos necesitaba la alianza con la Unión Soviética para derrotar al Eje, y su presidente así lo decidió y así lo llevó a cabo.

Roosevelt en realidad fue mucho más allá de una mera alianza cuando declaró la torpe e innecesaria política de rendición incondicional (la cual costó millones de muertos adicionales inútilmente). Ahora, Estados Unidos definitivamente abandonaría su política tradicional de evitar alianzas. Ahora, después de la derrota del Eje, Estados Unidos se uniría a una organización internacional.

Ahora, el sueño de Paz Mundial de los internacionalistas de medio siglo, por fin sería realizado. Desgraciadamente, las buenas intenciones y las grandes ilusiones se convirtieron muy pronto en la larga y costosísima Guerra Fría (la cual no fue tan "fría", ya que en 50 años, murieron millones más peleando guerras regionales y "controladas"). El internacionalismo ha prevalecido desde el final de la Segunda Guerra Mundial, pero de poco ha servido, sobre todo en términos de mantener la añorada Paz Mundial. De más está decir que la Organización de Naciones Unidas (ONU), el instrumento creado para mantener la paz, ha fracasado rotundamente.

Durante la mal llamada Guerra Fría, Estados Unidos intervino abiertamente en la Guerra de Corea (oficialmente como parte de la reacción de la ONU a la invasión de Corea del Norte a Corea del Sur) para defender a Corea del Sur de la agresión comunista de Corea del Norte, pero en realidad, para oponerse a la percibida agresión comunista de Stalin y la Unión Soviética a un país "libre" (es decir, no comunista). Pocos años después, Estados Unidos intervino clandestinamente -pero en verdad bastante abiertamente (mediante la Agencia Central de Inteligencia, CIA) en Irán, Guatemala y Cuba, además de conducir múltiples intervenciones encubiertas en distintos países detrás de la Cortina de Hierro. Comenzando en los años 1960s, Estados Unidos otra vez intervino en una guerra no declarada en respuesta a la agresión comunista de Vietnam del Norte contra Vietnam del Sur, guerra que costó más de 50,000 muertos americanos y millones de vietnamitas y resultó en el rechazo a otras intervenciones militares por muchos años.

Pero casi al final de la Guerra Fría, Estados Unidos de nuevo, en respuesta a otra agresión abierta, esta vez una invasión de Irak contra el pequeño país petrolero de Kuwait, intervino conjuntamente con varios países aliados en la primera Guerra del Golfo en 1990. Aunque la guerra en si solamente duró 100 horas, los masivos preparativos duraron meses y costaron billones de dólares, pero Estados Unidos y sus aliados prevalecieron y expulsaron a Irak de Kuwait. Una guerra no declarada continuó contra Irak por años, culminando en otra intervención americana cuando Estados Unidos y otra alianza internacional menos numerosa atacó de nuevo a Irak y depuso al régimen del dictador Saddam Hussein en el 2003.

Pero los armamentos de destrucción masiva con que ostensiblemente contaba Irak y que formaron la base de la invasión, nunca fueron encontrados. Sin embargo, Estados Unidos también adujo que la invasión estaba justificada por razones humanitarias y como guerra preventiva y justa para eliminar la amenaza de Irak al resto del mundo. Finalmente, la invasión a Irak fue además justificada como respuesta al ataque terrorista a las Torres Gemelas en New York el 11 de septiembre del 2001. Otra nueva guerra, la Guerra contra el Terror, había comenzado en el 2001 contra Afganistán para capturar al líder del ataque a las Torres, Osama Bin Laden, y derrocar al régimen del Talibán, que controlaba Afganistán y protegía a Bin Laden. Esas dos guerras contra el terrorismo internacional en Irak y Afganistán todavía continúan, y ya han costado trillones de dólares y cientos de miles de vidas americanas, aliadas y de civiles en Irak y Afganistán. El final no se visualiza once años después.

Al terminar la Guerra Fría, cuando Estados Unidos por un corto tiempo fue la única superpotencia mundial, las esperanzas de una verdadera paz mundial parecían al alcance de la humanidad. Pero una vez más, las ilusiones se desvanecieron. Ahora ya no existía el comunismo internacional, y un soñador escritor (Francis Fukuyama) llegó a proclamar el Fin de la Historia con la victoria de la Democracia Liberal. Otro conocido escritor (Samuel Huntington), sin embargo, casi al mismo tiempo, identificó a un nuevo enemigo internacional y predijo otra guerra de culturas entre Occidente y el Islam. Desde entonces estamos en guerra contra el terrorismo, una guerra que no tiene enemigo definido y que no parece tener fin tampoco. Eso nos trae al presente.

El propósito de este ensayo no es lidiar con la posibilidad de un nuevo ataque americano y una nueva intervención de Estados Unidos en otro país del Medio Este, esta vez Siria. Ese asunto será brevemente cubierto al final, pero antes debemos considerar el propósito de la guerra, cualquier guerra. Dentro de ese asunto, hay que considerar también las libertades personales y cómo la Guerra contra el Terror afecta los derechos individuales, y aquí en Estados Unidos, el sistema de gobierno bajo una república constitucional.

Desde hace más de un siglo, desde 1898, con un breve respiro entre 1920 y 1941, el "noble" principio del internacionalismo, o como me parece haber demostrado, lo que en realidad es un intervencionismo flagrante, pero generalmente aceptado entre los líderes internacionales por sus "buenas intenciones", ha prevalecido en el mundo. Pero cabe preguntar: ¿El internacionalismo ha desplazado verdaderamente al interés nacional como principio gobernante en las relaciones internacionales?

En mi opinión, no es así ni ha sido nunca. Solamente ha existido (posiblemente ya ni eso) la ilusión, la fantasía, de querer creer en el internacionalismo porque de esa manera, el "mundo" puede pretender ser noble. Pero tal como los individuos siempre tienden a pensar y defender sus intereses individuales por encima de los comunitarios o sociales, así también es en las relaciones internacionales. Es verdad que el derecho internacional existe hace muchos siglos y hay principios aceptados por la comunidad internacional para gobernar las relaciones entre los países y establecer algún semblante de orden y respeto por esos principios internacionales.

Pero otra vez, la pregunta cabe: ¿Ha servido de algo el derecho internacional, para no mencionar las organizaciones internacionales como la fracasada Liga de Naciones de los años entre las dos guerras mundiales, y la igualmente fracasada Organización de Naciones Unidas (ONU), para evitar guerras y para mantener la paz? La respuesta es obvia: Claro que no. ¿Debe a pesar de eso mantenerse la ONU y seguirse pretendiendo que las guerras se pueden evitar y la paz se puede guardar en un mundo que, ahora como siempre, NO está regido por el imperio de la ley? La respuesta es para mi la misma, pero entiendo que muchos quieran mantener la ficción de que la Paz Mundial es posible. Solo me permito señalar que por creer en esas ilusiones y fantasías utópicas, los totalitarismos del siglo 20, principalmente el comunismo internacional, exterminaron a 200 millones de seres humanos.

Pero hay otro elemento que posiblemente SÍ puede ser controlado por organizaciones internacionales, incluyendo la inútil ONU. Me refiero a muchas atrocidades y a ciertos comportamientos que son generalmente condenados internacionalmente, sin importar que muchas naciones "civilizadas" cometen tales atrocidades y repiten continuamente comportamientos condenados. Aquí entra la motivación de ir a la guerra o de intervenir en situaciones antes de llegar a la guerra por razones humanitarias.

Nadie debe mantenerse al margen de la barbarie. Nadie. Pero eso NO aplica a las naciones, excepto que en nombre de un grupo y por medio de acuerdos voluntarios, una organización de naciones decida actuar para evitar o frenar ciertas barbaries en un momento determinado. Existe un precedente histórico. A fines del siglo 19 y varios años al principio del 20, muchas de las naciones más importantes y prominentes se agruparon voluntariamente para terminar con los ataques terroristas universalmente atribuidos a los "anarquistas".

No había tal cosa como un movimiento anarquista internacional (como hubo una Internacional Comunista) cuyos miembros asesinaran a distintos líderes internacionales o causaran estragos mediante la explosión de bombas en lugares públicos. Hubo casos aislados de anarquistas que cometieron algunos actos terroristas. El más famoso fue el asesinato del Archiduque Franz Ferdinand en Sarajevo en 1914, una de las causas mayores de la Primera Guerra Mundial. Pero quienes fueran esos terroristas, muchos servicios de inteligencia internacionales compartieron información y verdaderamente cooperaron por el temor a esos actos terroristas que podían matar literalmente a cualquiera. En pocos años, gracias a esa cooperación internacional, se logró controlar casi del todo esos actos terroristas. Algo similar se ha tratado de conseguir, sobre todo desde el ataque a las Torres el 11 de septiembre del 2001, pero esta vez, hasta ahora, no se ha logrado. En buena parte porque no ha existido ni remotamente la misma cooperación internacional.

En otros casos se ha tratado de conseguir la cooperación internacional sin buenos resultados. Me refiero a las varias "convenciones" (Ginebra y varias otras) que han logrado las firmas de muchas naciones para evitar ciertos comportamientos barbáricos. El uso de la tortura y de gases venenosos son casos conocidos.

Es verdad que muchas naciones han firmado estos acuerdos internacionales. También es verdad que de poco han servido y son impunemente violados. ¿Por qué la diferencia entre el caso anteriormente citado y estas "convenciones" que prohíben la tortura o el uso de gases letales? Quizás porque en el primer caso estaban directamente involucrados intereses nacionales. Específicamente las vidas de líderes de las varias naciones que contribuyeron a erradicar aquel terrorismo hace más de un siglo.

Pero también estaban involucrados intereses particulares y nacionales en reverso. Es decir, en una guerra, normalmente el propósito es ganarla (excepto aquí en Estados Unidos desde Corea en 1950). Si para ganar la guerra hay que usar la tortura o gases venenosos, entonces -por el interés de ganar- se violan, o se pueden violar, esas normas aceptadas. Excepto que en el caso de ataques con gases letales, si el otro bando también cuenta con esas armas, entonces no se usan. Pero una vez más, por interés nacional o individual, no porque sean barbáricas esas acciones (como lo son).

Las razones humanitarias para una guerra NO son válidas. La barbarie se debe combatir porque es lo justo. Pero poco más que protestar puede hacer un individuo. Si muchos individuos actúan en conjunto, aún así es casi imposible hacer nada contra la barbarie. Pero un grupo de naciones, por pequeño que sea, SÍ puede lograr frenar la barbarie.

Hay casos en el último siglo, pero son muy pocos. Para volver a la Guerra Hispanoamericana con que comenzó este ensayo, las razones aducidas para la intervención americana en Cuba fueron humanitarias. Pero si el Maine no explota, la guerra no se produce, no en aquel momento. Mientras tanto, la política de reconcentración del gobierno español de Cánovas del Castillo, conducida por el General Valeriano Weyler, NO fue una razón para la guerra, sin importar que por largos meses, muchos periódicos americanos reportaron diariamente las atrocidades españolas que causaron quizás 300,000 muertos cubanos. Tampoco las protestas contra esa barbarie, ni siquiera las protestas oficiales de Washington ante Madrid, terminaron con la política de reconcentración. Esa política terminó cuando Weyler fue substituido porque España decidió, en parte debido a las presiones del gobierno americano (que amenazaba con la guerra),implementar la política de conceder la autonomía a Cuba (demasiado tarde). Pero no por las muertes de civiles inocentes. No por la barbarie.

Se pueden citar muchos casos más de cómo las políticas similarmente barbáricas de los ingleses en Sur África en la Guerra Boer; las terribles atrocidades cometidas por el ejército de ocupación americano en las Filipinas contra los insurgentes independentistas de Aguinaldo; el genocidio de los turcos contra Armenia al final de la Primera Guerra Mundial (murieron quizás 2 millones de civiles); el genocidio de Italia bajo Mussolini contra Etiopía en 1934 (incluyendo el uso de gas letal); los millones de chinos exterminados por los japoneses durante las guerras de conquista desde principios de los 1930 hasta el final de la Segunda Guerra Mundial (incluyendo la matanza de Nanking, quizás 300,000 muertos); el exterminio de más de 20,000 militares polacos en el Bosque de Katín en 1943 ordenado por Stalin (conocida e ignorada por ese gran "campeón" de los liberales, el Presidente Franklin Roosevelt); el bombardeo de Dresde en Alemania, donde innecesariamente, entre las fuerzas aéreas americanas y británicas, 50,000 civiles fueron incinerados en 1944; los bombardeos de Tokio entre 1942 y 1945, incluyendo, por supuesto, el uso de bombas atómicas en Hiroshima y Nagasaki, donde murieron casi medio millón de civiles japoneses. Y, claro, el asesinato de 6 millones de judíos por los Nazis a las órdenes de Hitler durante la guerra, también conocido ampliamente por el Presidente Roosevelt, quien nada hizo por evitarlo o frenarlo. Ahora, más recientemente, medio millón de hombres, mujeres y niños fueron macheteados en Rwanda en 1998. Y muchos protestaron, pero nadie hizo NADA. ¿Dónde quedaron las intervenciones humanitarias en todos esos casos? En la nada.

Por otro lado, en el caso de otro genocidio reciente, en Bosnia y Kosovo en los años 1990, perpetrado por Serbia, SÍ hubo una intervención humanitaria. Y hasta se puede decir que funcionó. Pero fue conducida por la Organización del Tratado del Atlántico Norte (OTAN) en una campaña de bombardeos aéreos que duró casi tres meses, costó billones de dólares (y casi agotó el arsenal de cohetes crucero americanos). Es decir, una organización internacional extremadamente poderosa tuvo la voluntad de intervenir en esa guerra por razones humanitarias contra una nación casi insignificante como Serbia.

Aún bajo esas condiciones, no fue fácil y tomó meses. Pero probablemente se salvaron miles de víctimas. ¿Valió la pena? Posiblemente en términos morales valió la pena hacer lo debido y lo correcto, sobre todo en un caso en que se podía realizar esa intervención humanitaria.

Ha habido muy pocos de esos casos. Todavía menos casos han ocurrido donde ha existido la voluntad de hacer algo, aunque se pudiera hacer. Esa ha sido la historia. Y por una buena razón. La agresión es algo instintivo entre los seres humanos. Y los seres humanos llevan milenios matándose entre ellos. Guerras tribales al principio, por nada más que territorio, por controlar agua o comida, hasta por esclavizar a otros seres humanos. Por casi el resto de la historia, guerras entre naciones gobernadas por déspotas absolutistas, por efímeras y casi nunca válidas razones. Millones de seres humanos se han masacrado a través de los tiempos. ¿Se pueden evitar estas guerras, sobre todo ahora? Claro que si. Siempre en realidad se han podido evitar. Pero NO se evitan. ¿Por qué? Quién sabe. Este no es un ensayo filosófico, sino histórico.

SEGUNDA PARTE

Ahora bien. ¿Debe Estados Unidos ser el policía internacional, la potencia que establezca el orden, aplique la justicia y defienda la libertad en el mundo? ¿Puede serlo hoy en día? ¿Debió serlo alguna vez? ¿Tiene el derecho de serlo, ahora o antes?

Mis respuestas son negativas en todos los casos. No debe serlo, ni ahora ni nunca. No puede serlo hace tiempo, aunque existiera la voluntad de hacerlo, porque no tiene la capacidad económica ni militar. No tiene, ni nunca tuvo, el derecho de serlo.

En términos morales, como la primera república constitucional en la historia, como un ejemplo para el resto del mundo por su comportamiento, como lo propusieron George Washington y John Quincy Adams desde 1792 y 1821, eso si, definitivamente. Así fue desde 1776 hasta 1898. Pero militarmente, por la fuerza, aún por mantener principios morales, por razones humanitarias, absolutamente NO. ¿Y si pudiera hacerlo por razones humanitarias, sin consecuencias desfavorables, simplemente por hacer el bien? Quizás si, pero es algo puramente especulativo. Una vez más, las naciones, incluyendo Estados Unidos de América, no deben ir a la guerra, nunca deben enviar a sus ciudadanos a pelear y morir en el extranjero, excepto por defender sus intereses nacionales, los cuales deben ser siempre muy bien definidos, o en defensa propia. Fuera de eso, NUNCA.

Se dice que en la historia han existido casos donde ciertas naciones han actuado como árbitros internacionales para mantener el orden y la paz. Se citan casos como Roma, sobre todo cuando la república se convirtió en imperio. Pero Roma lo hizo, una vez más, por proteger y defender sus intereses. Y porque su poder se lo permitía. No por razones morales, no por proteger a los inocentes, no por defender principios humanitarios. Todo lo contrario, ya que generalmente Roma peleaba guerras de conquista para subyugar y explotar a las naciones o pueblos que conquistaba. Pero el poder no otorga el derecho, y las conquistas como las que logró Roma son indefendibles en términos morales.

Se cita también el caso de Inglaterra, sobre todo después de la derrota final de Napoleón Bonaparte en Waterloo en 1812. Pero Inglaterra no lo hizo sola. Se creó el Concilio de Europa para mantener la paz y el orden mundial, con los ejércitos de Rusia y Prusia para mantener el orden territorial en Europa y la marina de guerra inglesa para mantener el orden en los mares y océanos del mundo. Y aún en ese siglo entre 1812 y 1912, el poderío del Concilio de Europa se mal utilizó en incontables ocasiones, casi siempre, una vez más, para proteger los intereses de las naciones que derrotaron a Napoleón, para restablecer el orden social existente antes de la Revolución Francesa, para mantener el status quo y para evitar las revoluciones posteriores, que explotaron en toda Europa en 1848.

Pero ni en ese caso fue posible evitar guerras en el mundo. Hubo muchas, y algunas muy importantes y destructivas, como la de Crimea, entre Francia, Gran Bretaña y Rusia en 1853, la Hispanoamericana, entre España y Estados Unidos en 1898, y las Boer en Sur África en 1880-81 y en 1899-1902.

Desde 1914, todos los intentos de una nación o de organizaciones internacionales de fungir como gendarmes para mantener el orden y la paz mundial, han fracasado. Será posible, pero hasta la fecha, no lo ha sido.

La Guerra contra el Terror que promulgó el Presidente George W Bush después del ataque a las Torres Gemelas en New York en septiembre 11 del 2001, fue un exceso retórico que nunca debió calificarse así. Era obviamente imposible declarar una guerra contra el terror. Se podía pelear una guerra contra el terrorismo islámico, pero nunca hubo siquiera la voluntad de hacer eso.

Cuando por largos años la Unión Soviética, en muchos casos utilizando a su agente principal, el régimen de Cuba bajo Fidel Castro, condujo innumerables actos de terrorismo en todo el mundo, utilizando la subversión, la desinformación o a veces acciones militares directas contra países que no eran sus enemigos, simplemente por ideología y por conquista, pocos combatieron ese terrorismo, excepto Estados Unidos.

En esos años de la Guerra Fría, Estados Unidos y la OTAN defendieron al mundo no comunista de la agresión y el terrorismo auspiciado por la Unión Soviética, y a veces por Cuba por si misma. Pero como fue dentro del contexto de la Guerra Fría, naturalmente no existió la voluntad internacional de frenar estos actos de terrorismo de estado, como sucedió entre los años 1880 y 1914. Sin embargo, aún a medias, aún sin la voluntad de calificarla como guerra contra el terrorismo islámico, ha existido cierta cooperación internacional y se han evitado ataques similares a los de septiembre 11. Pero ¿a que costo?

Este asunto de alcanzar un balance entre la seguridad y la barbarie, la violencia, las guerras en si, se discute aquí en Estados Unidos desde antes de que la nación existiera, durante la Guerra de

Independencia americana contra Inglaterra.

Nunca se ha resuelto. En aquellos tiempos, Benjamin Franklin dijo su famosa frase de que un pueblo que renuncia a su libertad por proteger su seguridad, no merece ni la libertad ni la seguridad. Después de septiembre 11, muchos americanos, quizás la mayoría, decidieron ceder mucho de sus libertades individuales, y hasta su privacidad, a cambio de la promesa del gobierno de protegerlos contra ataques similares.

Quizás esto se haya logrado en buena parte, pero cuando se pierden tantas libertades individuales como ha resultado ser, sobre todo después de las revelaciones del espionaje de la Agencia de Seguridad Nacional (NSA) contra los propios ciudadanos americanos, quien no tema las tendencias totalitarias del gobierno ya de hecho ha entregado su libertad. Más todavía, hay millones de americanos que plácidamente piensan que no hay peligro en que agencias del gobierno espíen sus conversaciones telefónicas o lean sus mensajes electrónicos. Si no hay nada que ocultar, ¿que importa?, dicen muchos. Ese es el comienzo de un estado totalitario, y sin libertad, la vida nada vale. Todavía estamos a tiempo, pero no si se continúa aceptando mansamente la pérdida de las libertades individuales y la privacidad.

Finalmente, Siria. Aparentemente se produjo un ataque contra la población civil en el cual fueron utilizados gases venenosos, resultando en más de 1,400 muertos, incluyendo quizás hasta 400 niños.

Sucedió en agosto pasado, pero ni siquiera está claro quién lanzó el ataque. ¿Fue el régimen de Bashar Al-Assad o fue uno de los varios grupos que hace poco más de dos años luchan por el derrocamiento de ese régimen dictatorial?

Estos son los hechos. En Siria existe una guerra civil hace más de dos años. Las razones de esa guerra civil no son importantes para el caso que analizamos, que es si Estados Unidos debe atacar al régimen de Assad por el uso de gases letales contra la población civil.

El presidente americano advirtió al régimen de Assad hace más de un año que el uso de gas venenoso sería "cruzar una línea roja". Pero poco después de la advertencia, las fuerzas de Assad utilizaron gas venenoso contra sus adversarios. El presidente declaró que no estaba claro si tal ataque había ocurrido, y nada se hizo. Hay reportes de que el régimen de Assad ha realizado 14 ataques de gas letal contra la población civil desde entonces. El presidente no ha dicho ni hecho nada al respecto.

Ahora, hace un mes, de pronto el uso de gases venenosos es intolerable y el presidente decide atacar a Siria militarmente. ¿Cómo? Hay muchas versiones, quizás 50 de ellas en dos semanas. Al parecer, lanzar unos cuantos cohetes crucero Tomahawk contra áreas relativamente desiertas es la preferida. Es decir, un ataque simbólico, para cubrir la forma y para quedar bien por la advertencia de no "cruzar una línea roja".

Pero la posibilidad de lanzar cientos de Tomahawks en lugar de unos cuantos, o de utilizar adicionalmente aviones para bombardear bases militares y pistas de aterrizaje, también han sido mencionadas. En fin, lo que se contempla es un ataque militar a una escala no determinada, que puede traer consecuencias imposibles de determinar.

Además de esa advertencia imprudente e innecesaria de un presidente que se ha distinguido por hablar demasiado para luego hacer nada, no hay ninguna justificación para un ataque militar de Estados Unidos contra Siria. Siria no representa ninguna amenaza para Estados Unidos, ni tampoco hay intereses nacionales americanos involucrados en Siria. Siria no produce mucho petróleo y tiene poca importancia estratégica para Estados Unidos en esa región.

Como vecino y enemigo de Israel, nación aliada de Estados Unidos, Siria puede tener alguna importancia, pero Israel es perfectamente capaz de defenderse de cualquier ataque de Siria, y ha anunciado públicamente que está opuesto a un ataque americano a Siria porque puede resultar contraproducente. Arabia Saudita y Jordania, quienes son "aliados" de Estados Unidos, no están amenazados por nada que suceda en Siria, y aunque Arabia Saudita preferiría ver a Assad derrocado, hay el grave peligro de quién lo substituiría en el poder. Los grupos que pelean contra Assad, todos y cada uno, son enemigos de Occidente, y algunos están afiliados con Al Qaida. Todos son islámicos radicales, pues en Siria, a pesar de ser un país más laico que otros en la región, el Islam es la religión predominante.

Siria es aliada y cliente de la Federación Rusa, como lo fue antes de la Unión Soviética bajo el régimen del padre de Assad, el igualmente brutal dictador Hafez Al-Assad, quien también usó ataques de gas venenoso contra poblaciones civiles, donde murieron miles y nadie hizo nada al respecto. Siria, además, es aliada y agente de Irán, y ha sido base de varias organizaciones terroristas como Hezbollah e Islamic Jihad, enemigos mortales de Israel, por largos años.

Pero Estados Unidos nunca ha tomado ninguna acción militar contra Irán -ni contra Siria- a pesar de ambos ser países terroristas y a pesar de que Irán lleva décadas tratando de producir armas nucleares. Tres administraciones americanas (demócratas y republicanos), desde 1992, han decidido NO tomar ninguna medida agresiva contra Irán, sin importar las numerosas provocaciones de la República Islámica de Irán a Estados Unidos. Irán SÍ es una amenaza para Estados Unidos, y también representa un interés vital para América. Claramente, si Estados Unidos no está dispuesto a tomar acciones militares contra Irán, no debe, bajo ninguna circunstancia, atacar militarmente a Siria. No hay justificación posible, y hacer nada sería mejor que hacer algo inútil en este caso.

Hay argumentos a favor de atacar a Siria, por supuesto. Algunos son válidos, aunque los que enfatizan la importancia del prestigio americano en la región no toman en cuenta que la política de la presente administración ha sido de marginar a Estados Unidos en la región. Estados Unidos aparenta ser débil porque lo es; este presidente ha debilitado las fuerzas armadas a propósito; esa ha sido su agenda.

Algunos dicen que no se trata de este presidente, sino del

prestigio de Estados Unidos y el respeto que la presidencia debe representar. Pero una vez más, no es posible separar los dos desde hace cinco años. El respeto que Estados Unidos debe proyectar en el mundo es importante, sin dudas. Pero si no hay consistencia ni coherencia en esa proyección, de nada vale.

Finalmente, queda la percibida incapacidad de esta administración, su indecisión y su simple inhabilidad de convencer a la opinión pública americana de la necesidad de atacar a Siria. Naturalmente, el temor a involucrar al país en otra nueva guerra está muy presente en esa opinión pública, y la enorme mayoría del público sencillamente no cree lo que la administración dice. La desconfianza, en vista de las revelaciones de cómo el gobierno miente y desinforma al público, son demasiado grandes para producir apoyo popular a un ataque simbólico para hacer quedar bien al presidente. Por otro lado, el gran peligro es que las armas químicas, bacteriológicas y quizás hasta nucleares en el arsenal de Assad, puedan caer en manos de terroristas en cualquier momento. ¿Entonces que? Un problema serio y difícil de solucionar sin tropas en Siria. En estos momentos, eso es una imposibilidad política.

Por mucho que la administración quiera hacer creer que el uso de armas químicas y gases letales son algo distinto, peor, más siniestro y terrible, y a pesar de la tremenda aversión y repulsión que mucha gente siente contra el uso de esas armas, en si no hay nada intrínsicamente diferente en como se mata y como muere la gente en las guerras.

Como están muertos, no es posible preguntarle a nadie lo que sienten. Pero es razonable pensar que morir asfixiado por gases no es mucho peor que morir incinerado por bombas incendiarias, para no hablar de armas nucleares.

Este no es un argumento para atacar a nadie, sobre todo cuando Siria en particular ha utilizado ataques con gases letales muchas veces contra su propia población, en este último año y bajo el régimen anterior de Assad padre. La guerra es siempre terrible y lo que se debe hacer es evitarla por todos los medios. Una vez desatada, lo mejor entonces es terminarla lo antes posible. Pero esta administración no expresó siquiera interés en Siria y su guerra civil por dos años, ni tampoco en los supuestos 100,000 seres humanos que han muerto hasta agosto pasado. Ahora no se puede presentar un caso convincente de que 1,400 nuevos muertos por el uso de gases venenosos de pronto hacen imperativo frenar a Assad. Y como no hay remotas intenciones de intervenir en la guerra para derrocar a Assad porque nadie puede saber si los que vienen después serán peores, la mejor estrategia es, por mala que sea, no hacer nada. Es triste, pero es cierto, y hay que aceptarlo.

Estados Unidos lleva, increíblemente, casi 200 años inmiscuyéndose innecesariamente en el Medio Oriente. En los años primeros de la república, durante la presidencia de Jefferson, se pelearon las primeras guerras contra piratas del Norte de África, lo que es hoy Marruecos, Argelia y Libia. En aquellos casos la presencia naval americana estuvo justificada por defender sus intereses de abusos de los piratas, que además afectaban el comercio naval de Estados Unidos.

Por mucho tiempo después las intromisiones fueron por cuestiones religiosas, por el afán de los misioneros protestantes de "convertir" a los infieles de la región al Cristianismo. Ese proselitismo causó a veces serias dificultades, y obligó al gobierno americano a tomar medidas para proteger a sus ciudadanos en la región.

Ya en el siglo 20, con el descubrimiento del petróleo en la península Arábiga, los intereses económicos entraron en juego, aunque al principio, como Estados Unidos era el mayor productor y exportador de petróleo en el mundo, los ingleses estuvieron siempre más involucrados en el Medio Este, sobre todo en la política interna de los países árabes. Con las guerras mundiales, la región tomó más importancia, primero porque el Imperio Otomán era aliado de Alemania en la Primera Guerra, y en la Segunda los Nazis amenazaban con tomar las reservas petroleras del área, conquistar el Canal de Suez y posiblemente atacar a la gran colonia inglesa de la India. Al final de la

Segunda Guerra Mundial Estados Unidos se sintió obligado a asumir las responsabilidades del Imperio Británico en retirada en la región. La Guerra Fría, con la amenaza de la Unión Soviética sobre Irán, también involucró más a Estados Unidos.

Desde entonces, el petróleo ha sido la razón principal de la importancia estratégica del Medio Oriente para EEUU y para Occidente, sobre todo cuando la competencia con la Unión Soviética amenazaba el suministro de petróleo a Europa y Japón. Estados Unidos, desde 1960, necesitaba importar petróleo, sobre todo de Arabia Saudita y los Emiratos del Golfo, cada vez más.

Pero eso ya está terminando. Con el desarrollo de nuevas tecnologías ("fracking") que permiten extraer petróleo y gas natural de formaciones rocosas profundas (shale rock), Estados Unidos ya hoy en día es de nuevo un gran exportador de petróleo y gas natural. En muy poco tiempo, sobre todo cuando nuevos gobiernos permitan la extracción de petróleo y gas natural en tierras federales, Estados Unidos por fin será autosuficiente en energía, y no necesitará importar petróleo de nadie.

Debido al Tratado de Libre Comercio de Norteamérica (NAFTA), el intercambio con México y Canadá continuará, pero por razones de interés nacional, no de seguridad o necesidad: son los dos principales exportadores a Estados Unidos. Arabia Saudita, los Emiratos, Irak, Nigeria y Angola seguirán exportando petróleo, pero mayormente a Europa, Japón, China y la India. La geopolítica en el mundo entero será transformada. El petróleo dejará de ser un arma potente. Estados Unidos nunca más necesitará una presencia vital en la región. La larga pesadilla y la influencia del Medio Oriente en Estados Unidos llegará a su final.

En resumen y para terminar: el movimiento internacionalista que domina la política externa en Estados Unidos hace un siglo, que como he demostrado es en realidad un intervencionismo no bien ocultado, es algo ajeno a las tradiciones con que esta república constitucional nació entre 1776 y 1787. La política de sentar el ejemplo para el mundo, de actuar moralmente, de apoyar a los pueblos que buscan la libertad y la justicia, pero de mantenerse al margen de conflictos que no afectan ni la seguridad ni el interés nacional es la que debe ser adoptada nuevamente.

¿Hay guerras necesarias? Definitivamente sí. Hay guerras justas, de acuerdo a doctrinas de la Iglesia Católica, fundamentadas por San Agustín y Tomás de Aquino. También hay guerras preventivas que son defendibles, sobre todo en defensa propia y para evitar males peores, como un posible ataque nuclear.

Pero el intervencionismo americano en todo el mundo en el último siglo solo ha traído calamidades, sobre todo al pueblo americano. Algunos intereses económicos se han beneficiado temporalmente, pero las consecuencias para todos han sido peores, en general, al cabo del tiempo.

Mucho peor han sido los resultados y consecuencias en países y pueblos donde Estados Unidos ha intervenido militarmente. Odio, resentimiento, sentimientos de inferioridad y de impotencia ante un poder percibido como injusto, repudio total. Eso es lo que han producido las intervenciones americanas en el mundo por un siglo.

En fin, el adagio en latín de ¿Quo Bono? (¿Quién se beneficia?), debe imperar siempre en las relaciones externas de cualquier nación como el principio que las guía. Lo que es beneficioso para una nación justa, debe también serlo para las demás.

El principio de la Regla de Oro, de no hacer a los demás lo que no se quiere padecer, es el que debe imperar siempre en las relaciones internacionales. Actuar moralmente no es una quimera, por impráctico que haya resultado serlo por siglos. Es una base moral y es el deber de todos los seres humanos civilizados y de todas las naciones.

Naturalmente, Estados Unidos no puede y no debe esperar por un mundo mejor, y ya sabemos muy bien que mientras existan naciones gobernadas por déspotas, lo cual, lamentablemente, es todavía el caso en gran parte del mundo, es suficiente regresar a las raíces de esta gran república constitucional.

Muy obviamente, el interés nacional no excluye el uso de la fuerza cuando es necesario. Por eso una defensa adecuada siempre es un requisito para mantener la credibilidad y respeto de Estados Unidos ante las demás naciones. Como Estados Unidos y la administración que ocupa el poder al momento es quien decide cual es el interés nacional, las bases morales y el regreso a una política externa basada en los principios establecidos por Washington y Adams es lo mejor y más beneficioso para Estados Unidos y bpara el resto del mundo.

LECCIONES DE UN LIBRO OLVIDADO

Hace muchos años, cuando estudiaba para mi doctorado en historia en la Universidad de Rice en Houston, Texas, leí en algún libro como ciertas acciones del recién electo Presidente Franklin Roosevelt en febrero de 1933 (en aquellos tiempos la elección presidencial era en noviembre, pero la toma de poseción no hasta marzo del año siguiente) habían agravado las depresión de los años 1930s, que comenzó con la caida de la bolsa de valores de New York en Octubre de 1929, bajo la presidencia de Herbert Hoover. Decidí investigar y descubrí el libro sobre el que ahora escribo. Lo leí, pero hace 38 años, solo asimilé la informacion. Y la olvidé, mas o menos. Hasta que lo compré otra vez hace cuatro meses, lo he leido dos veces, y ahora si he aprendido sus lecciones

Se titula"El Mito Roosevelt" ("*The Roosevelt Myth*") y fue escrito en 1948 por John T. Flynn. Por mucho tiempo fue uno de los pocos (todavía lo sigue siendo) libros críticos de ese Santo Patrón del mal llamado Liberalismo Americano. El libro no solo explica en detalle lo que menciono arriba, sino que es un análisis completo de los gobiernos de Roosevelt entre 1933 y 1945, incluyendo sus desastrosos errores en las relaciones con Rusia y su bestial líder comunista Josef Stalin. Pero ¿cuales son las lecciones que podemos hoy aprender de ese libro? Bueno, primero vamos a lo que me llamó la atención en referencia a como afectaron ciertas acciones tomadas o no por Roosevelt a lo que pasó subsecuentemente. En febrero de 1933, el Presidente Hoover, al ver como la banca privada del país parecía que se hundía por el pánico de los depositarios en tratar de retirar sus depósitos todos al mismo tiempo, le pidió a Roosevelt que lo apoyara en una decisión de cerrar los bancos por UN DIA. ¿Para qué? Para hacer una auditoría a todos los bancos del país y determinar cuales estaban sólidos y estables y cuales estaban quebrados. La mayoría de los solventes serían reabiertos al día siguiente con la declaración del gobierno de que los depósitos estaban seguros. Los bancos insolventes serían clausurados y liquidados. Claro que como entonces no existían las garantías de la Corporación Aseguradora de los Depósitos Federales (*Federal Deposit Insurance Corporation*) a los depósitos bancarios, mucha gente perdería su dinero. Pero la enorme mayoría no perdería nada y los bancos, excepto los que cerraran, todos sobrevivirían. Mas el pánico se controlaría y la confianza se devolvería al público, al menos parcialmente.

Roosevelt se negó a cooperar con Hoover y este no hizo el anuncio del cierre por un día, pués temió agravar la situación. ¿Resultado? Muchísimos mas bancos se fueron a la quiebra y muchísima mas gente perdió su dinero. Roosevelt explicó después que había rehusado porque precisamente QUERIA que los bancos fracasaran, para cuando tomara posesión en marzo su nueva administración, recibir el crédito por "salvar" a los bancos y los depósitos individuales. ¿Increible? Pero cierto (según las memorias de su propio Secretario del Tesoro, Hans Morgenthau y las de su principal asesor económico Raymond Moley, dos de sus mas íntimos colaboradores), y como tantas de las irresponsables y fatuas decisiones tomadas por Roosevelt durante los 12 años de su mandato, esa decisión trajo como consecuencia que se agravara y se prolongara la crisis bancaria. Y consecuentemente, la Gran Depresión.

Pero lo que en verdad aplica a nuestra presente realidad y es mucho peor, fué lo que Roosevelt pidió (y le fué concedido) al

Congreso, dominado desde tiempos de Hoover por el Partido Demócrata, en marzo de 1933. Literalmente un cheque en blanco por $4 billones (americanos, o sea 4,000 millones en español) para hacer con el ¿que? Lo que Roosevelt quisiera, lo que considerara necesario, sin especificaciones a que aplicar los gastos, sin programas confeccionados, en fin, para que lo gastara a su discreción. Los lectores pudieran pensar ¿pero que son $4 billones en comparación con $800 billones que le acaba de otorgar el Congreso al Secretario del Tesoro Paulsen la semana pasada? Si consideran que en 1933 el presupuesto anual de EU era de $3 billones, entonces los $800 billones otorgados a Paulsen se convertirían en-- ¡$4 TRILLONES en términos de hoy en dia! El punto no fue solo la enorme cantidad, sino que se otorgó a discreción del Presidente, sin limitaciones ni controles de ninguna clase. Y mas importante, el punto es que en 1933 Roosevelt y sus asesores NO tenían la mas mínima idea de que hacer para resolver la grave crisis económica, tal como ahora tampoco la tienen Bush, Paulsen y compañía ¿Ven ahora la aplicación al momento actual?

¿Y que pasó con el cheque en blanco a Roosevelt en 1933? Que lo despilfarró en los proyectos mas descabellados concebidos por mentes humanas hasta entonces. Que se desató una hola de corrupción nunca antes vista en este país, incluyendo de parte de la misma familia del Presidente, desde su hijo mayor Jimmy hasta su "santa" esposa Eleanor, quienes robaron y se aprovecharon descaradamente de sus posiciones—**con el conocimiento y complicidad de Roosevelt**. Que ese gasto descomunal prolongó la depresion mundial por mas de diez años, la cual solo se empezó a solucionar gracias al estallido de la Segunda Guerra Mundial. Ahora también podemos vislumbrar el despilfarro desmesurado del dinero de los contribuyentes, del robo a mano abierta de los fondos públicos, de los fraudes multiplicados geométricamente. Y tal como ocurrió en los años 1930s, de guerras limitadas provocadas por gobiernos autoritarios depredadores; entonces Alemania, Italia, Japón, Rusia. Ahora, quizás China, Rusia, Irán,

Venezuela.

¿Alguien lo duda?   Esperen nada mas al resultado de las elecciones presidenciales el próximo 4 de noviembre.   Si como todo parece indicar, la calamidad de la elección del candidato Demócrata es acompañada por mayorías Demócratas mas amplias en el Congreso ¿no recibiría también el nuevo Presidente otro cheque en blanco? Recuerden que ya tendría $800 billones que gastar en lo que quisiera, pues la ley aprobada por el Congreso la semana pasada no entrará en efecto por dos meses (o sea, enero 2009) pero serían mas, muchos mas billones.   Para no hablar de las amenazas a la seguridad nacional desatadas por todos los gobiernos depredadores autoritarios de ahora. ¿Podrá el nuevo Presidente Demócrata resistir esas embestidas?   Lo dudo en extremo.   Peor ¿podrá evitarse el detonamiento de una bomba nuclear tipo maleta en algún lugar de EU en los dos primeros años de una administración Demócrata por un terrorísta demente? Recemos que no.   O busquemos refugio, pero ¿donde?   Porque cuando un pueblo quiere suicidarse colectivamente, como nos pasó a los cubanos en 1959 y a los venezolanos en los 1990's, nada ni nadie puede evitarlo.   Y aunque la historia NO se repite, lo que SI ocurre, como advirtió el filósofo español-americano George Santayana en "La Edad de la Razón" (*The Age of Reason*") hace mas de un siglo (1905), es que "aquellos que no aprenden los errores del pasado, están condenados a repetirlos".

El libro en definitiva no pudo cambiar ni un ápice de la percepción sobre el Gran Mito que se formó alrededor de la figura, ahora ya con matices heróicos, de Franklin Roosevelt.   Esto no es extraño, véase por ejemplo lo sucedido con el mito de los orígenes de la revolución cubana, el cual a través de 50 años ha sido imposible de cambiar (yo trataré, probablemente en vano, en un próximo libro que estoy preparando).   Sin embargo, como ven hay mucho que aprender examinando y re-evaluando los tiempos de Roosevelt y este olvidado, pero valiosísimo libro.   Las políticas implantadas por el llamado

"Nuevo Trato" (*New Deal*) de Roosevelt y el daño incalculable que le hicieron y le siguen haciendo a este país y al mundo entero, si no se estudian bien, se seguirán repitiendo eternamente, y como dijo Santayana, todos seguiremos pagando las consecuencias. Roosevelt y su Grupo de Cerebros (*Brain Trust*) no sabían que hacer y lo que ensayaban era a la tonta y a la loca, sin la mas mínima idea del resultado que esos "ensayos" podían tener. Como de costumbre, y governado por la férrea Ley de las Consecuencias no Intencionadas (Siempre hay consecuencias imprevistas provocadas por cualquier actividad), que es tan cierta como cualquiera de las leyes físicas promulgadas por Newton y Einstein, los resultados de estas mal consideradas políticas tuvieron inesperadas y dañinas consecuencias para la sociedad americana. Es escalofriante saber como Roosevelt y Morgenthau determinaban el precio del oro dia a dia. ¿Saben como? Alguna veces haciendo rimas, otras veces leyendo los últimos dígitos de un billete de un dólar, otras veces puramente al azar. ¿No me creen? Lean las memorias de Morgenthau. Pero estos eran los "genios" que guiaron a EU en uno de sus momentos mas peligrosos, y quienes "salvaron" a EU y al sistema "Capitalista", para no mencionar la LA DEMOCRACIA.

Las políticas de los mitológicos primeros Cien Dias del primer gobierno de Roosevelt SI tuvieron ciertos efectos casi inmediatos. Primero, le dieron al pueblo americano la percepción de que el gobierno estaba haciendo **algo**, y consiguientemente, le restablecieron la confianza a un pueblo sacudido por la depresión económica. Esto fue importante y de cierto modo beneficioso. Segundo, por los dos primeros años (1933-34) disminuyeron el desempleo (claro, pagándole sueldos mínimos—pero algo es mejor que nada—a millones de personas para que hicieran usualmente innecesarios trabajos públicos, **tenía** que estadísticamente rebajar el desempleo). Tercero, debido al inmenso gasto público, el Producto Interno Bruto aumentó, aunque ficticiamente. Pero para 1935, la Gran Depresion, lejos de terminar, se agravó mucho mas, al punto que **todos** los indices económicos habían bajado drasticamente. O sea, esas políticas causaron una nueva y peor depresión. Pero lo que SI tambien provocaron fue la creación de millones de votantes que dependían del gobierno y que votaron por el Partido Demócrata (todavía lo hacen) por décadas.

La moraleja, para ya terminar, es que las políticas intervencionístas de cualquier gobierno en la economía **no funcionan**. Esto está mas que probado por la historia. De hecho, la principal causa de esta grave situación hipotecaria que afrontamos, no fue la falta de regulación, sino el exceso de regulación y la enorme intervención del gobierno en las políticas sobre el otorgo de préstamos riesgozos a personas que no podían pagarlos por instituciones respaldadas por el gobierno federal, tales como Fannie Mae y Freddie Mac. Si, el gobierno tiene que intervenir mínimamente para estimular o frenar la economía de vez en cuando y supervisar a las burocracias privadas para que no abusen de las libertades concedidas por el sistema. Pero al final del camino, como escribió Thomas Jefferson hace mas de dos siglos, "un gobierno tan grande que otorga todo lo que desees, es suficientemente fuerte para quitarte todo lo que tienes. Por eso, el mejor gobierno es el que menos gobierna". Recuerden esto cuando vayan a votar el 4 de noviembre.

OSO DE CARTÓN: LA PRÓXIMA IMPLOSIÓN DE RUSIA

Desde los tiempos de los primeros zares, el gigantesco oso de Siberia era el símbolo del poder y sobre todo del expansionismo ruso. Ese oso siberiano llegó al apogeo de su poderío personificado en el más grande de todos los zares, el Zar Rojo, Josef Stalin. De la misma manera, al final de la Segunda Guerra Mundial el Imperio de la Unión Soviética alcanzó su mayor extensión cuando el Ejército Rojo conquistó -y ocupó- a casi toda Europa Oriental.

Ninguno de los zares anteriores lograron esta enorme extensión del Imperio, a pesar de que ni siquiera Stalin pudo lograr el sueño dorado de todos los zares anteriores: la conquista de Constantinopla y el control de los estrechos que van del Mar Negro al Mediterráneo. De los "zares" comunistas que siguieron a Stalin, Nikita Khrushchev trató de expandir el Imperio con las guerras de "liberación" en Centro y Sur América (al principio con ayuda de su "agente" Fidel Castro, quien luego continuó esas guerras por su cuenta), África y el sureste de Asia. Khrushchev, con su informal alianza con Cuba, introdujo cohetes nucleares en la isla en 1962 y puso al mundo al borde de una terrible guerra, pero Cuba, aunque quedó por muchos años dentro de la órbita soviética, sobre todo en términos económicos, nunca fue parte del

Imperio soviético.

Bajo Leonid Brezhnev, se promulgó la "doctrina" que lleva su nombre, la cual pretendía garantizar la permanencia del Imperio prohibiendo que ninguna nación "socialista" podría abandonar la órbita soviética. En 1978 tropas soviéticas invadieron Afganistán y se mantuvieron en el país hasta que Mijail Gorbachev las retiró en 1989. Pero Afganistán nunca fue parte del Imperio tampoco, como no lo fue Nicaragua bajo los Sandinistas. De manera que para propósitos prácticos, la Unión Soviética en 1945 llegó a su mayor extensión. Sin embargo, bajo Brezhnev en la década de los 1970 y como consecuencia de la humillación sufrida cuando Khrushchev se vió obligado a retirar los cohetes de Cuba porque no contaba con el poder suficiente para enfrentar a Estados Unidos, la Unión Soviética aumentó progresivamente su poderío militar hasta inclusive superar en algunas categorías a EEUU (tropas, número total de cohetes -incluyendo intercontinentales y de medio alcance- y tanques). Pero nunca en tecnología, ni en número total de barcos de superficie, submarinos atómicos o cabezas nucleares y bombarderos de largo alcance.

Cuando el movimiento comunista internacional expiró en 1989 con la caída del Muro de Berlín y dos años después la misma Unión Soviética se disolvió, el Oso Ruso parecía finalmente descolmillado. Un desconocido burócrata represivo de la KGB, el Coronel Vladimir Putin, se lamentó amargamente de que la desaparición de la URSS había sido la mayor catástrofe del Siglo XX. Años después, el mismo Putin controlaría el destino de Rusia, y desde principios del 2014 tiene al mundo occidental en jaque. ¿Su proyecto? Resucitar el Imperio Ruso de los zares y recuperar las fronteras de la URSS en 1989. ¿Como sucedió todo esto en poco mas de veinte años? Todo comenzó cuando el antiguo alto dirigente del partido comunista de la URSS, Boris Yeltsin, ganó la primera elección libre en la historia rusa y se convirtió en Presidente de la Federación Rusa en 1996. Entre sus primeras decisiones estuvieron la ilegalización del partido comunista en Rusia y la confiscación de muchos de sus bienes. Yeltsin, quien tenía algunos instintos "democráticos", abrió muchos de los archivos secretos de la antigua URSS, incluyendo algunos de la KGB por un corto tiempo. Mucho más importante, liberalizó en gran parte la sociedad y la economía rusa y millones de rusos se sintieron -y de hecho fueron- libres por primera vez en sus vidas.

Pero todo se llevó a cabo muy rápidamente y con mucho desorden. El resultado fue el caos. Entre las mafias ilegales que dominaban la economía de la URSS en sus últimos años y altos funcionarios de la KGB, incluyendo a Putin, en esos escasos 20 años, se perpetró en Rusia la transferencia de riqueza más grande de todos los tiempos. Fue, en palabras del autor David Satter, uno de los principales expertos en Rusia desde los 1990, el robo del siglo. La enorme mayoría del pueblo ruso perdió sus ahorros y sus pensiones, multi-billones de rublos que además fueron devaluados varias veces. El país se convirtió en un estado renegado, gobernado por rufianes, entre ellos Yeltsin.

Cuando en 1999 la debacle por la mala administración y corrupción masiva de Yeltsin y sus compinches llegó a límites insostenibles, el parlamento ruso (Duma) comenzó un proceso investigativo que estaba a punto de llevarlo a él, a su familia y a sus colaboradores, a la carcel. Para evitar ser enjuiciado, Yeltsin llegó a un acuerdo con Putin y su grupo de oligarcas mafiosos y ex funcionarios de la KGB por el cual, a cambio de una amnistía para todos sus secuaces, incluyéndolo a él, por supuesto, Yeltsin renunciaba a la presidencia de la Federación Rusa en favor de Putin, quien asumía la dirección del gobierno como primer ministro mientras se convocaban nuevas elecciones. Putin ganó la elección presidencial del 2000, fue reelecto en el 2004, y por límite de términos pasó a ser primer ministro del 2008 al 2012, cuando nuevamente fue electo presidente. Muy probablemente seguirá dirigiendo, de una forma u otra, a la Federación Rusa hasta que muera. Es, de hecho, un dictador vitalicio.

Desde el 2000, Putin logró desmantelar casi todas las reformas sociales y económicas implantadas por Yeltsin. Más que nada, suprimió, poco a poco, todas las libertades individuales que los rusos venían disfrutando casi desde tiempos de Gorbachev. No solo la libertad de expresión personal fue reprimida, sino también la libertad de prensa, hasta el punto que en el 2012 no quedaba ni una sola estación independiente de TV y muy pocos periódicos y revistas que no estuvieran bajo el control estatal. Periodistas han sido exiliados, encarcelados y hasta asesinados en el afán del zar incipiente, Putin, de controlar toda libre expresión.

Lo mismo ha ocurrido con la industria privada y con el comercio externo. Gigantescas compañías como Gazprom, en un tiempo la mayor exportadora de gas natural del mundo, y Yukos, la antigua compañía petrolera estatal soviética, las cuales fueron privatizadas desde los gobiernos de Yeltsin (pero quedaron en manos de antiguos funcionarios comunistas y algunos colaboradores de Yeltsin), ahora con Putin en control han sido -de hecho- estatizadas de nuevo, en el sentido que sus primeros dueños fueron substituidos -y son controlados- por Putin y su régimen. Es decir, los nuevos dueños de la economía "privada" rusa, son incondicionales del nuevo dictador. El regreso no ha sido al pasado comunista, sino al más antiguo pasado zarista.

Putin

Con Putin en firme control de la Federación Rusa en todo sentido desde mediados de la década de los años 2000, algo ajeno a sus maquinaciones le dió inesperadamente un enorme respaldo: el precio del petróleo. Desde el 2003 los precios habían comenzado un lento aumento, el cual se incrementó en el 2005 y alcanzó la cifra inusitada de $147 el barril en agosto del 2005. Desde entonces, el precio ha promediado alrededor de $100 el barril. (Cada dólar de cambio en el precio de un barril de petróleo afecta el PIB de Rusia en 1 billón de dólares). Coincidentemente, con el final del comunismo y la Guerra

Fría, Europa incautamente decidió ponerse bajo el control de Rusia en el suministro de gas natural. Los viaductos que el Presidente Ronald Reagan tanto trató de evitar que se completaran y pusieran a Europa bajo el dominio de la URSS, se completaron y desde 1991 el gas natural ruso comenzó a fluir a Europa.

El alto precio del petróleo y las exportaciones de gas natural a Europa le proporcionaron a Putin lo último que le faltaba para dominar a Rusia y comenzar sus planes futuros de expansión. Rusia se recuperó económicamente y el pueblo ruso vió sus posibilidades mejorar considerablemente. El apoyo popular a Putin aumentó consecuentemente, sin importar la pérdida de libertades que por tan corto tiempo había disfrutado el pueblo ruso. El Gran Oso Ruso parecía resucitar y estar más fuerte que nunca. Pero no, era solo un espejismo. Era, en verdad, un oso de cartón, ahora más que nunca. Y sus días estaban contados. Aunque de momento el oso rugía fieramente. ¿Quien se le enfrentaría?

La primera vez que Putin se reunió con el Presidente George W Bush en junio del 2001, Bush hizo quizás el más estúpido y despreciable comentario de su carrera, cuando declaró en una conferencia de prensa que lo había mirado a los ojos y había percibido un sentido de su alma; se había convencido de que Putin era un hombre honesto y confiable, profundamente comprometido con los mejores intereses de su país. Consideraba que era el principio de una relación muy constructiva.

Pero ninguna de esas "sensaciones" tan gratas se convirtieron en realidad durante los ocho años que Bush fue presidente. Primero vinieron las invasiones a Chechenia, en 1994 bajo el gobierno de Yeltsin. Después en 1999, ya con la colaboración y apoyo de Putin. Finalmente en el 2005, la más sangrienta y esta con Putin firmemente en control del gobierno ruso. Bush se limitó a protestar. Enérgicamente, por supuesto. Pero palabras, solo palabras.

La peor fue la agresión contra Georgia, ya por varios años una nación independiente de la Federación Rusa. Putin, aprovechando la debilidad política de Bush y el principio de la precaria situación económica no solo de Estados Unidos, sino de la Unión Europea, para no mencionar que EEUU estaba en medio de una reñida campaña presidencial, por vez primera agredió a un país vecino, Georgia, en agosto del 2008. (Chechenia en 1999 era parte de Rusia). La reacción del Presidente Bush fue enérgica otra vez -pero solo fueron palabras.

Más tarde se conoció que Bush había enviado a Georgia las tropas especiales de ese país que habían contribuido al contingente de tropas de la OTAN peleando en Irak y Afganistán. Algunos teorizaron que eso había servido para "frenar" la agresión de Putin, pero una reacción tan limitada muy difícilmente sirvió para eso. Por qué Putin se conformó con "anexar" un par de pequeñas regiones de Georgia a Rusia, no se sabe. Pero el precedente de la agresión había quedado sentado. Se repetiría unos años después en Ucrania.

Hubo una buena -y efímera- esperanza de frenar a Putin. Es fácil olvidar que el fin de semana antes del comienzo de la grave crisis financiera, a principios de septiembre del 2008, después que la Convención Republicana nominara a John McCain como candidato (y que McCain escogiera a la Gobernadora de Alaska, Sarah Palin, como candidata vicepresidencial), McCain estaba por delante del presunto candidato demócrata, Barack Obama, en casi todas las encuestas por 5 puntos. Después de la debacle económica de septiembre, McCain, quien hasta suspendió su campaña por unos días, asustado de que la economía se fuera a pique, nunca se recuperó y fue derrotado en noviembre.

A pesar de ser un pésimo candidato y a pesar de que sus asesores prohibieron a la popular Sarah Palin que siquiera mencionara las conexiones del candidato demócrata con una gran cantidad de extremistas radicales de la izquierda (incluyendo el Pastor y mentor de los Obama por 20 años, el odioso Jeremiah Wright y el comunista terrorista Bill Ayres y su esposa Bernardine Dohrn), McCain había tomado durante toda su carrera, y muy especialmente durante la campaña, posiciones muy fuertes ante las tendencias expansionistas de Vladimir Putin. McCain llegó hasta declarar que Putin estaba tratando de reestablecer el "imperio ruso" y parodiando el comentario de Bush en el 2001, dijo que cuando miraba a Putin a los ojos, solo veía tres letras: K G B.

Recomendó sanciones contra Rusia cuando invadió Chechenia en 1994 y otra vez en 1999, ya bajo el primer gobierno de Putin. Y apoyó los planes de Bush de colocar cohetes de medio alcance en Polonia y la República Checa. En fin, sus posiciones eran mucho mas enérgicas que las de Bush, para no mencionar las del candidato demócrata, quien predicaba un "reinicio" (reset) en las relaciones entre Rusia y EEUU. Muy obviamente, Putin apostaba por una victoria del candidato del cambio y la esperanza, y temía la posible victoria de McCain, a quien conocía bien y seguramente respetaba.

Pero no pudo ser. McCain perdió y casi desde enero del 2009 una nueva política de "reset" con Rusia fue puesta en práctica. ¿Su primera manifestación? La suspensión de los planes de colocar cohetes en Polonia y la República Checa para no "provocar" a Rusia y buscar mejores relaciones con Putin. El mensaje no podía ser mas claro. Putin lo captó perfectamente.

¿Quien es Vladimir Putin? Sin entrar en análisis psicológicos, se puede decir que es un hombre inteligente y hábil, y parece ser un buen conocedor de la historia rusa y de su política externa. Ha probado ser un sagaz negociador y un gran estratega, quizás el mejor entre la presente cosecha de mediocridades que gobiernan la comunidad internacional.

Algo que Putin no es, sin embargo, como buen antiguo burócrata represivo, es un buen administrador. Es un hombre sin capacidad empresarial y sin visión económica a largo plazo, excepto la explotación de los recursos naturales de Rusia, especialmente el petróleo y el gas natural. También es evidentemente un hombre extraordinariamente resentido, que odia a EEUU intensamente y que alberga sentimientos "revanchistas". Obviamente McCain tenía razón: es un expansionista cuyas ilusiones son las de recrear un Nuevo Imperio Ruso.

Se ha preparado bien: desde el 2005, los gastos del presupuesto militar han aumentado en un 89% y los equipos militares y armamentos se han modernizado considerablemente. Inclusive en cohetería, a corto plazo Rusia ha logrado buenos adelantos. A un enorme costo económico, por supuesto. Algo que es incosteable a largo plazo, pero todo esto nos trae al presente y a la situación en Ucrania.

Ucrania

Históricamente, Ucrania, que se conoció como el Principado de Kiev o el Rus de Kiev, antecede al Principado de Muscovy por al menos dos siglos, y entre los siglos X y XI fue el centro de la cultura eslava y el país más grande de Europa.

Pero eso es historia antigua, y en los últimos casi 400 años Ucrania ha sido parte del Imperio Zarista o del Imperio Comunista, o ha sido dominada política y económicamente por Rusia. Crimea, por donde empezaron los problemas actuales hace tres meses, siempre ha sido parte de Rusia. En esto no hay discusión.

Pero en 1954, Nikita Khrushchev, que era ucraniano de nacimiento, decidió "regalarle" la península de Crimea a Ucrania. Claro que en 1954 Khrushchev, quien estaba convencido que la Unión Soviética "enterraría" a Estados Unidos en 20 años, creía firmemente que la Crimea y Ucrania siempre serían parte del Imperio Soviético y ese "regalo" fue un acto completamente simbólico. Por otro lado, Ucrania, como se ha mencionado, tiene su cultura antiquísima y su propio idioma, y aunque haya sido parte de Rusia se considera una nación independiente, sin importar la situación política de los cuatro siglos pasados.

Con la desintegración de la Unión Soviética, Ucrania, cuyo pueblo odia intensamente a los rusos, muy especialmente a los comunistas rusos, por los millones de ucranianos que Stalin exterminó -a propósito, como política de estado- en una hambruna artificialmente creada para someter a Ucrania y a sus campesinos a la primera gran colectivización de la agricultura soviética, recibió su nueva independencia en 1991 con enorme regocijo.

Pero la transición de Ucrania a una economía de mercado libre y hacia una apertura política fue difícil. Como en Rusia, la corrupción y la antigua burocracia comunista crearon el caos, aunque no tan profundo como en Rusia. Después de varias elecciones presidenciales que resultaron en presidentes autoritarios y corruptos, en el 2004 se enfrentaron el Presidente Victor Yanukovich y el opositor Victor Yushchenko. Al parecer, Yanukovich ganó la reelección por un fraude masivo. Violentas protestas -la llamada Revolución Naranja- obligaron al gobierno a una segunda elección, ganada por Yushchenko.

Aliado con la popular Yulia Timochenko, quien fungió como Primer Ministro, Ucrania tenía esperanzas de mejorar su economía y lograr mayores libertades, pero desafortunadamente, poco cambió. Los mismos problemas de una corrupción endémica y los antiguos burócratas comunistas oponiéndose a todo tipo de reformas, terminaron por provocar una reacción que trajo a Yanukovich de nuevo al poder en Kiev.

Hace tres años, Ucrania trató de acercarse a la Unión Europea, con ilusiones futuras de eventualmente entrar a formar parte de ella. Pero la UE dilató las negociaciones, y Putin, sabiendo la precaria situación económica en Ucrania, ofreció un préstamo de $12 billones en enero de este año.

La UE y Estados Unidos no ofrecieron nada. Pero como la mayoría popular favorecía un acercamiento con la UE, otra vez se provocaron protestas masivas en las que murieron más de 100 personas y resultaron en la destitución de Yanukovich -aliado de Putin- por el Parlamento Ucraniano.

Los problemas presentes parten de ahí. Pero se debe destacar que en 1994 el nuevo gobierno de Ucrania independiente firmó un acuerdo con la Federación Rusa, entregando su armamento nuclear, el tercero más poderoso del mundo, a Rusia. Este acuerdo fue también firmado por EEUU y Gran Bretaña garantizando las fronteras de Ucrania, incluyendo la península de Crimea. La ilegal anexión de Crimea por Rusia es una violación de un tratado que garantizaba las fronteras de Ucrania y una plena violación del Derecho Internacional.

La violación de similares tratados internacionalmente garantizados provocó directamente las dos guerras mundiales. Pero naturalmente, ahora nadie quiere ir a la guerra por un pedazo de Ucrania, tal como dijo el Ministro del Exterior de Alemania en 1914 refiriéndose a Bélgica y sus fronteras garantizadas por un tratado internacional, que Inglaterra "no iría a la guerra por un pedazo de papel". Eso a veces cuesta muy caro. Pero, si un tratado como este se puede vulnerar impunemente ¿de que sirve ningún tratado vigente? ¿De que sirve el Derecho Internacional?

Putin sabe muy bien que la situación de Rusia es desesperada y le queda poco tiempo para tratar por todos los medios de posponer lo inevitable. Como se verá a continuación, la población de rusos étnicos está declinando hace años. Debido a la tasa de nacimiento negativa en Rusia, sobre todo de esa población étnica rusa, la única solución para detener esta despoblación es incorporando los 20 millones de rusos étnicos que viven en Ucrania, mayormente en su parte este y Crimea. Los rusos de Crimea ya los tienen, sin disparar un tiro. Ahora faltan los de Ucrania oriental.

Por eso es que Putin está a punto de invadir el este de Ucrania. Sabe que es su única oportunidad, dado el momento de debilidad que enfrenta ante EEUU y la Unión Europea, combinado con el relativo poder de la Federación Rusa, tanto económico como militar. En cinco años máximo, todo esto cambia, y la presente administración americana, quien único lo puede frenar -pero no tiene la más mínima voluntad de hacerlo- se termina en enero del 2017. No importa quien sea el próximo presidente americano, Putin nunca tendrá esta oportunidad. Por eso lo apuesta todo para invadir Ucrania oriental, ya que cuenta incondicionalmente con el millón de rusos étnicos residentes de Belarús, casi todavía parte de Rusia aunque nominalmente independiente, y casi otro millón de rusos étnicos residentes en Moldavia, otra república vecina incondicional. Con estos 22 millones de nuevos rusos étnicos, Putin planea la lenta recuperación de Rusia, una tarea muy improbable, para no decir imposible, ya que lo tiene prácticamente todo en su contra y no le queda mucho tiempo

LA IMPLOSIÓN

Ahora vienen las buenas noticias, por lo menos para Estados Unidos, la Unión Europea, y todos los que defendemos y apreciamos la libertad. Pero antes de empezar lo que es en realidad el cuerpo de este ensayo, se debe aclarar que aquí no existe ningún ánimo contra el sufrido pueblo ruso. Cuando la Unión Soviética se desintegró en 1991, dos años después de la caída del comunismo internacional, muchos deseábamos intensamente que la nueva Rusia se reintegrara al mundo civilizado, después de 70 años de barbarie y opresión. En definitiva, el sistema comunista le fue impuesto al pueblo ruso en 1917 por Lenin y sus bolcheviques. Pero todo lo que hicieron los líderes postcomunistas les salió mal y Rusia sufrió una debacle impensable por casi una década de transición hacia un sistema más abierto y libre. Cuando Vladimir Putin tomó el control de Rusia en el 2001, ya lo peor había pasado y todavía existía una buena posibilidad de realizar las esperanzas que tantos teníamos de que Rusia fuera una nación normal, que respetara el derecho internacional y estuviera integrada al mundo globalizado del Siglo XXI. Pero Putin tenía otros planes y nos defraudó.

Gorbachev morirá siendo un comunista convencido, pero trató de cambiar el sistema hacia algo mejor, y aunque no lo logró por ser imposible, al menos introdujo cambios que trajeron más libertad -y esperanza- a Rusia. Yeltsin fue un alto funcionario del Partido Comunista, pero se dio cuenta -antes que Gorbachev- que el comunismo no se podía cambiar y optó por renunciar al Partido y luchar por la libertad en Rusia. Lo logró en parte gracias a sus tendencias "democráticas" y fue el primer presidente libremente electo en la historia de Rusia. Los dos trataron, con buenas aunque equivocadas intenciones, de traer algo mejor a su patria. Pero Putin NO está hecho del mismo material humano. Simplemente, no se le podía pedir a un burócrata represivo, a un antiguo Coronel de la KGB, que se convirtiera en un defensor de la libertad. Entonces, como Putin traicionó las esperanzas no solo del pueblo ruso, sino de todos los que queremos que la libertad y la justicia imperen en el mundo, ahora se merece lo que, inevitablemente, le espera. Por eso lo que sigue constituye muy, muy buenas noticias.

Se dice que la demografía es destino. Y cuando las tendencias demográficas se manifiestan de una manera tal como ya llevan algunos años en Rusia, son generalmente irreversibles e inevitables. Rusia, la Rusia eslava que hace mil años surgió en Eurasia (el área desde Ucrania a la costa del Pacífico, pero sobre todo hasta los Montes Urales y el Cáucaso), está lentamente muriendo. ¿Por qué? Porque para una nación, el crecimiento de su población es absolutamente necesario para la sobrevivencia. Y en Rusia, la tasa de nacimientos es negativa desde al menos los 1970.

Los países necesitan 2.1 nacimientos de niños que sobrevivan por cada mujer para mantener una población estable. La tasa de nacimientos por mujer en Rusia hoy es 1.61, y entre el 2000 y el 2008, fue de 1.34. Ha mejorado ligeramente, pero hoy está en el lugar 178 en el mundo. En el 2014, la población de rusos étnicos es entre 135 y 142 millones. Con esa tasa de nacimientos de 1.61, para el 2050, se calcula que en el mejor de los casos, la población de rusos étnicos sea de 107 millones, pero otros demógrafos, incluyendo el prominente ruso Anatoly Vishnevsky, calculan que puede ser tan baja con 90 millones. Eso no alcanza ni para poblar debidamente la Rusia Europea.

La otra parte de la tenaza que amenaza con extinguir a los rusos étnicos es la tasa de mortalidad. En los años de la Guerra Fría, el promedio de vida de todos los rusos era solo ligeramente más baja que en Estados Unidos. Desde la desintegración de la URSS, sobre todo entre 1989 y 1994, el promedio de vida de los hombres bajó 6.6 y el de las mujeres 3.3 años. En el 2004, Rusia estaba en el lugar 122 de expectativa de vida en el mundo; en el 2011, había bajado al número 144. Hoy en día, el promedio de vida en Rusia es de 70 años. Pero el promedio de vida de los hombres rusos étnicos es de 60 años.

Hay muchas razones para esto, pero la principal es el altísimo alcoholismo en Rusia. El colapso de la familia rusa (el 60% de todos los matrimonios terminan en divorcio antes de 10 años) es otra causa, y la gigantesca tasa de abortos, la más alta en el mundo, es mucho peor. Además, existe en Rusia, a pesar de los esfuerzos para encubrirlo, una enorme epidemia de AIDS que el año pasado mató a mas de 100,000 rusos, cuando las muertes por AIDS en el resto del mundo se han reducido en una quinta parte en el mismo tiempo. En el 2014 se calcula que hay 2 millones de rusos con el virus HIV. Finalmente, la emigración rusa es de entre 150,000 y 200,000 rusos anuales, y los que emigran son los más calificados. En los años de Putin, más de 2 millones de rusos han emigrado.

Pero los problemas de Putin no son solamente demográficos, aunque esos son los peores. A pesar de que las autoridades lo ocultan, la amenaza islámica al régimen de Putin es mucho más seria que a todo Occidente. No solo tiene que lidiar con la interminable y mortífera guerra en Chechenia, sino que todas las antiguas ex-repúblicas soviéticas musulmanas asiáticas están en rebelión abierta contra sus gobiernos, y la población islámica de esos países se está trasladando a Rusia cada vez con mayor frecuencia. Casi todos los días se producen explosiones y actos terroristas a través de la Federación Rusa. Casi nunca son reportados por los medios de comunicación rusos, generalmente controlados por el régimen. Los pocos periodistas independientes que quedan son perseguidos, encarcelados y en muchos casos, asesinados. Además, la FSB, la policía secreta rusa que sustituyó a la KGB, ha sido acusada de poner bombas en algunos edificios en varias grandes ciudades, incluyendo Moscú, para hacer creer a los ciudadanos que son actos de terroristas islámicos. De esa manera, la represión es justificada. Pero todo es inútil. Por más represión, más actos terroristas, y esa espiral está cerca de llegar a los límites permisibles para que pueda existir orden en la sociedad.

El último eslabón de las amenazas internas a Rusia y su sobrevivencia futura es el control de su territorio noreste, la parte más grande y más rica del país. Siberia ocupa todo el noreste de la Federación Rusa (4 millones de millas cuadradas) y es el motor económico de la Rusia de Putin. Casi todas las reservas de petróleo y gas natural de la Federación se encuentran en Siberia. Pero en toda esa área, solo viven 25 millones de rusos. Y los problemas demográficos del resto de Rusia también existen en Siberia: baja natalidad, alta mortalidad y alta emigración.

Mucho peor para el futuro ruso es que, tal como ocurrió en Texas con los americanos cuando ese territorio era de México a mediados del siglo 19, cientos de miles de chinos están inmigrando a Siberia desde Manchuria y el noreste de China. En el 2006, 210,000 chinos se registraron como trabajadores inmigrantes en Siberia, diez veces más que en 1994. Los trabajadores ilegales probablemente alcanzan otros cientos de miles.

Sin embargo, Putin está cifrando muchas de sus políticas económicas en exportar petróleo y gas natural a China, para de cierta manera suplir la merma que prevé en las exportaciones a Europa. Esto es, por supuesto, enteramente posible. Pero al mismo tiempo, en un futuro no muy lejano, cuando la población china supere a la rusa en Siberia ¿quien controlará ese territorio y esas riquezas minerales? Esta es otra tendencia demográfica insuperable, y al parecer, Putin está ciego a eso. Pero no los chinos. En el 2011 China invirtió mas de $3 billones en proyectos energéticos y de agricultura en Siberia, tres veces más que las inversiones rusas, aunque muchos proyectos son en sociedad. El futuro, una vez más, no es propicio para Rusia.

Ahora viene lo mejor -y lo peor para la Rusia de Putin. Las anexiones de Crimea y del este de Ucrania pueden estabilizar -por un tiempo- la lenta desaparición de los rusos étnicos. Las exportaciones de gas natural y petróleo a China ayudarán a Rusia en el plano económico -por un tiempo. Y las exportaciones de gas natural a Europa, lo que le da el poder y el control político a Putin sobre la Unión Europea por el momento, continuarán -por un tiempo.

Pero toda esta bonanza económica termina en tres años, cuando la presente administración en Washington deje el poder, no importa quien gane la elección presidencial del 2016. De hecho, las aventuras en Crimea y las amenazas a Ucrania ya les han costado a Rusia $51 billones en capital que ha salido del país en el primer cuarto de este año fiscal (enero-marzo). El Ministerio de Desarrollo Económico de Rusia, mientras tanto, proyecta una tasa de crecimiento económico de menos del 1% este año y el Banco Mundial proyecta una contracción de casi un 2% en la economía rusa en el 2014. Todo esto sin incluir el daño mínimo que hasta ahora ha causado las inefectivas sanciones económicas de la Unión Europea y EEUU por la anexión de Crimea. Pero esto puede cambiar drásticamente si se implantan sanciones más severas, lo cual es muy posible si Putin continua con sus políticas expansionistas, que no puede abandonar, de acuerdo con sus planes y con su agenda política.

¿Por qué le quedan solo tres años a Putin para terminar sus proyectos expansionistas? Es el tiempo necesario para que las terminales de convertir y transportar gas natural licuado a Europa (incluyendo Ucrania, donde ya se planea una terminal en el Mar Negro) y a Japón se completen en Estados Unidos. Algunos permisos han sido aprobados; otros siguen demorados por políticas obstruccionistas de la administración. Pero, como se sabe, EEUU es ya el mayor productor de petróleo y gas natural en el mundo, en buena parte gracias a la tecnología de fraccionamiento hidráulico (fracking). En tres años, también se convertirá EEUU en el mayor exportador de los dos combustibles en el mundo.

Es muy probable que muchas tierras federales, donde se encuentra la mayoría del petróleo y gas natural en el país, sobre todo en el oeste, se abran, por fin, a la explotación y extracción, comenzando en el 2017. Eso aumentará -y abaratará- el costo de producción de ambos combustibles en EEUU. Debido a las ventajas tecnológicas de EEUU, Rusia no puede competir con el precio que las compañías de petróleo americanas le ofrecerán a Europa, a Japón y a China, a pesar de los viaductos que ya existen y a pesar de los mayores costos de transporte.

¿Entonces que? ¿Como sobrevive Rusia económicamente cuando no pueda exportar tanto gas natural y petróleo, si eso constituye su único sustento económico? No puede. Por eso el final llega a más tardar en el 2020, pase lo que pase en los próximos tres años. Las ilusiones de convertir a Rusia en una gran potencia como en los tiempos de la URSS, terminarán de una vez por todas.

Putin entonces quizás pensará, muy amargamente, pero ya demasiado tarde, como lo hizo un frustrado libertador Simón Bolívar al final de sus días en 1829: "He arado en el mar".

Nota Bibliográfica: Todos los datos contenidos en este ensayo provienen de las siguientes fuentes:

Dos libros del destacado investigador y periodista americano David Satter, Darkness at Dawn: The Rise of the Russian Criminal State (2004) y It Was a Long Time and It Never Happened Anyway: Russia and the Communist Past (2012).

Del libro Implosion: The End of Russia and What it Means for America (2013) de Ilan Berman, vice presidente del American Foreign

Policy Council.

De los libros The Next 100 Years (2009) y The Next 10 Years (2012), de George Friedman, destacado analista geopolítico y presidente del Grupo Stratford, una compañía privada de inteligencia y pronosticos políticos.

Y de numerosos otros artículos publicados principalmente en el Wall Street Journal desde enero del 2014, escritos principalmente por Bret Stephens, Daniel Henninger y Peggy Noonan. y prominentemente Matthew Kaminski reportando desde Kiev. Henry Kissinger, Zbigniew Brzezeinski y Gary Kasparov también contribuyeron buenas ideas. Los comentarios de George Will, Britt Hume y Charles Krauthammer de Fox News, y especialmente el Teniente Coronel Ralph Peters, quien predijo, en varios programas de Fox News una semana antes de terminar las Olimpiadas de Sochi en Crimea, que Putin invadiría partes de Ucrania una vez terminados los juegos.

Todos estos libros y artículos incluyen una gran cantidad de datos de fuentes primarias que son, por supuesto, muy numerosos para incluirlos. Las conclusiones de Berman son que la Rusia de Putin se desintegrará tan temprano como el 2020. Extraordinariamente, Friedman, quien hace cinco años predijo casi todo lo que ocurre hoy en Rusia y en Ucrania, concluye que tal como el Imperio de los Zares se desintegró en 1917 y el Imperio Comunista desapareció en 1991, en el 2025 la infraestructura de Rusia, incluyendo su nuevo poderío militar, se desmoronará por tercera y quizás última vez.

Sin embargo, estas predicciones no quieren decir que Rusia dejará de existir; simplemente que la Rusia expansionista que Putin y sus colaboradores quieren recrear, no tiene la capacidad posible, ni económica ni militarmente, para seguir existiendo.

En realidad, Putin o sus sucesores solo tienen un camino: intentar nuevamente abrir la economía y liberalizar el sistema político para hacerlo más inclusivo. Si insisten en mantener una economía centralizada y clientelista controlada por rufianes y con planes expansionistas, todo terminará en el caos de nuevo, o peor, en una guerra civil.

Yo me limito a analizar las tendencias demográficas, que definitivamente existen, y apoyado en mis conocimientos de política y de historia, concluyo que los expertos en que baso este ensayo tienen razón en sus predicciones.

Pero ya es bien sabido que el futuro no se puede predecir en un 100% de los casos. En poco tiempo se verá el final. Entonces quizás se reimprima aquel famoso libro del historiador ruso Andrei Amalrik escrito originalmente en 1970, Will the Soviet Union Survive Until 1984? -una parodia del famoso libro de George Orwell, 1984.

Excepto que ahora el título sería Will Rusia Survive Until 2020? Pronto tendremos la respuesta.

DESTRUCCIÓN TOTAL:

EL LEGADO FATAL DE LA IZQUIERDA ETERNA

Un titular en El Nuevo Herald del sábado 11 de junio del 2016 me sugirió el tema de este ensayo. Es un reportaje sobre la destrucción del central azucarero Hershey, en su tiempo uno de los más importantes en Cuba y el primero en tener una refinería de azúcar adyacente. Es triste ver que malamente queda la alta chimenea del central y unos cuantos hierros viejos. Pero en realidad es un microcosmos de la destrucción de Cuba entera. Y la destrucción de Cuba es a la vez un microcosmos de la destrucción total que todos los regímenes de la Izquierda Eterna han dejado atrás donde han ejercido el poder desde la Revolución Francesa.

Claro que la Izquierda Eterna, casi por definición y por naturaleza, tiene que destruir. Y eso es lo que ha hecho desde que surgió durante la revolución Francesa. Después de todo, las revoluciones profesan la destrucción. Pero también proclaman que es necesario destruir para crear algo mejor, la Utopía del Paraíso Terrenal que la Izquierda Eterna quiere implantar en todo el mundo. Pero hay un gran problema. La Izquierda Eterna es incapaz de construir ese Paraíso Terrenal sobre los escombros de la destrucción de las sociedades. No sabe cómo hacerlo. Solo sabe destruir, pero no puede crear nada, muy especialmente crear riquezas.

La Revolución Francesa destruyó el antiguo orden social, el mundo de los reyes absolutistas y de la Iglesia Católica, ya no tan omnipotente, pero todavía buena socia de la monarquía que aplastaba al resto de Francia -y de casi todo el mundo del siglo 18, con la posible excepción de Gran Bretaña.

Durante sus primeros años, se crearon muchas "novedades": por ejemplo, le cambiaron el nombre a los meses. Todo el proyecto estaba basado en la Razón. La Catedral de Nôtre Dame se convirtió en el Templo de la Razón. Pero mayormente, mataron. Primero a la realeza y a la aristocracia. Hasta que terminaron cortando la cabeza al Rey Luis 16 y su esposa la Reina María Antonieta, con otra "innovación" revolucionaria: la guillotina, que supuestamente mataba "menos cruelmente".

Pero la Revolución Francesa no duró mucho tiempo, y menos duraron todos los grandes cambios que introdujo. Por otro lado, produjo directamente a uno de los personajes más dañinos en la historia, Napoleón Bonaparte. Bajo Napoleón casi todos los "logros" de la Revolución desaparecieron. Excepto los muertos, que se multiplicaron exponencialmente.

En su tiempo en el poder, Napoleón, además de introducir en Europa el concepto de la "guerra total", movilizando a una buena parte del pueblo francés para crear un enorme ejército popular que bajo su brillante genio militar logró derrotar a casi el resto de las fuerzas de la realeza europea, terminó creando una dictadura más. En su caso, una dictadura "imperial", pero en todo caso, una sangrienta y opresiva dictadura más.

Napoleón, al crear un régimen totalitario que tenía todos los rasgos y características de la Izquierda Eterna, al parecer comprendió que para dejar algún legado -lo cual definitivamente quería- en lugar de solo conquistar territorio y matar, tenía que gobernar con eficiencia, aunque fuera despóticamente, pero sin pretensiones ningunas de establecer una Utopía en Francia y en el resto del mundo. Entonces en verdad regresó al pasado, y poco después de su derrota Francia se convirtió de nuevo en una monarquía.

Algunos cambios de la Revolución quedaron. La Marsellesa y la guillotina. Pero fue más debido a Napoleón que a los filósofos franceses que fueron los revolucionarios precursores. De manera que la gran ironía resultó ser que la revolución Francesa quedó debiendo más a Napoleón que a Rousseau.

Nadie posiblemente describió mejor el legado de la Revolución Francesa -y por ende de todas la revoluciones de la Izquierda Eterna- que el gran pintor español Francisco Goya en uno de sus grabados de la Colección de Caprichos (1797-99). En el número 43, se ve a un hombre durmiendo reclinado en una mesa. Un rótulo al borde de la mesa dice: "El sueño de la razón produce monstruos". Alrededor del hombre vuelan murciélagos y búhos temibles; a su lado se ve un felino grande y amenazante.

¿Quien será el hombre que sueña y produce monstruos? ¿Será Danton, el sanguinario Robespierre, o quizás el joven y frío asesino Saint-Just? ¿O será Lenin, el Che Guevara, Mao o Pol Pot? Puede ser cualquiera de ellos -o todos juntos. Son los grandes "soñadores" de la Izquierda Eterna que solo han producido destrucción y muerte en 224 años, desde la fatídica y terrible Revolución Francesa.

No solo eso. La contrarrevolución y el nuevo mundo creado después de la derrota de Napoleón produjeron el Congreso de Viena. Al reloj no se le pudo dar vuelta hacia atrás, pero el mundo de la Revolución quedó en el olvido por varios años, al menos hasta las nuevas revoluciones de 1848, que aunque tampoco tuvieron éxito, quizás dejaron un legado más importante que la Revolución Francesa.

Como no triunfaron, no pudieron destruir. Pero sí lograron alarmar grandemente a los intereses creados, y se produjeron algunos ajustes en las sociedades que permitieron a esos intereses creados continuar en el poder básicamente hasta que todo ese mundo fue arrasado por la Primera Guerra Mundial en 1914.

Pero la Paz Post-Napoleónica duró casi un siglo y la Izquierda Eterna, con la excepción de los cuatro meses de la Comuna de París en 1870 (cuyo gobierno, al verse perdido, trató de quemar todo París), no llegó otra vez al poder hasta la Revolución Rusa de 1917 -causada directamente por la Primera Guerra Mundial.

La Revolución Bolchevique en Rusia, como su mayor líder Vladimir Lenin había aprendido algunas lecciones de la efímera Comuna de París al leer la buena descripción de esos trágicos y sangrientos hechos escrita por Karl Marx, SÍ perduró. Por algo más de 70 años.

Primero destruyó totalmente a Rusia (y la saqueó monumentalmente de sus riquezas) y mató a millones de seres humanos para "hacerlos mejor". Pero también trató de crear una sociedad nueva. Después de todo, aunque Lenin se dio cuenta casi enseguida que lo que Marx propuso en el Manifiesto Comunista era imposible de implementar, era necesario gobernar después de destruir el régimen zarista. Para eso introdujo -antes que nada- el Terror.

El primer aparato represor, la Cheka (por sus siglas en ruso) dirigida por el polaco Félix Dzerhzinsky, nació en 1918, dos meses después del triunfo de la Revolución Bolchevique. Proyecto enteramente concebido por Lenin, por largo tiempo fue el gran pilar del Partido Comunista para mantenerse en el poder, en Rusia y donde regímenes como ese se implementaron. Así sucede donde la Izquierda Eterna "gobierna". El Terror y un aparato represor son siempre requisitos absolutos de la Izquierda Eterna.

Pero la represión de la Cheka NO fue suficiente para Lenin y su Partido Comunista mantenerse en el poder. También se vio obligado, muy para su contrariedad y sorpresa, a crear una monstruosa burocracia que muy pronto ni él ni el Partido lograron controlar completamente. La burocracia rusa tomó casi una vida por si misma, independiente del Partido y hasta del gobierno, y aunque ayudaba a "gobernar", también producía una inercia tal que, sin importar los deseos de Lenin y demás líderes bolcheviques, era imposible ni acelerar el paso de la burocracia ni tampoco hacerla eficiente.

Lo último fue lo más interesante. En la construcción de una nueva sociedad, Lenin y los bolcheviques rusos, como tuvieron que enfrentar una cruenta guerra civil, epidemias y hambrunas, cuando trataron de implementar la colectivización de la agricultura, la reacción del campesinado ruso, el elemento más retrógrado de esa primitiva sociedad, obligó a Lenin a retroceder en sus políticas.

Para sobrevivir, el régimen diseñó la llamada Nueva Política Económica (NEP) en 1921 (también conocida como "Capitalismo de Estado"). ¿Que fue? Básicamente se permitió el regreso de la empresa privada, al menos a pequeños empresarios. Se hicieron reformas monetarias para atraer inversiones extranjeras. Mucho más importante, se frenaron los intentos de colectivizar la agricultura, y en lugar de la expropiación forzada de las cosechas se le permitió a los campesinos pagar impuestos al Estado en especie. Es decir, debían contribuir con parte de esas cosechas, pero podían conservar la mayor parte de ellas.

El resultado fue la salvación del proyecto leninista-bolchevique, pues produjo un renacimiento económico en todo el país. Para 1926 la productividad de la economía rusa había regresado a niveles de 1913. Según quizás el más prominente historiador de Rusia del presente, Orlando Figes, cuando Lenin murió en 1924 tenía la intención de mantener estas políticas de la NEP, y Figes considera que de ser así, para 1930 Rusia se hubiera convertido en un ejemplo para el Tercer Mundo, algo parecido a ciertas sociedades "socialistas" de hoy de día, pero sin el terror.

Probablemente una quimera, pero nunca sabremos, ya que Stalin abolió la NEP en 1928 y sumió a Rusia en la pesadilla de la colectivización forzada de la agricultura. El resultado fue la hambruna en Ucrania de los 1930s y la muerte de millones de personas. La Unión Soviética creada por Lenin, con Stalin ya afianzado en el poder, obtuvo muchos logros industriales. Pero ¿a cambio de que? De muerte y represión.

Al final, luego de más de 70 años de miseria y sufrimiento, la nueva Rusia de Vladimir Putin no se parece mucho a la creación comunista de Lenin y Stalin. Lo que queda no es producto de la Revolución Rusa, sino del regreso a políticas que SÍ crean riquezas. Pero esas políticas, enfáticamente, NO son las de la Izquierda Eterna, que solo destruye.

Después de 1917, la Izquierda Eterna llegó al poder otra vez en Italia con el fascismo de Mussolini y en Alemania con el nazismo de Hitler (las dos ideologías tenían raíces en la Izquierda Eterna). ¿Cual fue el resultado? Al principio, la economía de las dos naciones se recuperó relativamente, sobre todo en comparación con EEUU, que continuó sumido en la Gran Depresión hasta la Segunda Guerra Mundial. Pero en 1939 Hitler provocó la guerra al invadir Polonia, y poco después, Mussolini, como su aliado en el Eje (con Japón), también declaró la guerra a Gran Bretaña y Francia. La destrucción casi total de ambas naciones fue el final de la gestión de gobierno de la Izquierda Eterna, tanto de los Nazis como de los fascistas.

En Europa Oriental, gracias a la invasión del Ejército Rojo, regímenes comunistas de la Izquierda Eterna se mantuvieron en el poder hasta 1989, con el mismo resultado: todos quedaron mucho más destruidos y en peor situación que antes de la Segunda Guerra Mundial. Poco después del final de la guerra, Mao derrotó finalmente al régimen de Chiang en China y estableció otro brutal régimen de la Izquierda Eterna, el que más muerte y destrucción trajo en la historia.

Le siguieron las bestias barbáricas del Khmer Rouge en Cambodia, que mataron una tercera parte de la población y llevaron a esa infortunada nación a niveles de la Edad de Piedra. Todavía queda Corea del Norte bajo la dinastía de los Kim, donde mueren de hambre millones todos los años luego de más de seis décadas de ese "ilustrado" régimen de la Izquierda Eterna. Y no olvidemos los más recientes "logros" de la Izquierda Eterna en nuestro continente: Nicaragua, Venezuela, Ecuador, Bolivia, Argentina bajo los Kirchner. Destrucción y más destrucción, tanto de la economía como de las libertades individuales.

Para no alargar mucho este trabajo, que será el capítulo final de mi nuevo libro, La Izquierda Eterna: Ensayos sobre la libertad, que se publicará en unas semanas, volvamos al caso de Cuba, por donde empezamos con el reportaje del Central Hershey.

Cuba en 1959, por supuesto, no era el caso de Rusia en 1917. Era una sociedad relativamente rica y avanzada. Todo lo que había en 1959 ha sido destruido en 57 años. Claro que quedan edificios y proyectos, muchos muy dilapidados, existentes antes de 1959. Pero la sociedad fue destruida y cambiada radicalmente.

Los famosos "logros" de la Revolución cubana en materia de educación y salud pública, ni fueron, ni son, tales logros. Aunque así fuera, la represión de la libertad que la Revolución exigió a cambio de ese "progreso" son pocos ahora los que la defienden.

Además, como la implementación de los faraónicos proyectos de la Revolución siempre han estado supeditados a la voluntad y caprichos de Fidel Castro, si esto fuera posible, los "logros" de la Izquierda Eterna en Cuba son aún más caóticos que los de la Madre Patria rusa.

Pero tal como lo que trajo la gran revolución rusa se lo llevó el viento, lo que queda de la más joven revolución cubana también está destinado a desaparecer. Y sobre esas ruinas, como siempre ha sucedido antes, se levantará otra sociedad.

No sabemos como ni cuando será. En Rusia duró 74 años. En Cuba difícilmente dure tanto. De manera que a pesar de la destrucción de la antigua sociedad cubana y la creación del "hombre nuevo" soñado por Che Guevara, todo eso pasará a la historia algún día como una larga y terrible pesadilla. Nada quedará.

Porque la Izquierda Eterna solo puede causar la destrucción total. Pero afortunadamente sabemos muy bien que su legado no es duradero.

Es el único consuelo frente a ese azote a la Humanidad que ha sido y sigue siendo la Izquierda Eterna.

www.ingramcontent.com/pod-product-compliance
Lightning Source LLC
Chambersburg PA
CBHW061957280526
45787CB00005B/1902

* 9 781533 685629 *